Highlights
SARDINIEN

50 Ziele, die Sie gesehen haben sollten

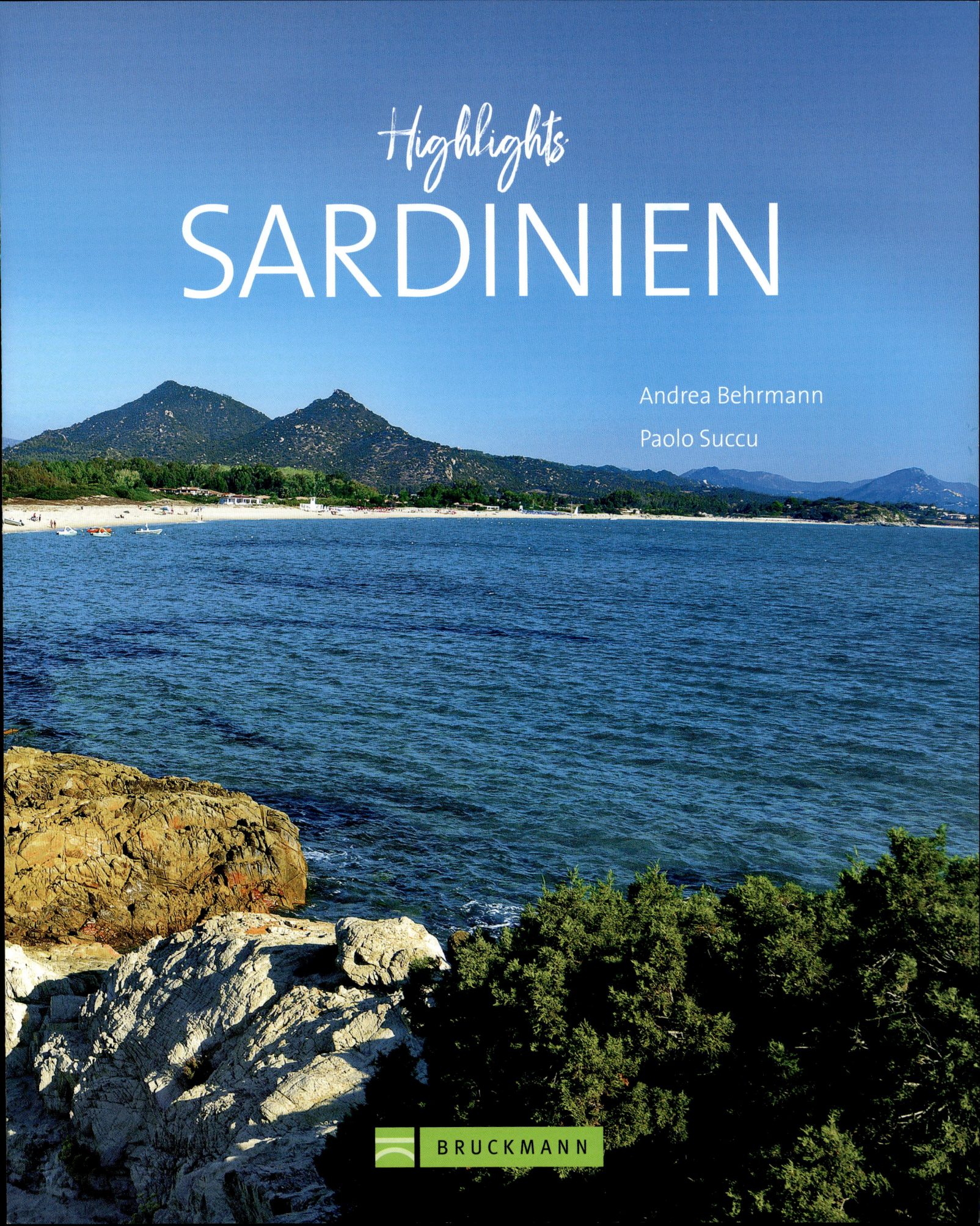

Highlights
SARDINIEN

Andrea Behrmann
Paolo Succu

BRUCKMANN

Inhalt

Sardinien – ein Smaragd im Mittelmeer ... 12

Cagliari & der Südwesten

1. Alt trifft Modern – Cagliari mit Castello-Viertel ... 20
2. Kirchen und ein frommer Märtyrer – Stampace ... 28
3. Hippes Hafenviertel – La Marina ... 30
4. Markt für alle Sinne – Mercato di San Benedetto ... 31

Route durch den Südwesten ... 32

5. Pinke Federpracht – Naturpark Molentargius ... 34
6. Zu Füßen des Teufelssattels – Poetto ... 36
7. Im Dorf der Kunst – San Sperate ... 38

Sardiniens Küste ... 40

8. Architektur der Phönizier und Römer – Nora ... 42
9. Sicheres Badeparadies – Chia ... 44
10. Für Sanddünenfreaks – Porto Pino ... 46
11. Kultureller Schmelztiegel – Sulcis-Archipel ... 50

Sardiniens Tier- und Blumenpracht ... 54

12. Stillgelegte Gruben – die Küste bei Masua ... 56
13. Fast wie in der Sahara – Costa Verde ... 60

Westen & Nordwesten

14. Auf den Spuren einer Volksheldin – Oristano ... 66
15. Geschichte, Strände und Lagunen – Sinis ... 68
16. Kleiner Ort mit großem Tor – S'Archittu ... 72
17. Romantisch, idyllisch und wild – Planargia ... 73

Route durch den Nordwesten ... 74

18. Ein erloschener Vulkan – Montiferru ... 76
19. Burg mit malerischer Altstadt – Bosa ... 78
20. Im Zeichen der Krone von Aragón – Alghero ... 82
21. Märchenhafte Höhlenlandschaft – Capo Caccia ... 88
22. Erbe aus ferner Zeit – Nuraghe Palmavera ... 90
23. Wein mit Geschichte – Cantina Sella & Mosca ... 91

Sardiniens Nuraghen ... 92

24. Das Paradies kann warten – Stintino ... 94
25. Schwere Jungs und weiße Esel – Asinara ... 96
26. Spektakulärer Tempelturm – Monte d'Accoddi ... 97

Tierkreisbrunnen in Tinnura; aus den roten Stempelfäden in den lila Blüten wird der teure Safran hergestellt; Cosinzos: klassischer Hirtenschuh in hippen Farben; Akkordeon-Spieler zu Gast beim Trachtenfest; Pardulas: typisches Ostergebäck mit Ricotta; La Pelosa: auch ideales Kanurevier (unten).

Faszinierender Sonnenuntergang über der Inselhauptstadt Cagliari. Die untergehende Sonne taucht den Himmel über dem Castello-Viertel in ein dunkles Orange.

Norden & Nordosten

27	Mittelalterliche Festungsstadt – Castelsardo	100
28	Universitätsstadt mit Trachtenfest – Sassari	102
Sardinien zum Feiern		104
29	Im Bann der Farben – Trinità d'Agultu e Vignola	106
30	Wildnis, Weiden, Banditen – Valle della Luna	107
Route durch den Norden		108
31	Wunderland der Felsformationen – Capo Testa	110
32	Grandiose Ausblicke – Capo d'Orso und Punta Sardegna	114
33	Wer ist die Schönste? – Arcipelago di La Maddalena	116
34	Einsam, sanft, idyllisch – Isola di Budelli	120
35	Die exklusive Küste – Costa Smeralda	122
Mauerkunst		126
36	Hip, schick und nobel – Porto Cervo	128
37	Insel für Individualisten – Tavolara	132
38	Kirchen, Palazzi und Piazza – Orosei	134
39	Im Reich der Zikaden und Flamingos – Oasi di Biderosa	138

Osten & Südosten

40	Wilde Schönheit – Golfo di Orosei	142
41	Verstecktes Strandparadies – Cala Luna	146
42	Meisterwerk der Natur – Cala Goloritzè	147
Route entlang der Ostküste		148
43	Hafenort mit Flair – Arbatax	150
44	Eldorado für Baderatten – Costa Rei	152
45	Trendiges Sommerziel – Sarrabus	156
So kocht Sardinien		158
46	Area Marina Protetta (AMP) Capo Carbonara	160

Inland

47	Abgeschiedene Bergwelt – Gennargentu und Supramonte	164
48	Einsame Dörfer, fröhliche Feste – Barbagia	170
Route durch das Inland		172
49	Aus der Bronzezeit – Barumini	174
Langes Leben		178
50	Im Reich der Wildpferdchen – Giara di Gesturi	180
Register		186
Impressum		188

1 Cagliari und das Castello-Viertel	28 Sassari
2 Stampace	29 Trinità d'Agultu e Vignola
3 Hafenviertel La Marina	30 Valle della Luna
4 Mercato di San Benedetto	31 Capo Testa
5 Naturpark Molentargius-Saline	32 Capo d'Orso und Punta Sardegna
6 Poetto	33 Arcipelago di La Maddalena
7 San Sperate	34 Isola di Budelli
8 Ruinenstadt Nora	35 Costa Smeralda
9 Chia	36 Porto Cervo
10 Porto Pino	37 Tavolara
11 Sulcis-Archipel	38 Orosei
12 Die Küste bei Masua	39 Oasi di Biderosa
13 Costa Verde	40 Golfo di Orosei
14 Oristano	41 Cala Luna
15 Sinis	42 Cala Goloritzè
16 S'Archittu	43 Arbatax
17 Planargia	44 Costa Rei
18 Montiferru	45 Sarrabus
19 Bosa	46 AMP Capo Carbonara
20 Alghero	47 Gennargentu und Supramonte
21 Capo Caccia	48 Barbagia
22 Nuraghe Palmavera	49 Barumini und Nuraghe Su Nuraxi
23 Weingut Sella & Mosca	50 Giara di Gesturi
24 Stintino	
25 Asinara	
26 Monte d'Accoddi	
27 Castelsardo	

Insel Figarolo bei Golfo Aranci (links oben); reifende Pfirsiche (links unten); Valle della Luna bei Aggius: nicht zu verwechseln mit dem gleichnamigen Tal am Capo Testa (rechts oben); Santissima Trinità di Saccargia: mit ihren schwarz-weißen Streifen ist die Kirche unübersehbar (rechts unten/links); Nuraghe Piscu bei Suelli (rechts unten/rechts).

Sardinien – ein Smaragd im Mittelmeer

Gottes Meisterwerk

1,6 Millionen Einwohner, noch einmal fast genauso viele Schafe und mehr als 240 Strände, von denen einige zu den schönsten der Welt zählen. Sardinien hat aber auch andere Facetten: grüne Täler, murmelnde Bäche, schroffe Berge, wilde Granitfelsen und geheimnisvolle Ruinen, dazu zahlreiche Feste und eine exquisite regionale Küche. Am meisten bekommt davon mit, wer auf Entdeckungsreise geht.

Am Anfang war Tyrrhenis. Der Kontinent bezauberte durch eine unberührte, üppige Vegetation und eine faszinierende Tierwelt. Eines Nachts im Känozoikum brach der Zorn des Allmächtigen über dieses Land herein. Riesige Wellen trafen auf die Küste und machten fast alles dem Erdboden gleich. Der Erdteil drohte im Wasser zu versinken. Doch so plötzlich wie die Zerstörung begonnen hatte, hörte sie auch wieder auf. Gottes Groll war verflogen. Bevor der starke Sog das letzte verbleibende Fleckchen Paradies ins Meer reißen konnte, trat er mit dem Fuß darauf, um es festzuhalten, und hinterließ vor Italiens Stiefel seinen Abdruck für die Menschheit. Aus der Luft betrachtet, sieht es zumindest so aus.
Oder, ganz anders: Nach der Erschaffung der Kontinente war von allen schönen Dingen, die die Erde zu bieten hatte, nur noch ein Haufen Steine übrig. Also nahm Gott die Felstrümmer, warf sie ins Meer und trat sie mit seinem Fuß fest. Später machte er sich daran, aus den anderen Ländern alles Schöne zu holen, woran es diesen paar nackten, aus den Wellen ragenden Steinen fehlte: Wälder, Flüsse, Dünen und Weideflächen, Fische, Schafe und Vögel. Es gelang ihm ein Meisterwerk – und das ist, basierend auf der Schöpfungsgeschichte der Bibel, jetzt etwa 6000 Jahre her.

Vielseitig wie ein Mikrokosmos

Beide Geschichten sind alte Schöpfungsmythen von Sardinien. Doch gleichgültig, wie es bei der Entstehung der Mittelmeerinsel auch zugegangen sein mag, das Eiland punktet noch heute mit abwechslungsreichen und

Sardinien – ein Smaragd im Mittelmeer

Corsa delle Pariglie: beeindruckende Akrobatik beim Karneval in Oristano (links oben); ob aus feiner Seide, mit geknüpften Fransen oder reich bestickt, su Muccadore, das Kopftuch, gehört zur Ausstattung jeder Tracht (links unten).

paradiesischen Landschaften. Nichts ist homogen. Alle paar Straßenkurven ändert die Insel, die als kleiner Teil der Welt einen ganzen Kontinent in sich trägt, ihr Gesicht: auf der einen Seite majestätische Kalksteinklippen mit einsamen Buchten, Höhlen und Grotten, auf der anderen goldfarbene Sandstrände und meterhohe Dünen. Auf rosa Mittagsblumen und weiße Strandlilien folgen wilder Wacholder, Myrte, Mastixsträucher und Zistrosen, die an sanften Hängen gedeihen. Ein Stückchen höher dann Haine mit knorrigen Kork- und Steineichen. Im Gebirge stehen Schafe und Ziegen zwischen blühendem Thymian und Ginster auf der Weide. Bis zu 1834 Meter ragt die Punta La Marmora mit atemberaubendem Blick über endlose Weiten im Gennargentu-Massiv in den Himmel. In den teils ausgetrockneten Flussläufen des Supramonte tun sich plötzlich zerklüftete Canyons und Gräben auf. Nicht weniger eindrucksvoll türmt sich bizarr erodiertes Granitgestein am Capo Testa. Im Süden ist der Sand mancher Strände so hell, dass er blendet, und das Meer erscheint noch ein wenig azurblauer als sonst. Und wenn die Hitze des Sommers gewichen ist, kann man in den seichten Lagunen eine prächtige Vogelwelt – darunter Reiher, Stelzenläufer und rosa Flamingos – bewundern. Überdies kann sich die Insel jahrtausendealter Nuraghen, Felsengräber, trutziger Wehrtürme, stolzer Burgen und charmanter Altstädte rühmen.

1800 Kilometer Bilderbuchküste

Mit 24 090 Quadratkilometern ist Sardinien die zweitgrößte italienische Mittelmeerinsel. Für ihre Größe besitzt das Eiland eine erstaunlich lange Küstenlinie mit kleinen Landzungen, malerischen Buchten und bildschönen Stränden. Inselweit stehen mehr als 240 zur Auswahl, jeder mit seinem ureigenen Charme. Manch einer hält die Costa Smeralda für den Küstenabschnitt mit den herrlichsten Stränden. Andere behaupten das Gleiche von der Costa Verde oder der Costa Rei, wieder andere schwören auf Chia oder Villasimius. Die mondän eleganten und wildromantischen »Sandbäder« haben tatsächlich alle ihren Reiz, doch welcher nun der schönste ist, bleibt Geschmackssache. Ein Juwel an der Südostküste mit Sand, der fein und weiß wie Puderzucker ist, glitzernden Granitbrocken und türkisblauem Meer ist die Punta Molentis. Makellos zeigt sich auch Tuerredda an der Südwestküste mit türkisfarbenem, glasklarem Wasser, kalk-

weißem Sand und duftender Macchia. Glaubt man der europäischen Umweltstiftung Fee, breiten sich die schönsten Strände der Insel an der Ostküste bei Arbatax aus, am windumtosten Capo Testa im Nordosten und auf dem La Maddalena-Archipel. Mehrfach preisgekrönt sind die atemberaubenden Buchten Cala Mariolu, Cala Luna und Cala Goloritzè, die sich im Osten an die gewaltige Steilküste im Golf von Orosei schmiegen. Auch La Pelosa, nördlich von Stintino, bietet alles im Überfluss, was Strandgänger sich wünschen. In Piscinas türmen sich goldene Dünen zu einer wahren Sandwüste auf, in Capriccioli aalten sich schon Filmstars und Prinzen in der Sonne. Wer sich nicht entscheiden kann, ob er einfach nur faul in der Sonne liegen, Flamingos beobachten, surfen, schnorcheln oder tauchen möchte, klappert einfach mehrere Strände ab. Am besten außerhalb der Saison, wenn Platz und Ruhe reichlich vorhanden sind.

Gelebtes Brauchtum

Mit den verschiedenen Jahreszeiten kommen die Feste. Aus Bergen riesiger Holzscheite steigen züngelnde Flammen in den blauen Himmel, es riecht nach gerösteten Mandeln, Frauen in sardischer Tracht rühren in zentnerschweren Kupferkesseln, Musiker mit Launeddas und Ziehharmonika spielen auf Dorfplätzen. Dunkle Masken und weiße Felle erobern die Innenstädte: Mamuthones, Thurpos, Boes und Merdules läuten den Ausnahmezustand ein, bis am Tag nach Aschermittwoch wieder alles vorbei ist. In der Osterwoche schreiten Kapuzenmänner, begleitet von Gesängen, durch die Gassen. Sie tragen lebensgroße Jesusfiguren, die den Leidensweg des Heilands symbolisieren. Angeblich werden auf Sardinien mehr als 1000 Volks- und andere Feste gefeiert, denn jeder Weiler hat zwei bis drei eigene, oft mit einer Prozession oder seltsam anmutenden Bräuchen verbundene Feiern. Manche,

Aussicht von S'Archittu auf Torre del Pozzo (rechts oben); Flamingos im Naturpark Molentargiús (rechts unten).

Sardinien – ein Smaragd im Mittelmeer

Das Flechtmuseum in Castelsardo zeigt die Geschichte eines Handwerks, das jahrhundertelang den Ort prägte (oben); Murales: Kunstwerke auf Hauswänden (unten); die Küste von Masua mit dem Felsen Pan di Zucchero (rechts).

wie die Wallfahrt zu Ehren des Heiligen Ephisius nach Nora, das wilde Pferderennen von Sedilo oder das historische Sternstechen in Oristano, sind weltberühmt. Andere wie das frivole Treiben beim Karneval in Bosa, das Hochzeitsfest nach altem maurischem Brauch in Santadi und die zahlreichen Herbstfeste der Barbagia sind noch immer ein Geheimtipp.

Wie im siebten Himmel

Wer mitfeiert, sollte nicht gerade auf Diät sein, denn egal, wo die Festlichkeiten stattfinden, auf dem Dorfplatz oder auf dem Land, überall steht das gute Essen im Mittelpunkt. Die Inselküche ist authentisch und einfach: Die Spaghetti werden z.B. mit Seeigel oder der Bottarga di Muggine, dem Rogen der Meeräsche, serviert, der Tintenfisch mit gekochten Kartoffeln kredenzt und das deftige Spanferkel nur mit Salz und Myrtenzweigen aromatisiert. Als Nachtisch folgen Teigtaschen mit Käsefüllung und glasiertem Honig. Der Genuss kommt dabei nicht zu kurz, ganz im Gegenteil, denn der fangfrische Fisch, das erntefrische Gemüse, die würzigen Kräuter und das samtige Olivenöl verheißen wahre Geschmacksexplosionen bei jedem Gericht und sind zudem offenbar überaus gesund. Denn was sonst ist der Grund dafür, dass ausgerechnet auf Sardinien so viele Menschen ihren Fünfundneunzigsten oder gar Hundertsten feiern und Ernährungsmediziner seit Jahren die mediterrane Küche bewerben? Fest steht, dass die Insel allerlei einfache Speisen bietet – kulinarische Leckerbissen, die auch bei keiner Feierlichkeit fehlen dürfen. Wer daran teilnimmt, kann hausgemachtes Pane Carasau, feine Culurgiones mit Kartoffelfüllung, gegrilltes Zicklein, Honignougat oder Mandelgebäck schlemmen. Wird dann noch ein vollmundiger, rubinroter Cannonau gereicht, muss man sich einfach wie im siebten Himmel fühlen.

Cagliari & der Südwesten

Lebendige Hafenstadt, antike Stätten, Dünenstrände und ursprüngliche Natur

Ungestörter Sonnengenuss in der Bucht von Portixeddu auf Sant'Antioco (links); der Faro Capo Spartivento zählt zu den ältesten noch funktionierenden Leuchttürmen der Insel (oben); auch zwischen den Felsen am Strand von Su Giudeu ist genug Platz zum windgeschützten Sonnenbaden (unten).

Wie Rom liegt Cagliari auf sieben Hügeln (oben); nah beim Elefantenturm bietet der Bastione di Santa Croce einen der schönsten Panoramablicke des Burgviertels (oben rechts); Porta Cristina: Eingangstor zum Schloss (unten rechts/links); kleine, verwinkelte Gassen bestimmen die Altstadt (unten rechts/rechts).

1 Alt trifft Modern – Cagliari mit Castello-Viertel

Steinerne Zeugen des Mittelalters

Nach der Gründung durch die Phönizier wurde Cagliari im Mittelalter von den Pisanern erobert und zu einer beinahe uneinnehmbaren Festung ausgebaut. Mächtige Schutzwälle, trutzige Türme, alte Kirchen und verwinkelte Gassen bestimmen das »Castello«. Heute, fast 800 Jahre nach dem Bau des Kastells, ist das alte Burgviertel in der Oberstadt das schönste Aushängeschild der südlichen Inselmetropole.

Lebendig und abwechslungsreich, überschaubar und idyllisch, mehr als 2800 Jahre alt und dennoch modern geblieben: Das alles ist Cagliari, und genau diese Mischung macht für viele Besucher seinen Reiz aus. Eingebettet in den Golfo degli Angeli und umgeben von riesigen Salzseen liegt die Nordafrika zugewandte Metropole im Süden von Sardinien. Sie ist das wirtschaftliche, politische und kulturelle Zentrum der Insel – hier wird regiert, gewirtschaftet, geplant und geforscht.

Viele Besitzer und eine bewegte Geschichte

Die etwas mehr als 150 000 Einwohner zählende Gemeinde hat ihren historischen Charakter bewahrt und gilt für viele als eine der schönsten Städte Sardiniens. Die in vier Ortsteile unterteilte Altstadt bildet das Zentrum Cagliaris. Auf dem Schlossberg, auf dem die Pisaner im 13. Jahrhundert eine Burg errichteten, liegt das malerische, mittelalterliche Castello-Viertel. Unterhalb der mächtigen Festungsmauern und um den Stadthügel herum erstrecken sich die hübschen Gassen und Fassaden der weiteren drei Stadtteile: das Hafenviertel La Marina, Stampace, das Viertel der Händler und Kunsthandwerker, sowie Villanova, der Bezirk, in dem die Bauern einst ihre Felder und Weingärten hatten. Geschichte geschrieben wurde in Cagliari freilich schon viel früher. »Tyrio fundata potenti«: Mit diesen Worten beschrieb Claudian, der bedeutende lateinische Dichter der Spätantike, die Gründung von Karalis durch die Phönizier im 8. Jahrhundert v. Chr. Später sammelten

Das große Volksfest zu Ehren des Heiligen Ephysius startet alljährlich auf dem Kirchplatz der Chiesa di Sant'Efisio (beide).

Punier, Römer, Vandalen und Byzantiner hier ihre Truppen, um die gesamte Insel zu erobern. Zur 1. Jahrtausendwende wurde Cagliari freie Stadt und das mächtigste der vier Judikate der Insel. Noch einmal knapp zwei Jahrhunderte später eroberte Lamberto Visconti di Eldizio diesen wichtigen Handels- und Hafenplatz. Auf einem Kalkmassiv gründeten die Pisaner das befestigte Castel di Castro. Bereits knapp hundert Jahre später kam die Stadt in den Besitz der Krone Aragons, die das mächtige Kastell einnahm und belagerte. Die Burgherren wurden vertrieben und siedelten sich in der Marina an. Erst der Spanische Erbfolgekrieg Anfang des 18. Jahrhunderts beendete die Ausbeutung durch Aragonien. Danach gelangte Cagliari für Jahre in den Besitz des Hauses Savoyen. Trotz heftigen Bombenhagels im Zweiten Weltkrieg sind viele Spuren und Zeugnisse der wechselhaften Stadtgeschichte erhalten geblieben: eindrucksvolle Mauern, offene Türme, gefährliche Tore und ein mittelalterliches Schlossviertel, das wie ein Wachposten über der Inselmetropole und dem tiefblauen Meer thront.

Stadtteil mit mittelalterlichem Gesicht

Schmale Gassen, von denen einige mit Rundbögen überspannt sind, ein Stadttor mit eindrucksvollem Fallgitter, dazu mittelalterliche Fassaden und Kopfsteinpflaster, wohin das Auge reicht: Im 1217 gegründeten Burgviertel Castello, oder *Castéddu 'e susu*, wie die alten Sarden es nennen, scheint die Zeit stehen geblieben zu sein. Viel Fantasie braucht der Besucher des 21. Jahrhunderts nicht, um sich hier edle Ritter in blitzenden Kettenhemden auf reinrassigen Rössern und liebliche Burgfräulein

Alt trifft Modern – Cagliari mit Castello-Viertel

mit ihren Zofen und Mägden vorzustellen. Das auf einem Kalkmassiv ruhende Schlossviertel von Cagliari erinnert mit seinem geschlossenen Mauerring und seinen Wachtürmen immer noch an die wehrhafte Stadt der Pisaner. Einst lebte an diesem Ort nur der Adel. Regierung, Verwaltungsbeamte und Klerus hatten hier ihre prunkvollen Amts- und Wohnsitze. Die Domkirche Cattedrale Santa Maria Assunta e Santa Cecilia dominiert den Piazza-Palazzo, vor dem sie seit Jahrhunderten steht. Um sie herum tut sich eine Welt voller großartiger Paläste auf: prachtvolle Herrschaftshäuser, das erzbischöfliche Palais, die kleine Chiesa di Nostra Signora della Speranza, das frühere Rathaus, einst Sitz der spanischen und piemontesischen Vizekönige sowie der Königspalast, in dem heute die Präfektur residiert. Die Kathedrale ist Sitz des Bistums Cagliari der römisch-katholischen Kirche, das die gleichnamige Provinz und einen kleinen Teil der Provinz Nuoro umfasst. Wer am Fuß der Kirche steht, kann sich kaum vorstellen, dass die Fassade eigentlich fast neu ist. Mit dem Bau des Gotteshauses durch die Pisaner wurde im 13. Jahrhundert begonnen. Als Baumaterial diente heller Kalkstein, den es in dieser Gegend im Überfluss gab, und blitzender Marmor, der mit dem Schiff von Genua hierher transportiert wurde. Doch schon wenig später nahmen die Spanier barocke Anbauten und Änderungen am ursprünglich gotisch-romanischen Bau vor. In den 1930er-Jahren riss man die überladene Fassade ab und baute sie im pisanisch-lucchesischen Stil wieder auf. Heute erstrahlt die helle Marmorfront mit ihren Säulenreihen, Mosaiken und eingelegten Farbrauten wieder im ursprünglichen Glanz. Einmalig im Inneren der Kirche ist die Krypta mit 179 Grabkammern von sardischen Märtyrern. In das barocke Gewölbe sind 584 unterschiedliche Rosetten gemeißelt. Ein weiteres Schmuckstück ist die prunkvolle Marmorkanzel des italienischen Steinmetzen Guglielmo, die der auch »Wilhelm von Innsbruck« genannte Meister ursprünglich für den Dom von Pisa fertigte.

Zeugnis der ehemaligen Stadtbefestigung

Zum festen Bestandteil des alten Stadtteils gehören auch die im Jahr 1305 durch den sardischen Architekten Giovanni Capula erbaute Torre di San Pancrazio im Norden sowie ihr zwei Jahre später errichteter Zwilling, die Torre dell'Elefante im Westen des Castello. Die bei-

Detail in der Domkirche: kunstvoll gemeißelter Marmorlöwe des Meisters von Innsbruck (unten).

Cagliari & der Südwesten

Die Apixedda eignet sich perfekt für eine Stadtrundfahrt (oben rechts); Blick auf das Ghetto degli Ebrei. Nach der militärischen Nutzung wurden aus der Kaserne private Wohnungen (unten); das »Libarium Nostrum« ist ein angesagtes Lokal der Cagliaritaner Szene (ganz unten).

den alten, zum Schlossviertel hin offenen Türme sind nicht nur eines der Wahrzeichen der Stadt, sondern überdies ein eindrucksvolles Beispiel für die Militärarchitektur des Mittelalters. Die mehr als 30 Meter hohen Tortürme dienten als Eingang zum Burgviertel. Ihre aus weißem Kalkstein bestehenden, fast drei Meter dicken Turmmauern weisen mehrere schmale Schießscharten auf und erinnern an die Verteidigungsaufgaben der Warten. Im Inneren der Wehrtürme, die zur Zeit der Aragonier auch als Pulverkammer, Waffenarsenal und Gefängnis dienten, gab es mehrere Etagen, zu denen der Zugang streng geregelt war. Mit seinem drohenden Fallgitter mit rostigen Spitzen zieht vor allem der Elefantenturm aus dem Jahr 1307 große wie kleine Besucher in seinen Bann. An dem kleinen Marmorelefanten über dem Durchgang wurden früher die Köpfe der Hingerichteten öffentlich zur Schau gestellt. Heute sind beide *Torri* als Aussichtsturm begehbar. Auf steilen Holztreppen, die die verschiedenen Etagen miteinander verbinden, gelangt man zur obersten Turmplattform. Von hier hat man einen atemberaubenden 360-Grad-Blick über die Stadt und das tiefblaue Meer.

Bastion mit Panoramablick

Eine herrliche Aussicht eröffnet sich auch von der beeindruckenden Bastione di Saint Remy. Wer von der Piazza Costituzione die 170 Stufen der imposanten Marmortreppe bis zur Aussichtsterrasse Terrazza Umberto I erklimmt, genießt einen Panoramablick über die Altstadt, den Golfo degli Angeli, die Hügel von Monte Urpino und Bonaria sowie die brackigen Lagunenseen im Hintergrund. Mit seinem extravaganten Triumphbogen ist der klassizistische Monumentalbau im Süden des Castello-Viertels kaum zu übersehen. Die hoch aufragende Bastei aus hellem Kalkstein wurde in den Jahren 1896 bis 1901 auf der alten, aus spanischer Zeit stammenden Bastione dello Sperone neu gebaut und nach dem ersten piemontesischen Vizekönig, Filippo-Guglielmo Pallavicini, Baron von Saint Remy, benannt. Vor allem im Sommer trifft man sich bei Sonnenuntergang zum Plauderstündchen oder zum Aperitif auf der weißen Terrasse. Allein die Aussicht lässt einen nachvollziehen, was den berühmten englischen Schriftsteller D. H. Lawrence Anfang des 20. Jahrhunderts in Verzückung geraten ließ, als er die Stadt in einem Reisebuch *Das Meer*

und Sardinien beschrieb: »Ein nacktes, bernsteinfarbenes Juwel, das sich plötzlich, wie eine Rose, aus der Tiefe der breiten Bucht öffnet.«

Wenn eine Synagoge konvertiert

Im Mittelalter residierte innerhalb der Schlossmauern auch eine kleine jüdische Gemeinde, die wie die christlichen Kaufleute von der Bedeutung Cagliaris als eine der wichtigsten Handelsstädte der Insel profitierten. Amtliche Eintragungen bezeugen die kurzlebige Geschichte der Cagliaritaner Juden, die von 1323 bis 1492 um die Via Santa Croce und die Via Stretta im Burgviertel gelebt haben. Recherchen ergaben, dass es hier neben einer Synagoge auch Werkstätten, Läden, eine Bäckerei, einen Markt und etliche Privathäuser gegeben hat. Heute steht nur noch die Basilika di Santa Croce, die einmal das jüdische Gotteshaus war. Als die Spannungen zwischen Christen und Juden im 15. Jahrhundert wuchsen und zum Ausbruch kamen, ordneten die damals amtierenden katholischen Könige Ferdinand II. von Aragon und Isabella I. von Kastilien die Ausweisung aller Menschen jüdischen Glaubens aus dem Gebiet der spanischen Krone an. Bis zum 31. Juli 1492 mussten alle, die nicht zum Christentum übergetreten waren, das Burgviertel und die Insel verlassen. Der verwaiste Besitz der Vertriebenen wurde öffentlich versteigert, und die Synagoge wurde katholisch. Die Basilika, die heute zum Ritterorden der beiden Heiligen, Mauritius und Lazarus, gehört und deren Fassade noch das Wappen des Jesuitenordens trägt, wurde 1661 renoviert und vergrößert. Neben der Kirche liegt das ehemalige Studien- und Ausbildungshaus des Ordens, in dem zurzeit die Fakultät für Architektur untergebracht ist. Nicht weit entfernt, schwebt hoch über dem Abgrund eine Kaserne, die fälschlicherweise Ghetto degli Ebrei genannt wird. Der Gebäudekomplex entstand 1738 unter savoyischer Herrschaft und diente bis zu 300 Soldaten und 40 Pferden als Unterkunft. Heute wird das alte Gebäude noch für Ausstellungen und Tagungen genutzt.

Für die Aussicht und das Dolcefarniente auf der angrenzenden Bastione di Santa Croce muss man nicht Schlange stehen. Auf dem Platz mit Palmen, die sich im Wind wiegen, geht alles einen langsamen Gang. Man setzt sich auf eine der Parkbänke und schaut dem regen Treiben zu, oder man geht ein paar Schritte zum kleinen Café »Libarium Nostrum«, um dort sardisches Fingerfood zu essen und ein Glas Weißwein zu trinken. Hier regiert das italienische Lebensgefühl!

PANORAMATOUR DURCH CAGLIARI IN DER APIXEDDA

Im Kultfahrzeug der 1960er-Jahre können Besucher durch die Inselhauptstadt knattern und sich den Duft von Dolce Vita um die Nase wehen lassen. Die Fahrt in der dreirädrigen Biene führt durch die historischen Stadtviertel. Mit Zwischenstopps am neugotischen Rathaus und an der Piazza Yenne zuckelt die Apixedda hinauf zum archäologischen Nationalmuseum, zur Kathedrale, zum Elefantenturm und wieder runter zur Bastion von Saint Remy. Zum Ende der Tour hält die Ape Calessino im Schlossviertel – in der trendigen Bar »Libarium«. Das bezaubernde Terrassen-Lounge-Café neben Palmen bietet Cappuccino, Latte macchiato und mehr. Durchgerüttelt, aber zufrieden kann man beim Espresso oder Aperitif noch einmal die Retro-Atmosphäre und das tolle Cabriolet-Feeling in Gedanken vorüberziehen lassen. Abfahrt: Via Roma auf der Höhe des Caffè Roma.

WEITERE INFORMATIONEN

www.cagliariturismo.it,
www.cagliaritouring.com

Beeindruckende Aussicht auf den Stadtteil Villanova von der Piazza dell'Indipendenza im Burgviertel: im Vordergrund die Chiesa di San Domenico, im Hintergrund Monte Urpino und die Lagunen.

2 Kirchen und ein frommer Märtyrer – Stampace

Altstadtflair und Pestgelübde

Zwischen 1652 und 1656 wütete die Pest in Cagliari und den umliegenden Dörfern der Insel. In ihrer Not legten die Bürger das Gelübde ab, alle Jahre im Gebet zum heiligen Ephysius nach Nora zu pilgern, wenn das große Sterben ein Ende nähme. Seitdem startet die Wallfahrt alljährlich Anfang Mai in der kleinen Kirche Sant'Efisio im historischen Stadtviertel Stampace.

In der Via Roma zieht die Prozession des heiligen Ephysius über einen Teppich aus duftenden Rosenblättern hinweg (rechts oben); Blick auf das Häusermeer von Stampace mit der Chiesa di Sant'Anna (unten); Giorgino ist für Sant'Efisio am 4. Mai die letzte Etappe vor der feierlichen Heimkehr nach Cagliari (unten rechts).

Historische Gebäude und Gassen, imposante Kirchen, belebte Plätze und Straßencafés mit südländischem Flair – auch in Stampace, dem historischen Stadtteil westlich des Castello-Viertels, gibt es jede Menge zu sehen. Ein architektonisches Meisterwerk ist beispielsweise das nach Plänen des Turiner Stararchitekten Annibale Rigotti (1870–1968) entworfene neue Rathaus, dessen beide achteckigen, hohen Türmchen und die schneeweiße Fassade schon bei Ankunft mit der Fähre im Hafen zu bestaunen sind. Das in den Jahren 1899 bis 1907 im neugotischen Stil entstandene Gebäude mit Verzierungen aus der Zeit des Jugendstils ist heute Sitz der Gemeindeverwaltung.

Einfach himmlisch

Zahlreiche Kirchen wie die frei stehende aus dem 18. Jahrhundert stammende Collegiata di Sant'Anna, die sich mit einer weitläufigen Freitreppe, zwei hübschen Glockentürmen und mehreren Kuppeln schmückt, ziehen unzählige Kulturinteressierte an. Nicht weit von der Stiftskirche entfernt passt sich die Chiesa di San Michele nahtlos in die Häuserzeile ein. Das Gotteshaus der Jesuiten stammt aus der zweiten Hälfte des 17. Jahrhunderts und zählt zu den wichtigsten Beispielen barocker Kunst auf der Insel. Ein paar Straßen weiter lädt die Chiesa di Santa Restituta aus dem 17. Jahrhundert zum Besuch ein. In der großen Krypta der Kirche, die ursprünglich ein punisches Hypo-

Kirchen und ein frommer Märtyrer – Stampace

gäum war, soll die heilige Restituta di Sora der Legende nach ihr Martyrium erlitten haben. Wer die schöne Aussicht auf die Altstadt und die Lagune von Santa Gilla genießen möchte, muss den Hügel hoch zur piniengesäumten Buoncammino-Allee laufen. Der am Botanischen Garten und am römischen Amphitheater vorbeiführende Weg ist ebenso ein Erlebnis wie der atemberaubende Sonnenuntergang am Ende des Tages. Gemütliche Bars, Cafés und Restaurants locken in vielen Gassen in Stampace. Der Ausgehplatz schlechthin ist aber die Piazza Yenne am Schnittpunkt der drei Stadtteile Marina, Castello und Stampace. Restaurants wie »Down Town« oder »Grotta Marcello«, Bars und Lounge-Cafés wie »Metzcal« oder »Mojito« und die Eisdiele L'isola del Gelato sind nicht nur angesagt, sondern auch sehenswert.

Pilgerprozession: Frieden für die Seele

Ein Stadtbummel bietet noch mehr Sehenswertes. Ein beliebtes Fotomotiv ist die äußerlich unauffällige, barocke Chiesa di Sant'Efisio, in der das Standbild des heiligen Ephysius von Elias aufbewahrt wird. In einem unterirdischen, punischen Felsengewölbe im Unterbau der Kirche soll der Märtyrer vor seiner Enthauptung in Nora aufgrund seines christlichen Glaubens eingesperrt gewesen sein. Als im Jahr 1652 die Pest in Cagliari ausbrach, fiel fast die Hälfte der damaligen Bevölkerung der grausamen Seuche zum Opfer. In ihrer Not legten die Gläubigen ein Gelübde ab: Sollte der Schwarze Tod die Stadt verschonen, wollten sie Ephysius künftig mit einem Fest ehren und von den Wundertaten des Pestheiligen erzählen. Das Gelübde zeigte Wirkung, und zum Dank für die Rettung lösten die Gläubigen am 1. Mai 1656 dieses andachtsvolle Versprechen mit einer vier Tage währenden Wallfahrt ein. Seitdem machen sich Christen aller Pfarreien alljährlich bei der Sagra di Sant'Efisio auf den Weg nach Nora, um den Heiligen, dessen prächtig gekleidetes Standbild in einer goldenen Kutsche von Ochsen gezogen wird, in einer Prozession zu würdigen. Der feierliche Umzug, der über Giorgino, La Maddalena, Su Loi, Villa D'Orri, Sarroch, Villa San Pietro und Pula führt, wird von Reitern und Folkloregruppen in traditionellen Kostümen, die aus Teilen der Insel kommen, begleitet.

SA TORRADA DE SANT'EFISIO

Die Sagra di Sant'Efisio bietet Besuchern nicht nur am 1. Mai eine feierliche Atmosphäre. Die Rückkehr des heiligen Ephysius bei Fackelschein und religiösen Gesängen am Abend des 4. Mai ist mindestens genauso spannend und bedeutsam. Es ist ein mystischer Moment, der das wahre Wesen des Eides anschaulich macht. Bereits am Morgen macht sich die Pilgerprozession mit zahlreichen Gläubigen von Pula auf den Weg zurück in die Inselhauptstadt. Unterwegs wird die Wallfahrt immer wieder unterbrochen, denn zahlreiche Kirchengänger bedenken Ephysius am Wegesrand mit Gaben und Spenden. Um das feierliche Versprechen jedoch einzulösen, muss der Heilige vor Mitternacht in der Chiesa di Sant'Efisio eintreffen. Nicht selten steuern Reiter, Folkloregruppen, Wallfahrer, Bruder- und Schwesternschaft gegen 23.30 Uhr im Eilschritt die kleine Kirche im Stampace-Viertel an, um das Gelübde zu erfüllen.

WEITERE INFORMATIONEN

www.cagliariturismo.it

Auf der historischen Piazza Yenne tobt das Nachtleben, der Platz ist Anziehungspunkt nicht nur für Touristen.

3 Hippes Hafenviertel – La Marina

Gassengewirr und lukullische Genüsse

Über dem alten Hafenviertel Cagliaris liegt noch ein Hauch seines früheren Charmes. In den engen Gassen lebten einst Fischer und Händler, und in den schmuddeligen Spelunken am Hafenbecken pulsierte das Leben. Heute ist die Marina von Mittag bis Mitternacht ein angesagtes Ausgehviertel.

Im Süden des Castello-Viertels zieht die schnurgerade, vierspurige, alte Prachtstraße Via Roma eine messerscharfe Grenze zum Hafen. Hinter dem von klassizistischen Prunkfassaden gesäumten Boulevard beginnt das ehemalige Fischer- und Matrosenviertel mit seinen historischen Gebäuden, einstigen Lagerhallen, kleinen Kirchen, Cafés und Restaurants. Bänke und Blumenkübel zieren die Plätze. Gaukler und Straßenmusiker unterhalten Passanten. Viele Häuser könnten einen neuen Anstrich vertragen, an einigen bröckelt der Putz. Der kleine Stadtteil hinter den Arkaden der Via Roma erscheint wie ein idyllisches Dorf in der lärmenden Inselmetropole.

Buntes Straßengewirr

Wäschestücke hängen vor den Balkonen, Nachbarn unterhalten sich über die Gassen hinweg von Fenster zu Fenster, Küchendüfte erfüllen die Luft und vermengen sich mit dem Aroma von geröstetem Kaffee. In diesem Straßengewirr reiht sich ein Lokal an das andere. Dicht an dicht schieben sich die Menschenmassen zur Mittags- und Abendstunde vor allem über die Via Sardegna. Die kleine Straße bildet die längste Restaurantmeile Cagliaris. Das Angebot reicht vom Seebarsch bis zur Meeräsche, aber auch Langusten und Garnelen fehlen nicht in den üppigen Meeresfrüchte-Auslagen. Abends leiten ein Teller Spaghetti und ein Glas Weißwein perfekt über in das Nachtleben der Marina. Vom Restaurant bis zur Piazza oder in die Bars sind es oft nur ein paar Schritte. Etwas versteckt liegen die Piazze Savoia und San Sepolcro. Hier kann man den Tag gemütlich ausklingen lassen.
INFO: www.cagliariturismo.it

4 Markt für alle Sinne – Mercato di San Benedetto

Genuss von der Insel

Ob Meeräschen, Miesmuscheln, Zucchini, Pfirsiche, Schafskäse oder Olivenöl – wer fangfrischen Fisch, sonnenverwöhntes Gemüse, duftendes Obst und sardische Leckerbissen sucht, wird in der Markthalle mehr als fündig. Zu jeder Jahreszeit bieten Händler eine üppige Vielfalt an regionalen Spezialitäten an.

Fischverkäufer in der Markthalle des Mercato di San Benedetto. Der Tintenfisch ist eine beliebte Spezialität auf der ganzen Insel.

Das Marktgeschehen blickt in Cagliari auf eine lange, traditionsreiche Geschichte zurück. Die lebensfrohen Marktplätze wurden 1886 vom Mercau Becciu, der alten Markthalle am zentralen Largo Carlo Felice, abgelöst. Das damals hochelegante Gebäude war aber nach mehr als 70 Jahren zu klein geworden. Zudem sollte die gute alte Markthalle in der City monumentalen Bankgebäuden weichen. So wurde Mitte der 1950er-Jahre der Beschluss gefasst, ein größeres Gebäude zu errichten. Der neue Backsteinbau wurde im Juni 1957 eröffnet.

Genuss für alle Sinne

Auf circa 8000 Quadratmetern Verkaufsfläche breitet sich im Unter- und Erdgeschoss der nunmehr größten Markthalle der Insel eine unglaubliche Fülle an verschiedenen Waren aus. Wer den Eingang passiert hat, betritt eine andere Welt: Fisch, Krustentiere und Meeresfrüchte, erlesenes Gemüse und duftende Früchte, feines Olivenöl, edle Weine locken in jeder Ecke des Gebäudes. Die Halle ist mit knapp 238 Ständen eine einladende Feinschmeckermeile. Im Untergeschoss taucht man in eine maritime Welt ein: Vom Schwertfisch über Doraden, Tintenfisch und edle Langusten verwöhnen die Händler mit einheimischen Fischen. Im Erdgeschoss locken nicht nur Obst und Gemüse. Von krossem Pane Carasau über eine Fülle lokaler Fleischwaren, üppigen Käsetheken bis hin zu Mandelgebäck gibt es alles, was das Gourmetherz begehrt. Unwiderstehlich für alle Besucher ist die Vielfalt der Waren und der Duft von mediterranen Aromen.

INFO: www.mercatosanbenedetto.it

Route durch den Südwesten

Genießer lassen sich Zeit

Zeit lautet das Schlüsselwort auf einer Spritztour durch den Südwesten. Denn außer atemberaubender Strände gibt es entlang der Route eine Vielzahl interessanter Dinge zu entdecken.

Vom alten Wehrturm in Chia bietet sich ein herrlicher Blick auf die Küste und das Meer (oben); Cagliari, sein Dächermeer und das Meer (unten).

Dass Spaß auf der Route durch den Südwesten nichts mit Geschwindigkeit zu tun hat, liegt vor allem daran, dass das Gebiet von Cagliari bis Sant'Antonio di Santadi reicht und drei Subregionen durchquert. Während man die Inselhauptstadt zu Fuß und per Bus erkunden kann, empfiehlt sich für das Campidano, Sulcis-Iglesiente und Monreale ein Auto.

Mittelalter-Flamingos-Strand an einem Tag

Die historische Altstadt Cagliaris ist nahezu putzig-klein, hat aber architektonisch einiges zu bieten. Am besten geht es morgens mit einem Frühstück auf der Piazza Yenne los. Die meisten Sehenswürdigkeiten wie das Burgviertel Castello, die Stadtteile Stampace, Villanova und Marina lassen sich von hier aus gut zu Fuß erkunden. Einiges liegt aber vor den Toren der Stadt. Um den Poetto-Strand und den Naturpark Molentargius zu besuchen, nutzt man am besten den Bus.

Knapp 40 Kilometer südwestlich von Cagliari wartet die Ruinenstadt Nora. Dort kann man in die Frühgeschichte Sardiniens abtauchen. Die nächste Etappe der Route liegt weniger als 20 Kilometer entfernt. In Chia findet man seicht abfallende Strände, azurblaues Meer und duftendes Macchia-Gewächs. Im Frühjahr tummeln sich Flamingos in den Lagunen hinter den Dünen. Von Chia führt die Küstenstraße SP71 über die Spiaggia di Tuerredda zum Capo Malfatano und von dort über Sant'Anna Arresi zum Strand von Porto Pino.

Ab auf die Inseln

Wer sich für eine Tour ins Sulcis-Archipel entscheidet, sollte zwei Tage einplanen, um Zeit für Stopps und Abstecher zu haben.

Von Cagliari geht es in 1 ½ Stunden nach Sant'Antioco, wo man mit der Besichtigung des Städtchens beginnt. Danach geht es nach Maladroxia zum Baden. Wer noch mehr Strand will, fährt an die westlich gelegene Cala Lunga. Den Tag ausklingen sollte man mit einem Sonnenuntergang in Calasetta. Von hier braucht die Fähre am nächsten Morgen eine halbe Stunde, dann rumpelt das Auto auf der Isola San Pietro von Deck. Zum Sonnenbaden rollt man am besten nach Westen zur Spiaggia La Caletta. Anschließend geht es über den Golf La Mezzaluna, die Strände Le Colonne und La Bobba ins Fischerstädtchen Carloforte. Wer es geschickt einrichtet, kommt genau richtig zum Aperitif und genießt das Italo-Flair auf der Piazza.

Rostige Loren, ein alter Tempel und riesige Sanddünen

Ein sehenswertes Stück Bergbaugeschichte liegt an die Costa Verde. Das Belvedere von Nebida mit herrlichem Ausblick auf den Pan di Zucchero ist in knapp einer Stunde von Cagliari aus zu erreichen. Von hier ist es auf der SP83 nur ein Katzensprung zum Strand von Masua, wo der alte Zechenhafen Porto Flavia über dem Meer am Felsen klebt. 18 km später liegt linkerhand die Bucht Cala Domestica. Wer Stopps einlegen und an den Stränden verweilen möchte, ist mit einer Übernachtung gut beraten. Am nächsten Morgen lohnt ein Abstecher ins Landesinnere zum Tempel von Antas. Doch die Dünen rufen. Deshalb geht es weiter nach Norden, wo sich die Straße schließlich in vielen Kehren durch das Bergwerk von Ingurtosu bis an den Strand von Piscinas schwingt.

INFOS & ADRESSEN

Das Gästehaus »The Place« liegt absolut zentral, ist klein, aber fein und taugt für eine perfekte Übernachtung in Cagliaris Altstadt. Die Busse des CTM bedienen den Nahverkehr. Zum Poetto und Naturpark fahren die Linien PF, PQ und Poetto Express (nur zur Saison). Tickets in Tabacchi, Kiosken und Bars. Die Isola di San Pietro erreicht man mit der Fähre ab Calasetta auf Sant'Antioco und ab Portovesme. Überfahrt je nach Abfahrtshafen ca. 30-40 Min.

WEITERE INFORMATIONEN

The Place: www.theplacecagliari.com
Stadtbusse Cagliari: www.ctmcagliari.it
Fähre nach San Pietro: www.delcomar.it

5 Pinke Federpracht – Naturpark Molentargius

Rückzugsgebiet für seltene Vogelarten

Im Parco di Molentargius herrscht Gedränge. Die Lagunenseen vor den Toren der Inselhauptstadt zählen zu den wichtigsten Lebensräumen für seltene Vogelarten auf Sardinien. Jedes Jahr brüten auch Tausende Flamingos auf selbst gebauten Schlammnestern in der Mitte der Salzseen. Ein ideales Ausflugsziel, um zu Fuß oder mit dem Rad auf Vogelbeobachtung zu gehen.

Im Südosten von Cagliari, hinter dem langen Poetto-Strand, erstreckt sich der knapp 1600 Hektar große und 1999 gegründete Naturpark Molentargius-Saline mit seinen einmaligen Lebensräumen. Nicht nur die großen, voneinander getrennten Salz- und Süßwasserflächen, auch die ausgedehnten Schilfwiesen bieten optimale Bedingungen für zahlreiche Vogelarten, die das Feuchtgebiet als Nahrungs-, Rast- oder Brutgebiet nutzen. Die Stille der Lagunen wird nur vom Schnattern und Zwitschern der Tiere unterbrochen.

Refugium für rosa Flamingos

Das ganze Jahr über tummeln sich Reiher, Gänse, Enten und Blässhühner in den angestauten, brackigen Seen. Der Fischreiher ist die häufigste Art, doch fallen auch Kuh-, Silber- und Purpurreiher auf. Neben dem prächtigen Gefieder der Brandgans sind die leuchtenden, kastanienbraunen Köpfe der Krick- und Tafelente zu sehen. Unter den Brutvögeln finden sich gefährdete Arten wie Kormorane, Säbelschnäbler, Stelzenläufer, Rohrweihen, Purpurhühner, Seiden- und Nachtreiher.

Diese urwüchsige Lagunen- und Salinenlandschaft ist auch ein bedeutender Rast- und Brutplatz für Flamingos. Ihre zarten Rosatöne machen die filigranen Wasservögel zu den Stars des Naturparks. Die anmutigen Vögel werden bis zu zwei Meter lang, haben eine Flügelspannweite von bis zu 1,80 Metern und wie-

Faszinierender Blick auf die Lagune von Molentargius, die Salinen, den Poetto-Strand und das Meer (unten). Der Park ist inzwischen ein sehr beliebtes Ausflugsgebiet der Cagliaritaner. Die Leute sind begeistert von der Natur (rechts oben). Frei lebende Flamingos in der Lagune von Cagliari (rechts unten).

Pinke Federpracht – Naturpark Molentargius

SPANNENDE VOGELBEOBACHTUNG MIT DEM SEGWAY

Die geführte Tour mit dem Segway zum Naturpark startet nach einer ausführlichen theoretischen und praktischen Einweisung im Hafenviertel von Cagliari. Entlang des Palafittakanals geht es auf dem Radweg zum großen Schutzgebiet hinter dem Poetto-Strand. Auf der Wegstrecke passiert man die Nervi-Halle aus den 1950er-Jahren, in der das ehemalige Salzlager untergebracht war, die historischen Gebäude der alten Saline, den Palmakanal, die einstigen Saugpumpen und Verdampfungsbecken der heute stillgelegten Salzgewinnungsanlage. Besonders im Frühling lassen sich entlang der Naturpfade zahlreiche Flamingos und andere seltene Vogelarten beobachten. Nach einer Pause in der Marina di Sant'Elmo geht es zum Abschluss an Cagliaris Jachthafen entlang, vorbei an der Basilica di Bonaria, bevor man wieder den Ausgangspunkt erreicht (Apr.–Nov. tgl., inkl. Einweisung 2,5 Std.).

WEITERE INFORMATIONEN

www.parcomolentargius.it,
www.apmolentargius.it,
www.newwaysardinia.com

gen zwei bis vier Kilogramm. Tagsüber sieht man sie bei der Nahrungssuche durch die seichten, glitzernden Salzseen stelzen. Im Schlamm machen sie Jagd auf den winzigen Salinenkrebs, der für die rosa Färbung ihres Gefieders verantwortlich ist. Im Frühjahr, wenn hier mehr als tausend Junge ausgebrütet und aufgezogen werden, bietet die Kolonie eines der großartigsten Schauspiele des Schutzgebiets. Die kegelförmigen Schlammnester werden auf kleinen Deichen mitten in der Lagune und der Salinen errichtet. Da die empfindlichen Tiere schon bei der geringsten Bedrohung ihre Nester verlassen, werden zur Brutzeit vorübergehend einige Wege gesperrt. Den besten Blick auf dieses Naturereignis hat man dann vom nahe gelegenen Monte Urpino.

Repräsentative Industrieanlage

Die ersten Meersalinen wurden höchstwahrscheinlich schon von den Puniern und Römern in Cagliari betrieben. Später verhalfen die Salzgärten zwischen Strand und Lagunenseen Pisanern, Spaniern und Piemontesen zu Macht und Reichtum. Bis Anfang des 19. Jahrhunderts wurde das Meersalz noch wie einst in natürlichen Becken gewonnen. Als das »weiße Gold« eine immer wichtigere Lebensgrundlage für die Bewohner der Inselhauptstadt wurde, hat man die Salinen modernisiert. Künstliche Verdunstungs- und Kristallisationsbecken wurden angelegt, Kanäle zu Speicherbecken und zum Meer gebaut. In den 1930er-Jahren kamen Werkstätten, ein Direktionsgebäude, Arbeiterwohnhäuser, ein Theater und eine Kirche hinzu. Doch schon kurz nach dem Zweiten Weltkrieg und vor allem in den 1960er-Jahren hatte das Werk immer stärker mit der in- und ausländischen Konkurrenz zu kämpfen. Nach einer längeren Krise und der Verschmutzung einiger Becken durch belastetes Gewässer wurde die Anlage 1985 stillgelegt. Nach ihrer Schließung hat die Natur dieses riesige Gebiet zurückerobert und sich an manchen Stellen sogar unter schwierigsten Bedingungen etabliert. Neben Vögeln und Salinenkrebsen leben in den alten Salzfeldern auch noch Pechlibellen, Geckos, Eidechsen, Biberratten und der Tyrrhenische Laubfrosch. Pudelwohl fühlt sich hier auch der Salicorn (Queller). Das Gewächs mit den aufrecht stehenden, fleischigen verzweigten Stängeln ist eines der wenigen, dem das Leben an salzbeeinflussten Standorten nicht schwerfällt.

Der Küstenturm Torre del Prezzemolo aus dem 16. Jahrhundert auf dem Hügel von Sant'Elia mit herrlichem Blick auf den Sonnenuntergang (oben). Blick auf den Teufelssattel, der den Poetto vom kleinen Sandstrand von Calamosca trennt (oben rechts). Ideales Ganzkörpertraining: Kitesurfen am Poetto-Strand (unten rechts).

6 Zu Füßen des Teufelssattels – Poetto

Strandparadies für jedermann

Unbebauter, strahlender Sand, flach abfallendes, türkisfarbenes Wasser, kleine Strandbars, dümpelnde Jachten und ein wildes, 135 Meter hohes Vorgebirge: Cagliaris acht Kilometer langer Hausstrand erstreckt sich östlich des Capo Sant'Elia. Im Hintergrund staken Flamingos durch die flachen Becken der alten Salinen. Paradiesische Zustände auch für Sonnenanbeter und Sportler.

Sardiniens Inselhauptstadt lockt Badefans mit einem kilometerlangen, weißen Sandstrand. Eingebettet zwischen dem Capo Sant'Elia im Westen, den Salzfeldern der alten Saline im Norden und der Spiaggia di Quartu Sant'Elena im Osten erstreckt sich der mehrere Kilometer lange und bis zu 150 Meter breite Poetto vor den Toren Cagliaris. Das fast unbebaute Sandband gilt im Sommer als beliebtes Badeziel der Cagliaritaner. Grund dafür sind sein kristallklares Wasser, sein vielfältiges Sportangebot, seine hippen Lounge-Bars mit Blick auf das bunte Treiben am Strand und sein angesagtes Nachtleben.

Perfekte Bedingungen

Das flach abfallende Meer macht den Poetto zum idealen Badestrand für Kinder, Nichtschwimmer und Senioren. Doch auch für Wassersportler ist er ein hervorragendes Revier. Das Angebot reicht von Windsurfing über Katamaransegeln oder Stand-up-Paddeln bis hin zu Tretboot- und Kanufahrten. Wer sich lieber im Sand austobt, kann Burgen bauen oder auf ausgewiesenen Strandflächen Beachvolleyball spielen. Unter dem Kap, in der hübschen Marina Piccola, schaukeln schicke Jachten, aufgetakelte Motorboote, winzige Jollen und rostige Fischkutter. Von hier aus starten Segelboote zu Touren entlang der herrlichen, teilweise noch unberührten Felsenküste des Vorgebirges. Mit dem kleinen Jachthafen ist der lange Sandstrand über eine palmengesäumte Promenade verbunden. Strandcafés entlang der Allee bieten gute Ausblicke auf das Kap und das ruhige Wasser. Auf Sonnenanbeter warten Liegestühle

Zu Füßen des Teufelssattels – Poetto

und Lounge-Sofas. Aus den Lautsprechern klingt Chill-out-Musik, zu der sich die Palmenblätter im Rhythmus wiegen. Idyllische Plätze, die man im Strandrummel der Hochsaison gar nicht vermuten würde. Wenn die Sonne sich neigt und der Himmel sich langsam rosa färbt, kommen mit etwas Glück die Flamingos. Zuerst hört man nur ihre krächzenden Rufe. Doch dann ziehen sie in langen Ketten oder Dreiecksformationen von ihren Futterplätzen an der alten Saline über den Poetto und das Vorgebirge zu ihren Schlafplätzen in die Flachwasserlagune von Santa Gilla. Wenn die Sonne wie ein glutroter Ball im Meer versunken ist, beginnt das Nachtleben in den schicken Restaurants und trendigen *Baretti* mit Livekonzerten am Strand. Bis spät in die Nacht ist dann für Stimmung gesorgt.

Von Engeln und Dämonen

Am westlichen Ende des Poetto mit Blick auf den Jachthafen, die Lagunen, die Salinen und den Golfo degli Angeli thront der große Felsbrocken Sella del Diavolo. Zahlreiche Legenden ranken sich um den Hügel an der »Engelsbucht«, dessen Name mit der Sattelform des Bergs zusammenhängt. Am »Teufelssattel« soll der Höllenfürst einst böse überrollt worden sein. Laut Sage sollen Luzifer und seine Helfer, hingerissen von der Schönheit des Golfes, von der Bucht Besitz ergriffen haben. Um Satan und die gefallenen Engel zu verjagen, schickte Gott seine Himmelswächter unter ihrem Anführer, dem Erzengel Michael, an das Kap. Es folgte ein erbitterter Kampf. Michael und seine himmlischen Heerscharen besiegten die Dämonen, die ihren Platz im Golf von Cagliari verloren und gezwungen waren zu fliehen. Bei der Flucht stürzte Luzifer mit seinem Pferd und seinen Engeln ins Meer. Dabei verlor er seinen Sattel, der auf dem Vorgebirge neben dem Poetto-Strand landete. Bei der tiefen Einbuchtung, die man heute sieht, soll es sich um den versteinerten, gepolsterten Sitz des Satans handeln. Und weil die Bucht, die vom Capo Carbonara im Osten bis zum Capo Spartivento im Westen reicht, seit dem Sturz der Dämonen noch immer von ihren Bezwingern bewacht wird, nennt man sie auch heute noch Golfo degli Angeli, die »Engelsbucht«.

WANDERN HOCH ÜBER DEM POETTO-STRAND

Wer Cagliari besucht, sollte den Panoramablick von der Sella del Diavolo nicht versäumen. Ein Ausflug auf den Hügel am Capo Sant'Elia ist ein einzigartiges Erlebnis. Der gesamte, tiefblaue Golf liegt im Blickfeld, mittendrin der kleine Jachthafen, der kilometerlange Sandstrand, die Lagunenseen und Salinen. Ein schöner Weg zwischen Kap und Strand führt an der Bucht Calamosca durch kniehohe Macchia aus Wacholder, Ginster und Wolfsmilchgewächsen. Unterwegs begegnet man Agaven mit ihren meterhohen Blütenständen, den Grundmauern einer kleinen Kapelle, den Ruinen des ehemaligen Klosters von Sant'Elia, einer römischen Zisterne und zwei spanischen Wehrtürmen. Vom teilweise steil abfallenden »Teufelssattel« bieten sich großartige Ausblicke aufs Meer. Wer nach der Wanderung Lust zum Baden hat, kann das an der Spiaggia di Calamosca tun. Die kleine Badebucht liegt nur wenige Meter vom Ausgangspunkt entfernt (Dauer: ca. 2 Std.).

WEITERE INFORMATIONEN

www.cagliariturismo.it

Cagliari & der Südwesten

7 Im Dorf der Kunst – San Sperate

Von Malern, Baumeistern und Bildhauern

Das sardische Montmartre heißt San Sperate. Das Dorf nördlich von Cagliari ist eines der größten Freilichtmuseen der Insel. Wer durch seine Gassen streift, kann die Geschichte der Insel von den Wänden ablesen. Unzählige Murales erzählen vom Alltag im Dorf und entführen in eine längst vergangene Welt von alten Riten und Bräuchen. Einen der Maler, Pinuccio Sciola, machte sein Talent weltberühmt.

Pinuccio Sciola mit seinen berühmten Klangsteinen (oben rechts); Muralismus in San Sperate: Ein Lebensstil, der den öffentlichen Raum erobert hat (unten); bei der Sagra delle Pesche gibt es auch immer traditionelle Gewänder zu sehen. Hier eine Tracht aus Quartu Sant'Elena (unten rechts).

Einen Galeriebesuch können Kunstinteressierte in San Sperate an der frischen Luft und zu jeder Jahreszeit genießen. Hunderte Wandbilder, meterlange Gedichte, farbenprächtige Kompositionen, meisterhafte Skulpturen und andere Kunstwerke zieren die Häuserfassaden, Mauern, Gehsteige, Straßen und Grünflächen des Weilers – die meisten geschaffen vom 2016 verstorbenen Bildhauer und Maler Pinuccio Sciola, der hier im Kriegsjahr 1942 das Licht der Welt erblickte, aber auch von anderen Künstlern.

Ein Ambiente wie in einer Open Air Gallery

Nicht nur Orgosolo, das einst berüchtigte Banditendorf in der Barbagia di Ollolai, auch San Sperate hatte in den 1960er-Jahren seine eigenen Wandbild-Chronisten, die von den Menschen und Beschwernissen des Lebens in der durch weite, flache Landschaften, Pfirsichplantagen und Zitrusfrüchtehaine geprägten südlichen Region erzählten. Unter der Leitung Sciolas entstanden 1968 die ersten Murales, in denen sich die großen Themen der sardischen Wandmalerei »abzeichneten«: die Vergangenheit Sardiniens, die bäuerliche Kultur, die enge Bindung der Bevölkerung an den Alltag, an Acker- und Weideland. Die etwas anderen Historiker und Geschichtenmaler pflegten das kulturelle Erbe, um es für kommende Generationen festzuhalten. In kurzer Folge entstanden um den Muralismus herum verschiedene Malerkreise, Theater-

Im Dorf der Kunst – San Sperate

gruppen und Kunstwerkstätten. Künstler bezogen im Dorf Quartier und setzen gemeinsam Kreativität frei. In Hinterhöfen und Schuppen wurde mit ungeheurer Energie und Fantasie gepinselt, gehämmert, modelliert, geschnitzt und gebrannt. Die absolute Freiheit von stilistischen Vorgaben bot vielen talentierten Kunstschaffenden ein Podium. Seitdem ist San Sperates Kunstleben vielfältig, und keines der zahlreichen Werke lässt sich in irgendeine Schublade stecken. Im Mittelpunkt des Schaffens stehen Fotografien, Filme, gigantische Figuren und Keramiken, Installationen, Farben und Steine, die in den Straßen, Gärten und auf den Plätzen eine ganz besondere Stimmung erzeugen.

Skulpturen eines genialen Tonkünstlers

Unbekannte, lang schwingende, weiche, fast mystische Laute tönen aus dem Freilichtmuseum »Giardino Sonoro« in der Via Oriana Fallaci. Ein völlig neues Hörerlebnis, das sich keinem bekannten Musikinstrument zuordnen lässt: »Pietre Sonore – Klangsteine«, erklärt Maria Sciola, »und jeder hat einen ganz eigenen Farbton«. In den letzten 20 Jahren entdeckte ihr Vater die Tonkunst als zusätzliche künstlerische Aussage. Neben jeder Menge Skulpturen reihen sich seitdem zig eingeritzte Natursteine unterschiedlicher Form und Größe im mediterranen Garten. Dem im Alter von 74 Jahren gestorbenen Künstler reichte es nicht mehr, unbearbeitete Rohlinge zu Skulpturen zu hauen. Er wollte der scheinbar leblosen und stummen Materie eine Stimme verleihen. Um Klänge zu erzeugen, fräste Sciola Linien oder Gittermuster in die Gesteinsbrocken. Sowohl die Art, Größe und Form des Steines als auch die Tiefe der Einkerbungen oder die Abstände der schachbrettartigen Zäpfchen verändern bei Berührung die Vibration und demzufolge auch den Ton. Was herauskam, sind ungewohnte Klänge und Resonanzen, die man so noch nie gehört hat, und die von zeitgenössischen Musikern wie dem bekannten sardischen Jazztrompeter Paolo Fresu für moderne Kompositionen verwendet werden. Und das Tolle ist: Jeder kann die Pietre Sonore zum Klingen bringen. Um sie zu spielen, bedarf es keiner musikalischen Vorkenntnisse. Man braucht nur mit einem kleinen Stein über das Gittermuster zu streichen oder das Musikinstrument wie eine Harfe anzupfen.

PATRONATSFEST SANTU SPARAU

In San Sperate gilt der 17. Juli als »Tag des heiligen Speratus«. Doch woher der namensgebende Schutzheilige kam, weiß niemand so genau. Als historisch glaubwürdig erscheint die Überlieferung, dass Speratus zu den scilitanischen Märtyrern gehörte, die am 17. Juli 180 n. Chr. in Karthago um ihres Glaubens willen enthauptet wurden. Der Legende nach sollen seine Reliquien, auf der später die Pfarrkirche errichtet wurde, im 6. Jahrhundert nach Sardinien überführt worden sein. Eine zweite Geschichte erzählt, dass der in San Sperate geborene Märtyrer unter der Herrschaft Kaiser Diokletians gestorben sein soll, als er zum Christentum konvertierte. Wie auch immer, ihm zu Ehren feiert das Dorf alljährlich ein mehrere Tage dauerndes Fest mit feierlichen Umzügen, bunten Trachten, Gesängen, Ausstellungen und samtig-süßen Pfirsichen, denn die saftigen Früchte aus der Region sollen mit die besten der Insel sein.

WEITERE INFORMATIONEN

www.sansperate.net, www.psmuseum.it

Sardiniens Küste

So vielfältig wie sonst nirgends in Italien

Strände: Davon gibt es auf Sardinien erstaunlich viele – mal sind sie goldgelb mit riesigen Dünen, mal schneeweiß und kilometerlang oder steinig und versteckt in einer kleinen Bucht. Und streng geht es dort zu: Kein Sandkorn oder Kiesel darf als Souvenir seinen Weg von der Insel aufs Festland finden.

Weißer Puderzuckersand, glitzernde Granitbrocken und ein türkisblaues Meer an der Punta Molentis bei Villasimius (oben). Eine der schönsten Buchten Sardiniens ist die als Naturdenkmal ausgewiesene Cala Goloritzè (rechts oben). Die mondsichelartige Kieselbucht Cala Luna ist keine Fata Morgana (unten). Viele der versteckt liegenden Buchten im Golf von Orosei erreicht man nur per Boot (rechts unten).

Pudriger Sand, azurblaues Wasser und wilde Lilien, im Hintergrund rosa Flamingos, die durch eine brackige Lagune staken und dazu sogar kleine Dünen. Hätte ein Künstler die Spiaggia di Lu Impostu gemalt, man dächte wahrscheinlich, er habe übertrieben – aber so sieht es in der Bucht, die sich hinter der Landzunge von Puntaldia im Nordosten der Insel erstreckt, tatsächlich aus.

Ein Strand für jeden Geschmack

Die 1800 Kilometer lange Küstenlinie Sardiniens bietet für jeden Geschmack etwas: feinen weißen oder ockerfarbenen Sand, rosa oder leicht hellgrün glitzernde Quarzkörner, meterhohe Sandhügel voller grüner Wacholderbüsche. Dazu kann die Insel mit kleinen Felsbuchten samt bizarren Granitformationen aufwarten. Im Osten fallen die Ausläufer des Supramonte-Massivs fast 400 Meter senkrecht ab ins Meer. Je weiter es nach Süden geht, desto länger werden die Strände. Eine Bucht reiht sich an die nächste, selten felsig und meist von breitem, hellem Sandstrand gesäumt. Dazu schimmert das Wasser im schönsten Azurblau. In Richtung Nordosten, dort, wo die Costa Smeralda beginnt, verstecken sich an der glamourösen Smaragdküste geradezu sensationelle Promi-Refugien. Und bevor die Straße von Bonifacio beginnt, ist da noch die

Gruppe der wild verstreut liegenden Inselchen des La-Maddalena-Archipels. Im Westen zeigt sich das Eiland von seiner wilden Seite. Das offene Meer klatscht auf kilometerlange Quarzsand- oder Dünenstrände und eine zerklüftete Steilküste, wo bei Mistral das Meer an die Felsen donnert und die Gischt meterhoch spritzt. Außerhalb der Sommersaison trifft man hier nur wenige Urlauber. Manchmal so wenige, dass man den Strandnachbarn grüßt. Weiter oben an der Nordwestküste herrscht wieder Andrang. Mit unzähligen Höhlen, weißen Sandstränden und türkisblauem Wasser ist Sardinien dort wieder so, wie man die Insel aus den Prospekten der Reisebüros kennt.

»Vietato rubare la sabbia« – Sand klauen verboten

Schöne Strände gibt es auf Sardinien ... na? Bald nicht mehr wie Sand am Meer. Denn auch die Inselstrände sind von Erosion betroffen und schrumpfen. Zum Teil, weil die Küste den Naturgewalten ausgesetzt ist; zum Teil, weil der Mensch eingegriffen hat. Oder weil der begehrte Sand einfach mitgenommen wird. Jeden Sommer werden tonnenweise Sand, Muscheln und Steine im Gepäck von Urlaubern entdeckt. Besonders beliebt bei Touristen ist der weiße Quarzsand der Spiaggia di Is Arutas. Doch auch Sandkörner aus Chia und Villasimius oder die rund geschliffenen Kiesel der Cala Goloritzè landen nicht selten im Koffer. Was für viele ein schönes Souvenir ist, gilt gesetzlich mittlerweile streng genommen als Diebstahl, der eine Gefahr für das Ökosystem birgt. Um möglichst viele Menschen für das Thema zu sensibilisieren, haben die Sicherheitsmitarbeiter des Flughafens in Cagliari die Facebook-Seite »Sardegna rubata e depredata« (dt. ausgeraubtes und geplündertes Sardinien) ins Leben gerufen. Wenn sich der Herkunftsort des am Airport konfiszierten Strandguts ermitteln lässt, bringen die Flughafenmitarbeiter die verbotenen Souvenirs an ihren Platz zurück. Den Sanddieben droht hingegen eine saftige Geldstrafe.

Kampf gegen Badetücher

An der Nordwestküste geht der kleine Ferienort Stintino beim Kampf gegen Erosion noch einen Schritt weiter: Seit 2018 verbietet die Gemeinde an der Spiaggia La Pelosa nicht nur die Mitnahme von Sand, sondern auch die Nutzung von Badetüchern – es sei denn, sie werden auf sandfreie Matten gelegt. Damit soll verhindert werden, dass große Mengen Sand fortgetragen werden. Denn wenn die Handtücher feucht sind, bleiben viele Sandkörner an ihnen hängen. Ob diese Maßnahme hilft, den atemberaubenden Strand zu retten, bleibt abzuwarten.

Am Strand von Nora (oben); in der Krypta der Chiesa di Sant'Efisio werden nur noch einige Reliquien aus dem Besitz des Heiligen aufbewahrt (oben rechts); einen wichtigen Anhaltspunkt zur Datierung der Geburtsstunde Noras gab eine in Pula gefundene Stele mit der mutmaßlich ersten Erwähnung Sardiniens (unten rechts).

8 Architektur der Phönizier und Römer – Nora

Auf den Spuren vergangener Kulturen

Nora – die wahrscheinlich älteste Stadt Sardiniens – liegt malerisch auf einer vom blauen Meer umgebenen Halbinsel, die nur über eine schmale Landzunge erreichbar ist. Ein fantastischer Ort, der mit seinem seichten weißen Sandstrand, der nahen fischreichen Lagune und seinem windgeschützten Kap schon immer ideale Lebensbedingungen für Menschen, aber auch für Flora und Fauna bot.

Ruinenstädte, so denkt man, sind meist da zu finden, wo es grün und einsam ist. Jedenfalls nicht unbedingt hinter einem hellen Sandstrand, wo im Sommer der Bär los ist und Großfamilien, Pärchen, Surfer sowie Eisverkäufer durcheinanderwuseln – scheinbar unberührt von den antiken Sehenswürdigkeiten im Hintergrund. Doch an diesem Ort, knapp 35 Kilometer südwestlich von Cagliari, ruhen Säulen, Mauerreste und Mosaikböden zu Füßen des Capo di Pula, die von äußerster Wichtigkeit für Sardinien sind: die Überreste der antiken phönizisch-punischen Stadt Nora, die zu den ältesten Siedlungen der Insel zählt und Besuchermagnet Nummer eins von Pula ist. Von Weitem sieht man den einstigen Burgberg von Nora, auf dem heute stolz der Turm Torre del Coltellazzo thront. Erst danach erkennt man die Relikte der alten, von den Phöniziern im 9./8. Jahrhundert v. Chr. auf einer schmalen Landzunge gegründeten und später von den Römern übernommenen Stadt schutzlos unter der brütenden Mittelmeersonne liegen. Über Jahrhunderte hinweg gelang es den Phöniziern, die zwischen Meer und Lagune eingebettete Siedlung gegen die Außenwelt zu schützen.

Römische Herrschaft

Doch im Jahr 238 v. Chr. siedelten sich die Römer in Nora an und übernahmen das Regiment. Sie überbauten Gebäude, vergrößerten die Straßen, legten Aquädukte an, errichteten Tempel, Thermen, Zisternen, Plätze und das einzige römische Theater der Insel. Ein Spaziergang durch das antike Nora vermittelt an-

Architektur der Phönizier und Römer – Nora

schaulich das alltägliche Leben der römischen Bewohner. Die Vita der Phönizier und Punier ist hingegen noch immer voller Fragezeichen, denn aus dieser Zeit ist kaum eine Hinterlassenschaft geblieben: nur wenige antike Keramikscherben, die nicht zu besichtigenden Überreste einiger Tempel und Heiligtümer sowie eine Stele, die sich heute im Besitz des Nationalmuseums in Cagliari befindet, und auf der sich die erste Erwähnung Sardiniens befinden soll. Wer die phönizisch-punische Geschichte Noras besichtigen will, muss sich noch etwas gedulden, denn vor den Toren der Ruinenstadt wird seit Kurzem in einer neuen Kampagne unter den ehemaligen Kasernen des Verteidigungsministeriums wieder gegraben. Ob sie ältere Funde der phönizisch-punischen Stadt hervorbringen wird, ist noch offen, doch die Archäologen sind zuversichtlich.

Das Martyrium des heiligen Ephysius

Bekannt wurde Nora auch durch den bei den Cagliaritanern populären heiligen Ephysius (siehe Seite 29), der hier begraben worden sein soll. Der Legende nach war der Antiochier Soldat im römischen Heer, als er sich während einer Reise nach Italien zum Christentum bekehrte, weshalb Kaiser Diokletian ihn um das Jahr 303 n. Chr. am Strand von Nora enthaupten ließ. Am Ort des Martyriums wurde eine Grabstätte errichtet, aus der im frühen Mittelalter die schlichte, dreischiffige Chiesetta die Sant'Efisio entstand. Alljährlich Anfang Mai ist das Gotteshaus Ziel einer großen Wallfahrt, mit der die Hauptstadtbewohner an einen Schwur ihrer Vorväter aus dem 17. Jahrhundert erinnern.

Nur knapp einen Kilometer von Nora entfernt liegt der schmucke Stadtkern von Pula. Holprige Gassen, niedrige Häuser, knatternde Motorroller, blühender Oleander und eine großzügig angelegte Piazza. Rundherum haben sich Eisdielen, Cafés, Restaurants und Boutiquen eingenistet. Die meisten Fremden kommen vor allem am Wochenende und in den Hochsommermonaten hierher. Nach einem heißen Badetag ziehen sie an schönen lauen Abenden plaudernd durch die Gassen, lauschen Konzerten, sitzen in den Cafés, nehmen Vitamindrinks oder einen Spritz in der Bar zu sich und verleihen dem Städtchen eine angenehm beschwingte Atmosphäre.

TORRE DEL COLTELLAZZO ODER DI SANT'EFISIO

Das schönste Panorama von Nora liegt einem zu Füßen, wenn man hoch über dem Meer auf der Torre del Coltellazzo steht: Dann sieht man den hellen Bogen der Sandbucht, die weite, artenreiche Lagune, die Überreste der antiken Stadt, alles malerisch im Dunst der flirrenden Hitze und dazu ein paar im azurblauen Meer dümpelnde Segeljachten. Der auf das 16. Jahrhundert zurückgehende Sarazenenturm ruht auf bedeutenden Resten der Akropolis von Nora. Wie schon die Burg in der Antike sollte auch er die Bucht vor den Überfällen der Piraten schützen. Heute wird der ehemalige Wehrturm, dessen zweiter Name sich an die nahe gelegene Wallfahrtskirche Sant'Efisio anlehnt, als Leuchtturm genutzt. Bei einer Besichtigung der Ausgrabungen von Nora sollte man sich Zeit nehmen und auch dem Turm einen Besuch abstatten. Führungen gibt es im Anschluss an die Besichtigung der Ausgrabungsstätte.

WEITERE INFORMATIONEN

www.nora.sardegna.it, www.visitpula.info

Cagliari & der Südwesten

9 Sicheres Badeparadies – Chia

Sardiniens Preziosen

Kristallklares Wasser, lauschige Buchten, hohe Sanddünen, knorrige, Schatten spendende Wacholderbäume und ein einsamer Leuchtturm. Nirgendwo auf Sardinien liegen unberührte Wildnis und Traumstrände am Meer so dicht beieinander wie hier in Chia, am südlichen Zipfel der Insel. Direkt dahinter locken brackige Lagunenseen, in denen Rohrweihen, Purpurhühner und rosa Flamingos piepen und zirpen.

Es gibt nicht viele Plätze auf Sardinien, die schöner sind als die westliche Südküste. Zwischen der Torre di Chia im Osten und dem Capo Spartivento im Westen liegt eine sanft geschwungene Sandbucht neben der anderen, unterbrochen von kleinen Landzungen und Felsvorsprüngen. Im Hinterland dieser Bilderbuchkulisse erstrecken sich die Lagunenseen von Chia – ein wichtiger Lebensraum für gefährdete Pflanzen und Vögel.

Wie Perlen an einer Schnur

Der kilometerlange Küstenstreifen ist weitgehend naturbelassen: pudrige, seicht abfallende Sandstrände, azurblaues Meer und immergrüne Macchia-Gewächse, deren Wurzeln sich tief in die meterhohen Dünen krallen – sonst nichts. Kein Wunder also, dass Chia zu den beliebtesten Ausflugszielen der Insel zählt. Dass der Ortsteil von Domus de Maria dennoch so herrlich einsam ist, liegt daran, dass die Feuchtgebiete und Dünen unter Naturschutz stehen. An der Spiaggia di Su Giudeu, Chias Vorzeigestrand, dominieren große, vom Wind aufgeschüttete Sandhügel. Am Naturstrand mit vorgelagerter Felseninsel herrscht im Sommer reger Trubel, doch außer kleinen Strandkiosken, die auch Sonnenschirme und Liegestühle vermieten, hat die Zivilisation kaum Spuren hinterlassen. Neben Baden gehören Paddeln, Schnorcheln und Surfen zu den beliebtesten Betätigungen. Vor dem klitzekleinen

Das Capo Malfatano, ein wildromantisches Plätzchen mit wunderschöner Aussicht (oben rechts); zwischen Meer und Lagune: atemberaubender Strandabschnitt an der Spiaggia Su Giudeu (unten); glasklar und türkis ist das Wasser in Tuerredda. Ideale Bedingungen für Schnorchler (unten rechts).

Sicheres Badeparadies – Chia

Eiland ist das Wasser so seicht, dass man bis zur Insel waten kann. Wenige Meter vom Strand entfernt breitet sich hinter den Dünen ein flaches, brackiges Gelände aus, in dem neben dichten Binsengräsern auch kniehohe Salicornia-Sträucher wachsen. Im Frühjahr, wenn die Lagunenseen vollgelaufen sind, tummeln sich hier viele, zum Teil bedrohte Vogelarten. Neben Seeschwalben, Seidenreihern, Säbelschnäblern und Stelzenläufern staken sogar Flamingos durch das fußhohe Gewässer. Einen Felsvorsprung weiter befindet sich eine weitere Bucht von wilder Schönheit: die Cala Cipolla mit goldgelbem Sand und eingerahmt von Granitfelsen, Pinien- und Wacholderbäumen. Vier Strände weiter liegt die klitzekleine malerisch von Felsen eingefasste Cala del Morto. Ein anderer Favorit ist die Spiaggia Sa Colonia, ein Traum in Weiß, die auf die Torre di Chia blickt. Um den Wehrturm herum und auf der nahe gelegenen Isola Su Cardolino haben Forscher die Ruinen der phönizischen Stadt Bithia entdeckt. Die alte Warte, die auf der einstigen Akropolis steht, wurde im 16. Jahrhundert von den Spaniern zur Verteidigung gegen Piraten errichtet. Von hier aus hat man einen weiten Blick auf Chias Strandperlen und das Meer.

Wildes Kap mit Romantikflair

Ein atemberaubender Blick lässt sich auch vom kleinen Kap westlich der Cala Cipolla genießen. Blau leuchtende Wellen, steinige Buchten, steile Felsvorsprünge und dichtes Gestrüpp: Das einsame Capo Spartivento ist ein karges Vorgebirge von wilder Schönheit. Der Aufstieg durch die duftende Macchia wird mit einem großartigen Fernblick belohnt. Oben wacht in schönstem Backsteinrot ein abgeschiedener Leuchtturm über die Küste. Rund um das Kap flattern und zwitschern verschiedene Zugvögel. Sonst ist nur das Pfeifen des Windes zu hören. Hier, im äußersten Süden der Insel, ist es nach Afrika näher als nach Rom. Während das Leuchtfeuer seit 1866 den Schiffen den Weg weist, bietet der alte Turm heute vermögenden Urlaubern Luxuszimmer in Traumlage. Der zum Hotel ausgebaute Leuchtturm umfasst vier aufwendig ausgestattete Suiten, zwei Mini-Wohnungen, fantastische Loungebereiche, Terrassen und einen Infinity-Pool mit zauberhaftem Meerblick. Doch nicht nur der Charme der wohl einsamsten Herberge Sardiniens zieht Besucher an, vor allem die Ruhe und Idylle des Kaps sind eine Oase des Müßiggangs für Körper, Geist und Seele.

SPIAGGIA DI TUERREDDA

Wie ein funkelnder Edelstein liegt die Spiaggia di Tuerredda geschützt zwischen dem Capo Malfatano im Westen und dem Capo Spartivento im Osten. Das herrliche Sandband erfüllt alle Klischees, die man gemeinhin an den perfekten Strand stellt: türkisfarbenes, glasklares Wasser und kalkweißer Sand. Im Hintergrund duftet die immergrüne Macchia. Davor liegt ein gleichnamiges Inselchen, das gern von Schnorchlern und Tauchern erkundet wird. Nur wenige Kilometer hinter dem schneeweißen Sandstrand blickt man von der SP 71 auf eine wildromantische Landschaft. Eine tief eingeschnittene Bucht, in der einst ein alter punischer Hafen lag und in der auch heute noch Fischerboote schaukeln, kündigt das Capo Malfatano an. Wer Bewegung an Land sucht, kann den Weg bis zur äußersten Spitze des Kaps gehen. Ein einsamer Turm bewacht die weit ins Meer vorstoßende Landzunge.

WEITERE INFORMATIONEN

www.comune.domusdemaria.ca.it,
www.farocapospartivento.it,
www.comune.teulada.ca.it

Die Nekropole von Montessu wurde in der Folge von der Ozieri-, der Monte-Claro-, der Glockenbecher- und der Bonnanaro-Kultur genutzt (oben); Damen-Tracht aus Santadi (oben rechts/links); Herren-Tracht aus dem Sulcis (oben rechts/rechts); beim Matrimonio Mauritano kommt die Braut in einem geschmückten Ochsenkarren (unten rechts).

10 Für Sanddünenfreaks – Porto Pino

Tolle Dünenstrände, ein Militärsperrgebiet und alte Rituale

Dunkelgrüne Aleppokiefern und salzige Lagunen säumen den Sandstrand von Porto Pino. Angewehte Dünen verzaubern die Landschaft. Ein Großteil des Jahres ist der südlichste Strandabschnitt militärisches Sperrgebiet. Im Sommer öffnet er für ein paar Monate, dann genießen Badeurlauber die Abgeschiedenheit. Nördlich des Strandes lässt sich die größte bisher bekannte Totenstadt Südsardiniens erforschen.

Für einen Großteil des Jahres ist ein Blick auf die Spiaggia Sabbie Bianche (auch Spiaggia delle Dune) südlich von Porto Pino nur aus der Ferne möglich, denn der leuchtend weiße Sandstreifen befindet sich in einem militärischen Sperrgebiet. Die knapp einen Kilometer lange Küstenperle, auf deren Rückseite sich Lagunen ausbreiten und Berge aus Sand auftürmen, zählt zwar zu den schönsten Stränden der Insel, doch noch ist sie für die Öffentlichkeit so gut wie kaum zugänglich. Nur drei Monate im Jahr, von Ende Juni bis Ende September, öffnet das Verteidigungsministerium die Pforten des etwa 7200 Hektar großen Übungsgeländes rund um das Kap von Teulada und erlaubt das Baden am Bilderbuchstrand. Den Rest des Jahres müssen Anwohner und Touristen draußen bleiben. Dann wird das Gebiet von den Streitkräften der NATO zu Trainingszwecken genutzt. Die riesigen Sandhügel erreichen Höhen von 20 bis 30 Metern und schützen die Bucht so gut, dass man auch an windigen Tagen schwimmen kann. Zedern-Wacholder, Wolfsmilch und Halfagras haben sich durch schützende Hüllen und feste Wurzeln bestmöglich dem Leben in den Dünen angepasst. An diesem wunderbaren Fleckchen wächst außerdem der seltene Phönizische Wacholder, dazu Kiefern und duftende Macchia. Sogar bedrohte Vogelarten, die sich trotz Kampflärm ungestört ausgebreitet haben, lassen sich in dieser einzigartigen Landschaft blicken.

Strände und Kiefernwälder

Nur wenige Hundert Meter weiter liegt der Strand von Porto Pino, mit dem der italieni-

Cagliari & der Südwesten

Am Strand von Porto Pino (unten); meterhohe Dünen an der Spiaggia Sabbie Bianche (ganz unten); die hübsche Cala Torre del Budello bei Teulada schmückt sich mit einem Küstenturm aus dem 17. Jahrhundert (oben rechts); Grabhöhlen von Montessu (unten rechts).

sche Staat weit offener umgeht. Während die Sabbie Bianche die meiste Zeit des Jahres noch seinen Dornröschenschlaf hält, wird dieser Strandabschnitt schon seit Langem von Badegästen besucht. Mehrere Kilometer lang säumt der strahlend weiße, flach abfallende Sandstreifen das azurblaue Meer. Hinter ihm dehnt sich ein Schatten spendender Aleppokiefernwald mit knorrigen alten Baumstämmen aus.

Von hier aus kann man in südlicher Richtung über die Lagunenseen auf das unzugängliche Gelände hinüberschauen. Am Ende des Tages ist der Strand bei Romantikern und Liebespärchen gleichermaßen begehrt. Schließlich kann man hier bei Sonnenuntergang am Strand sitzen, das Farbenspiel der Wellen genießen und dabei zuschauen, wie das Abendrot die Silhouette der Insel von Sant'Antioco in atemberaubende Orange- und Purpurtöne taucht. Auch wenn sich der pudrige Sand und das kristallklare Wasser von Porto Pino längst als traumhaftes Badeziel herumgesprochen haben – ein Besuch lohnt sich auf jeden Fall. Am besten im Frühling oder Herbst, wenn man den Strand noch fast für sich alleine hat.

Heiraten nach maurischem Brauch

Nordöstlich von Porto Pino begeistert das knapp 3500-Seelen-Dorf Santadi alljährlich mit einem großen Hochzeitsfest, bei dem ein Brautpaar ganz nach altem maurischem Brauch in den Hafen der Ehe einläuft. *Sa Coia Maurreddina* ist ein Erbe aus der Zeit, als dieser Zipfel Sardiniens noch von den Berbern besetzt war. Jedes Jahr am ersten Sonntag im August begleitet ein langer Brautzug, angeführt von Ochsenkarren, Trachtengruppen, Reitern und Launedda-Spielern das Paar am Hochzeitstag in die Chiesa San Nicoló. Zahlreiche Zuschauer erleben, wie Braut und Bräutigam sich hier das Jawort geben. Ein Chor umrahmt das Brautamt mit wunderschönen, traditionellen Liedern. Nach der Trauung ergießt sich ein Regen aus Getreidekörnern, Rosenblättern, Salz und kleinen Münzen über die Frischvermählten. Es soll ihnen Glück, Fruchtbarkeit, Reichtum und Weisheit bescheren. Abends lässt das Brautpaar den schönsten Tag im Leben stimmungsvoll auf der Piazza ausklingen – mit Hochzeitstorte, Wein, Musik und Tanz.

Rubinroter Wein

Der kleine Ort ist zudem für seine hervorragenden Carignano-Reben bekannt. Vor den Toren der Gemeinde liegt die Cantina di San-

Für Sanddünenfreaks – Porto Pino

FERNAB JEDER HEKTIK: PORTO TEULADA

Grüne Täler, von duftender Macchia durchwoben, davor abwechselnd felsige und sandige Strände an einem türkisblauen Meer. Aus dem glasklaren Wasser ragt eine klitzekleine Felseninsel, in der Ferne thront ein einsamer Turm. Fischerboote dümpeln im Hafen, Männer flicken ihre Netze, daneben schwatzen Frauen, schlecken Kinder ihr Eis. Dieses Stimmungsbild strahlt das verschlafene Teulada an seinem kleinen, einsamen Jachthafen aus. Die eigentliche Attraktion des Städtchens im Südwesten Sardiniens sind seine Strände. Allein die feinsandige Spiaggia Porto Tramatzu mit schönem Blick auf die Isola Rossa lohnt eine Fahrt in den Ort mit dem Naturhafen, in dem schon Sarazenen und Türken ihre Spuren hinterließen. Doch da befindet sich das friedliche Teulada in guter Gesellschaft, denn das war das Los vieler sardischer Küstenorte.

WEITERE INFORMATIONEN

www.comune.santannaarresi.ca.it,
www.cantinadisantadi.it,
www.facebook.com/Pro-Loco-Santadi,
www.comune.villaperuccio.ci.it,
www.comune.teulada.ca.it

tadi, deren nüchternes Erscheinungsbild nicht sofort verrät, was an Superlativen dahintersteckt: eine Kellerei, in der Star-Önologe Giacomo Tachis edle Tropfen voller beeriger Fruchtaromen aus der roten Rebsorte erzeugte. Ein von der internationalen Weinwelt gekrönter Rebensaft ist der intensiv rubinrote Terre Brune. Der Wein, in dessen Bouquet sich seltene, komplexe Noten wie Pflaumen, Heidelbeeren, Lorbeer, Wacholder und Schokolade finden, ist zwar teuer, aber unvergesslich im Genuss. Doch auch andere Gourmet-Attraktionen wie der Rocca Rubja, Araja, Grotta Rossa und Antigua verdienen Anerkennung.

Geheimnisvolle Grabhöhlen zwischen Macchiabüschen

Bereits vor 5000 Jahren haben Menschen aus der Jungsteinzeit ihre Verstorbenen auf einer bewaldeten Hochfläche nordwestlich von Santadi begraben. Eine besondere Anziehungskraft übte auf sie der Colle Montessu aus, auf dem vom Endneolithikum (um 32.–28. Jahrhundert v. Chr.) bis zur späten Bronzezeit (um 24.–16. Jahrhundert v. Chr.) zahlreiche Grabhöhlen entstanden sind. Es ist ein magischer Ort, der unweit von Villaperuccio, rund 230 Meter ü. d. M. in einem halbkreisförmigen, weiten Talkessel liegt. Vom Belvedere schweift der Blick über wucherndes Grün, üppige Sträucher und kunstvoll angelegte Grabhöhlen unterschiedlicher Architektur. Deutlich erkennbar, stechen die größten Felsgräber aus dem trachytischen Gestein. Andere liegen verborgen zwischen blühender Macchia oder unter der weiten Grasfläche. 40 sogenannte Domus de Janas (Felsengräber) haben sardische Archäologen auf dem circa zwei Quadratkilometer großen Gelände dokumentiert. Im Verlauf der Grabungen stießen sie auf verschiedene Grabtypen, die alle in den Fels gearbeitet wurden: Korridor-, Schacht- oder sogenannte Backofengräber. Wie alt die Begräbnisstätten der Nekropole sind, ist äußerlich nicht erkennbar. Lage, Ausrichtung und Grabbeigaben lassen allerdings auf eine lange Nutzung schließen und weisen die Bestatteten als Angehörige von mindestens vier Kulturen aus. Um einige Gräber herum stehen die Reste kultischer Steine. Viele Kammern sind zudem reich mit Motiven – Spiralen, konzentrischen Kreisen und Stierhörnern – verziert. Spuren geheimnisvoller Rituale, die die jahrtausendealte Geschichte der Nekropole von Montessu erzählen.

Calasetta präsentiert sich mit wilden Steilklippen, grünem Inland und einigen großartigen Badebuchten (oben); Le Colonne di Carloforte: Eine der beiden Säulen hat der Witterung nicht mehr standgehalten und ist vor einigen Jahren eingestürzt (rechts).

11 Kultureller Schmelztiegel – Sulcis-Archipel

Die etwas anderen Inseln

Die paradiesischen Eilande von La Maddalena dürften jedem Sardinienkenner ein Begriff sein. Eine deutlich geringere Bekanntheit genießt der Sulcis-Archipel. Das liegt daran, dass die Inseln Sant'Antioco und San Pietro lange Zeit unbewohnt waren und erst spät von ligurischen Fischern aus Tabarka besiedelt wurden. Dies hat eine einzigartige Mischung der Kulturen erschaffen.

Es waren einmal ... ein phönizisches Tophet, eine punische Nekropole, unterirdische Grabbauten, ein Märtyrer und afrikanische Zuwanderer ligurischer Herkunft: Die Isola di Sant'Antioco ist kein Ort, den man nur zum Baden aufsucht. Im Kontrast zu den herrlichen Badestränden auf der Mutterinsel bietet das 109 Quadratkilometer große Eiland vulkanischen Ursprungs mit teilweise faszinierend schöner Steilküste Geschichte zum Bestaunen. Schon die Phönizier scheinen Sant'Antiocos Küste, etwa 800 Jahre vor der Zeitrechnung, als Stützpunkt für ihre Einfälle in das Reich der Sarden und als Ausfuhrhafen für die Erze der Region genutzt zu haben. Später ging Italiens viertgrößte Insel, über einen künstlichen Damm mit dem Festland verbunden, an Punier und Römer über. Vor knapp 245 Jahren beschloss Karl Emanuel III. von Savoyen, das anschließend von Freibeutern als Basis für ihre Überfälle genutzte, bedeutungslos gewordene Eiland wieder zu besiedeln – mit gebürtigen Genueser Familien, die jahrelang im Korallenhandel auf der Insel Tabarka tätig waren.

Begräbnisriten mit Kinderopfern?

Sant'Antioco, das gleichnamige Hafenstädtchen an der Nordostküste der Insel, begeistert durch seine bedeutenden archäologischen Funde. An einem Hügel nahe der Altstadt haben Archäologen in den 1980er-Jahren die Ruinen der mehr als 2700 Jahre alten phönizisch-punischen Stadt Sulky (Sulci) entdeckt. Direkt darunter liegt eine der umfangreichsten punischen Totenstädte des Mittelmeerraums. Auf der knapp sieben Hektar großen Gra-

Cagliari & der Südwesten

Im Inneren der Basilika Sant'Antioco Martire. Unterhalb der Kirche liegen die Katakomben (oben rechts); Blick auf die Spiaggia Sottotorre, den Hausstrand von Calasetta in der Abenddämmerung (unten); gemütlicher Plausch auf der Piazza Repubblica im historischen Ortskern von Carloforte (ganz unten).

bungsfläche stießen Forscher auf etwa 1500 im weichen Kalk- und Tuffgestein ausgehobene Gräber aus dem 5. bis 3. Jahrhundert v. Chr., die in späteren Jahrhunderten von Römern und Christen weiterverwendet wurden. Als im Mittelalter die Araber auf Sardinien landeten und die Küstenstädte plünderten, zogen sich Sant'Antiocos Bauern und Hirten in die Grabhöhlen an der Westseite des Hanges zurück und nutzten diese als Behausung. Die sogenannten Is Gruttas wurden noch bis in die 1960er-Jahre von den Ärmsten der Armen als Wohnungen, Lagerräume und auch als Ställe verwendet.

Nur knapp 500 Meter unterhalb der Nekropole befindet sich ein Tophet aus dem 8. Jahrhundert v. Chr., in dem bisher mehr als 3000 Urnen mit den verbrannten Knochenresten von Kleinkindern und Tieren sowie Votivgaben gefunden wurden. Opferte man in Sulky tatsächlich Neugeborene? Lange dachte man, dass den phönizischen Göttern hier Erstgeborene als Gabe dargebracht wurden. Neuere osteologische Forschungen behaupten jedoch, dass hier Säuglinge begraben wurden, die auf natürliche Weise gestorben sind. Das Tophet war also ein Friedhof für Kinder, die kurz nach der Geburt starben, die Tieropfer waren vermutlich Teil der Begräbnisriten.

Auf der höchsten Erhebung der Stadt thronen die Reste der kleinen, von den Savoyern zwischen 1813 und 1815 gebauten und bereits wenige Monate später von tunesischen Korsaren zerstörten Festung Sa Guardia de Su Pisus. Noch heute bietet die Burg einen herrlichen Rundblick über die Inseln und das Meer. Der beherrschende Bau der Altstadt ist hingegen die Pfarrkirche Sant'Antioco Martire mit ihrer roten Fassade. Ursprünglich als byzantinische Kreuzkuppelkirche zwischen dem 5. und 6. Jahrhundert n. Chr. erbaut, wurde sie ab dem 11. Jahrhundert mehrmals umgebaut. Nur wenige Meter unter dem Gotteshaus verbergen sich punische Kammergräber, die von den frühen Christen zu Katakomben ausgebaut wurden.

Ein Städtchen – viele Kulturen

Im Gegensatz zu Sant'Antioco ist Calasetta nicht ganz so alt. Dafür ist der Fischerort an der Nordspitze der Isola di Sant'Antioco aber aufgeräumt und ordentlich. Das Städtchen mit Blick auf die Isola San Pietro und Carloforte ist eine Retortenstadt, entstanden durch das Projekt von Karl Emanuel III. von Savoyen, der

hier 1769 zahlreiche Familien ansiedelte: ligurische Fischer aus Tabarka, Piemonteser und Sizilianer. So kommt es, dass Calasetta ein echter Schmelztopf der Kulturen ist. Neben italienischen Worten dringen nicht selten arabische und ligurische Sprachfetzen ans Ohr. Auch haben das *Cascà alla Tabarchina* und die *Linguine al Pesto* längst die bekannten *Malloreddus* (sardische Gnocchi) abgelöst. Die afrikanischen und genuesischen Einflüsse haben hier für ganz neue kulinarische Genüsse gesorgt. Neben einem trutzigen Turm mit Blick auf die hübsche Spiaggia Sottotorre und eine ehemaligen Großfanganlage, in die man noch bis Mitte der 1950er-Jahre Thunfische trieb, wartet das Städtchen auch mit einigen feinen Sandstränden auf. Nicht weniger pittoresk geht es südwestlich der Spiaggia Grande zu. Umgeben von würziger Macchia bietet sich von der faszinierenden Steilküste eine atemberaubende Sicht auf das Meer und den Leuchtturm auf der klitzekleinen Klippe Scoglio di Mangiabarche – bei Sonnenuntergang eine atemberaubende Szenerie!

Italo-Flair in der Luft

Ein Besuch der zweitgrößten Insel des Sulcis-Archipels steht nur bei wenigen auf dem Reiseplan. Dabei kann man hier ein besonders hübsches Fischerstädtchen und eine wilde Steilküste erleben.

Calasetta ist nicht die einzige Stadt vom Reißbrett. Carloforte entstand auf die gleiche Weise auf der bis dahin völlig unerschlossenen Isola di San Pietro. 1738 wurden etwas mehr als hundert Fischerfamilien aus Pegli bei Genua, die zuvor vor der tunesischen Küste auf der Insel Tabarka gelebt hatten, an die Ostküste des Eilands umgesiedelt. Wer heute durch die Gassen von Carloforte spaziert, kann den authentischen Riviera-Charme des großen Bruders auf der Apenninhalbinsel nachempfinden: verwinkelte Gassen, bunte Häuser, schmiedeeiserne Balkone, schöne Plätze, eine palmengesäumte Uferpromenade mit kleinen Fischlokalen und die Ruinen einer alten Festung. Wenige Meter von der hübschen Spiaggia La Bobba entfernt ragt das Wahrzeichen der Insel aus dem Meer: Le Colonne, eine markante, 16 Meter hohe Felsnadel.

Zum Pflichtprogramm gehört auch ein Abstecher an das Capo Sandalo. Der auf der Spitze des Kaps gelegene Leuchtturm ist der westlichste Italiens. Wer von hier auf die steile Südküste und das tiefblaue Meer blickt, den überkommt ein unglaubliches Gefühl von Ruhe und Freiheit. Besonders bei Sonnenuntergang leuchten die Felsen in herrlichen Rottönen.

MUSEO DEL BISSO IN SANT'ANTIOCO

Seltene Einblicke in ein kostbares Textilmaterial gibt die sardische Weberin Chiara Vigo in ihrem kleinen Atelier in Sant'Antioco. Sie webt und bestickt Stoffe mit Byssus, einem Faden, den es nicht zu kaufen gibt. Die golden schimmernde Muschelseide ist ein Produkt der Edlen Steckmuschel, eines der größten Schalentiere des Mittelmeers. Chiara ist eine der letzten Muschelspinnerinnen der Insel. Sie hat es auf die Haftfäden, mit denen sich die »Pinna nobilis« im Untergrund verankert, abgesehen. Aus diesen wurden bereits in der Antike edle Textilien gefertigt: Präsente für Päpste, Staatsmänner und Herrscher. Die alten Bestände der hauchdünnen Faserbärte werden gereinigt, getrocknet und anschließend mit viel Geschick und Zeit gekämmt und zu feinsten Stoffen handversponnen. Das jahrhundertealte Handwerk wurde über Generationen weitergegeben und ist heute vom Aussterben bedroht.

WEITERE INFORMATIONEN

www.archeotur.it, www.chiaravigo.it, www.carloforteturismo.it

Sardiniens Tier- und Blumenpracht

Nicht nur Strand, sondern auch ziemlich wild und bunt

Wer denkt, rosa Flamingos oder duftende Orchideen gibt es nur in den Tropen und Subtropen, der irrt. Auf Sardinien leben Tausende pinke Wasservögel, außerdem eine seltene Eselart und jede Menge Schafe. Wo auch immer man hinsieht, strecken Ginster- und Mastixsträucher ihre Äste und Blüten gen Himmel – und hin und wieder auch das Milchweiße Knabenkraut.

Ausgedehnte Kork- und Steineichenwälder, betörend duftende Mittelmeer-Macchia, selten gewordene Tierarten – Naturliebhaber finden mit Sardinien ein lohnendes Ziel im Mittelmeer. Am besten erschließt man diese wunderbaren Seiten der Insel bei einem Spaziergang, einer Wanderung oder auf einer Bootsfahrt durch die Schutzgebiete.

Was hier alles wächst!

Wer im Frühling nach Sardinien fährt, erlebt die Insel in voller Blüte. Doch jedes Jahr blüht es auch ein zweites Mal – und zwar im Herbst. Dann steht die Insel, die zu weiten Teilen aus *macchia mediterranea* besteht, in knalligem Gelb und dezentem Rot. Beim Spazierengehen oder Wandern bewegt man sich in einer betörenden Duftwolke, die vom Boden aus einem Gestrüpp aus Thymian, Rosmarin, Schopf-Lavendel und wildem Fenchel emporströmt. Auf den Hochebenen und an den Hängen gedeihen Mastixsträucher, Stech-Wacholder, Baum-Wolfsmilch und Myrte. Dazwischen blühen die weiße Montpellier- und die rosaviolette Kretische Zistrose. Selbst mitten im europäischen Winter ist Sardinien die Verheißung des Frühlings: Ende Januar hüllt die Mandelblüte die Insel in zartes Rosa, die warzigen Beeren des Westlichen Erdbeerbaums leuchten orange und Wolfsmilchsträucher in Knallgelb. Von

Die rosafarbenen Blüten der wilden Korallen-Pfingstrose findet man vor allem im Inland (oben). Das weiße Fell der Albino-Esel kommt von einer angeborenen Störung in der Biosynthese der Melanine (rechts oben). Uralter Olivenbaum im Park von S'Ortu Mannu bei Villamassargia (unten). Die Rosafärbung des Gefieders ist auf die Ernährung mit Krebsen zurückzuführen (rechts unten).

Februar bis Mai blühen Narzissen, Kirschen, Pfirsiche, Affodill, Zistrosen, Steckenkraut, Geißblatt, Erika und Ginster. Etwas versteckt gedeihen im Frühjahr auch die Vertreter der Familie der Orchideengewächse wie die Kleinblütige Hummel-Ragwurz (Ophrys annae) oder die Drohnen-Ragwurz (Ophrys bombyliflora). In höheren Lagen wächst das Milchweiße Knabenkraut und an den Küsten die Serapias nurrica. Feigenkakteen dagegen treiben den Sommer über ihre Blüten.

Nicht nur die Heimat von Schafen und Ziegen

Dank ausgedehnter Lagunen, Steilklippen, Bergen und Macchia-Wäldern tummeln sich nicht nur Tausende Schafe und Ziegen auf der Insel. Bis heute leben hier auch Mufflons, Wildpferde, Eleonorenfalken und andere seltene Tierarten; darunter so erstaunliche Exemplare wie die Unechte Karettschildkröte, die im Sommer an die Strände kommt, um ihre Eier abzulegen. Auch der sardische Hirsch, der auf Sardinien lange als ausgestorben galt, gehört dazu. Besonders exotisch sind die rosa Flamingos, die kopfüber winzige Salinenkrebse aus den salzigen Lagunen filtern. Auch eine kleine Kolonie Gänsegeier mit zweifarbigen Flügeln bewohnt seit Kurzem wieder die offenen Steilwände am Kap Marargiu. Eine wahre Seltenheit sind die Albino-Esel auf der Insel Asinara, die statt des üblichen grauen oder braunen Fells weiß sind und aussehen wie Gespenster.

Wo sich die wilde Natur frei entfalten darf

Für alle, die sich ursprüngliche Landschaften und seltene Tiere wünschen, sind die Nationalparks und Schutzgebiete der Insel eine gute Wahl. Unbedingt auf der Route liegen sollte der Parco Nazionale del Golfo di Orosei e del Gennargentu. Wild, majestätisch und rau ist der Park, in dem nicht nur Wildschweine, Wiesel und Füchse unterwegs sind. Auch der scheue Mufflon sucht sein Heil in den steilen Felshängen. Vogelliebhaber kommen dagegen in der Marina Protetta Penisola del Sinis - Isola Mal di Ventre und im Parco Naturale Regionale Molentargius-Saline auf ihre Kosten. Stelzenläufer, Purpurreiher und Kolonien von Flamingos staken durch die brakigen Lagunen. Stiller geht es im Parco della Giara di Gesturi zu. Knapp 75 Kilometer nördlich von Cagliari sagen sich dort Bullen, Ziegen und Wildpferdchen gute Nacht. Das Reich der Fische und Meeressäuger lässt sich am besten auf einer der vielen Bootstouren im Parco Nazionale dell'Arcipelago di La Maddalena bewundern.

Die malerische Cala Domestica (oben); Porto Flavia: Der Hafen garantierte eine schnelle Beladung der Schiffe. Für die damalige Zeit eine kleine Revolution, wenn man bedenkt, dass die Bergarbeiter die geförderten Mineralien bis dahin auf mühsame Weise zu den Schiffen tragen mussten (rechts).

12 Stillgelegte Gruben – die Küste bei Masua

Herbe Schönheit für Naturliebhaber

Galenit und Galmei, das war einmal. Ende des 20. Jahrhunderts haben die letzten Bergwerke an der Südwestküste die Förderung eingestellt. Die Zeiten, in denen die Minen in Nebida und Masua ihre Glanzzeit erlebten und täglich Tonnen an Zinkspat und Bleierzen zutage förderten, sind schon lange vorbei. Heute kommen vor allem Aktivurlauber her zum Baden, Wandern, Biken und Kanufahren.

Der Schlüssel für den Aufstieg eines völlig unberührten Küstenstrichs zum boomenden Minengebiet waren die hochwertigen Blei- und Zinkerze, die westlich von Iglesias zu finden waren. Schon in der zweiten Hälfte des 19. Jahrhunderts wurden in Nebida und Masua Galenit und Galmei gefördert, die man zur Blei- und Zinkgewinnung benötigte.

Sardische Musterbergwerksdörfer

1859 entstanden die ersten Stollen, Förderschächte, Gießereien und Erzwaschanlagen. Die sich an den Steilhang klammernden Bergwerksdörfer sollten ein Symbol der Industrialisierung werden und lockten jahrzehntelang viele Arbeiter an. Der anfangs sehr ertragreiche Abbau machte diesen Küstenstrich zu einem industrialisierten Ort. Um das Verladen der Mineralien zu vereinfachen, baute man über dem Meer an die senkrechte Steilwand einen zecheneigenen Hafen. In Porto Flavia konnten Blei- und Zinkerze ab 1924 mühelos über ein Förderband ans Tageslicht gebracht und mithilfe eines beweglichen Armes direkt in den Kielraum der Schiffe verladen werden. Als der Gesteinsabbau nach dem Zweiten Weltkrieg plötzlich versiegte, setzte man auf die Zusammenlegung der in der Folge an verschiedene Firmen verpachteten Werke von Masua und Nebida. Doch auch diese Maßnahme konnte die Schließung nicht aufhalten. Anfang der 1990er-Jahre schließlich verließen die Kumpel die Gruben. Aus dem einst dicht besiedelten Flecken an der Südwestküste Sardiniens ist seither ein ruhiges Plätzchen geworden, das hauptsächlich im Sommer zu Leben erwacht.

Wer nach einem Bad am Strand von Cala Domestica noch voller Energie ist, sollte auf das linke Vorgebirge steigen und die Aussicht genießen (unten); das Inland ist Ziel für Free-Climber, die insbesondere am Wochenende unterwegs sind (ganz unten); das punisch-römische Heiligtum im Antas-Tal (oben rechts).

Die Natur wiederentdecken

Für die geschundene Natur hat sich das endgültige Aus im sardischen Bergbau allerdings als Glücksfall erwiesen. Haben die Minen im letzten Jahrhundert noch tiefe, künstliche Hohlformen ausgehoben, kraterähnliche Löcher in den Erdboden gerissen und riesige Abraumhalden produziert, kommen heute Aktivurlauber aus aller Welt, um die herbe Schönheit dieses einmaligen Küstenstrichs zu genießen. Hier kann man morgens rund um die aus dem glasklaren Meer ragenden Felsen paddeln, beim Schnorcheln eine Vielzahl von Meeresbewohnern bewundern; am gleichen Tag noch auf einen der steilen Berghänge klettern oder verlassene Bergwerksruinen besichtigen. Ein Stückchen weiter nördlich von Masua punktet die Cala Domestica mit einem abwechselnd feinen und kieseligen, hellen Sandstrand. Spektakulär ist schon die Anfahrt zu der in ihren Ausmaßen nicht sonderlich großen Bucht: Über einen Bergkamm führen steile Serpentinen in ein kurvenreiches, grünes Tal, hinab zum geschützten Sandstrand, der sich zwischen zwei imposante, mit wenig Buschwerk bewachsene Felsvorsprünge schmiegt. Der rechte Fels ist unbebaut, nur ein ehemaliger Stollen weist den Weg zu einem weiteren, klitzekleinen Strand, der Spiaggia La Caletta. Neben dem linken Felsblock stehen die Reste einer verfallenen Lagerhalle, in der früher die Erze vor der Verladung gelagert wurden. Hoch oben thront ein einsamer spanischer Wehrturm. Wie eine Mondlandschaft und mit kalkhaltigen Steinen übersät, sieht der Felsboden um den Turm aus. Wer von hier auf die Bucht und das kobaltblaue, glitzernde Meer blickt, versteht die Faszination, die von diesem Küstenstrich ausgeht, denn die bizarre Szenerie vermittelt vor allem eins: Ruhe. Das glasklare Wasser in der tief eingeschnittenen Bucht zeigt sich so ruhig wie in der Badewanne. Selbst an stürmischen Tagen ist es vor allem am La-Caletta-Strand windgeschützt. In der Hauptsaison mag man hier Reißaus nehmen, doch davor und danach ist die lauschige Bucht einfach nur zauberhaft.

Masuas Zuckerbrot

Dort, wo der einstige Zechenhafen Porto Flavia hoch über dem Wasser am Fels klebt, hat die Natur in Jahrmillionen eine wunderschöne Landschaft mit bis zu 160 Meter hohen Steilhängen, Höhlen, Lagunen und anmutig aus dem Meer ragenden Felsen geschaffen. Die

Felsspalten und Grotten sind allenfalls von Königsmöwen, Sturmtauchern und Kormoranen bewohnt. Im tiefblauen Wasser leben Seebarsche, Goldbrassen und Muränen. Das Wahrzeichen Masuas liegt gleich neben der ehemaligen Anlegestelle. Wie ein mit Zucker bestreuter Kuchen ragt der Pan di Zucchero 133 Meter aus dem Meer. Der auffällige, steilwandige Gesteinsblock, der gerne mit dem Pão de Açúcar von Rio de Janeiro verglichen wird, soll der größte Felsen Europas sein. Früher wurde der Zuckerhut nur von Minenarbeitern bestiegen, denn auch hier wurden Bleierze gefördert. Heute ermöglicht ein Klettersteig Kraxlern ein spektakuläres Felseninselerlebnis. Wem das zu anstrengend ist, kann dem Felskegel schnell und bequem mit dem Boot näherkommen.

Schmutzige Arbeit und traumhafte Ausblicke

Natur in Reinform und einen atemberaubenden Fernblick auf den Pan di Zucchero hat man ebenfalls auf dem Panoramaweg, der oberhalb der Steilküste von Nebida entlangführt. Vom Belvedere schweift das Auge über den Golf von Gonnesa. Die aus dem Meer ragenden Felsen Il Morto, Il Veliero, S'Agusteri und der Zuckerhut sind zu sehen, außerdem üppiger Agavenbewuchs und die verwitterte Ruine einer alten Waschanlage mit fehlendem Dach, gigantisch klaffenden Löchern und sich in den Boden krallendem Macchiagewächs. Die über dem tiefblauen Meer thronende Laveria Lamarmora ist nur noch eine gespenstische Ruine. Einst war das gesamte, sich über vier Ebenen ausdehnende Gelände, zu dem auch Brennöfen, Lagerhäuser und eine Anlegestelle zählten, bis zu 2000 Quadratmeter groß. Fast 40 Jahre lang wurde das in den umliegenden Bergwerken geförderte Galenit und Galmei hier aufbereitet. Jahrelang zerkleinerten, wuschen und sortierten Tausende von Arbeiterinnen in mühsamer Handarbeit die Erzstücke. Eigentlich ein schmutziges Geschäft, in diesem Fall aber in atemberaubender Landschaft: Umgeben von grünen Hügeln und Sedimentgestein von dunklem Violett, mit Blick auf das glitzernde Wasser, strahlt das ehemalige Fabrikgebäude immer noch industrielle Erhabenheit aus. Heute verliert das 1897 errichtete und nicht mehr frei begehbare architektonische Juwel allerdings immer mehr an Stabilität. Natürliche Verwitterung und mangelnde Wartung führen dazu, dass sich die Natur mehr und mehr ihren Weg bahnt und langsam, aber unaufhaltsam die Kontrolle über diesen vom Menschen vergessenen Ort übernimmt.

TEMPIO DI ANTAS – PUNISCH-RÖMISCHES HEILIGTUM

Nordwestlich von Masua liegt eine der größten archäologischen Sehenswürdigkeiten des Sulcis-Iglesiente. Während die sardischen Ruinenstädte gewöhnlich von karger Landschaft umgeben sind, stehen die alten Säulen bei Fluminimaggiore im Kontrast zum Grün der Natur. Der antike Tempio di Antas mit ionischen Säulen entstand im 6. Jahrhundert v. Chr. als punisches Heiligtum. In ihm wurde der Jagdgott Sid verehrt. Im 3. Jahrhundert n. Chr. verloren die Punier den Tempel an die Römer, die ihn abtrugen, neu aufbauten und dem Sardus Pater, dem Gott der Sarden, weihten. Seit seiner Entdeckung im 19. Jahrhundert wurde an dem Kleinod mehrmals Frevel begangen, u.a. Bleiklammern aus den Mauern herausgebrochen und Steine in die Luft gejagt. Von der einst mächtigen Tempelanlage sind Teile der Säulen und des Fundaments sowie Mosaiken aus der letzten antiken Bauphase übrig geblieben.

WEITERE INFORMATIONEN

www.visitiglesias.it; http://startuno.it

An der kilometerlangen naturbelassenen Spiaggia di Piscinas (oben). Direktionsgebäude der Miniera d'Ingurtosu e Gennamari (rechts oben). Ja, Sardinien ist im Sommer schrecklich überlaufen. Glück hat, wer an die Costa Verde düst und in Piscinas ein schönes Plätzchen findet (rechts unten).

13 Fast wie in der Sahara – Costa Verde

Sardiniens unberührte, wilde Seite

Zwischen dem Capo Pecora im Süden und dem Capo Frasca im Norden breitet sich an der einsamen Costa Verde eine beinahe surreal anmutende Welt aus gigantischen Sanddünen, verlassenen Bergwerkdörfern und blaugrün funkelndem Wasser aus. Hier liegen einige der längsten und einsamsten Strände der Insel, die zum Teil nur auf staubigen Schotterpisten oder langen Serpentinen zu erreichen sind.

Es gibt Straßen, große Maschinenhallen, alte Waschanlagen, schmucke Verwaltungsgebäude, ein modernes Krankenhaus, eine private Schule und eine Filiale der Post. Das Bergwerk Ingurtosu sieht fast genauso aus wie zum Zeitpunkt seiner Schließung. Nur die Kumpels mit den kohleverschmierten Gesichtern, die die lauten Druckluftwerkzeuge bedienten, fehlen …

Über Hunderte von Jahren haben sich Bergleute bei Arbus durch die Vallata delle Anime, die »Talebene der Seelen«, gegraben – auf der Suche nach verborgenen Mineralien. Seinen Anfang nahm das Abenteuer im Jahr 1857. Als sich die französische Sociétè Civile des Mines d'Ingurtosu et Gennamari die Abbaurechte für Grubenfelder in Ingurtosu, Naracauli, Gennamari, Bau, Pitzinurri und Bidderdi sicherte und große Mengen Galenit und Zinkblende zutage förderte. Eingebettet zwischen sanften, grünen Hügeln, nur wenige Kilometer von der Zeche von Montevecchio entfernt, entstanden die ersten Schächte, Stollen und Bahngleise, eine Waschanlage und eine Grundschule. Als man 1898 weitere gewaltige Erzadern entdeckte, gingen die Grubenfelder an die Pertusola Mining Ltd. Company über. Unter der Leitung von Lord Thomas Alnutt Brassey aus London wurde das Bergwerk erweitert und modernisiert. Man schuf neue Schächte, eine mechanische Waschanlage und ein Krankenhaus, in dem über Jahre wissenschaftliche Studien zur Vorbeugung gegen die Kiesellunge entwickelt und ausgewertet wurden. Mit viel Geld und Größenwahn sollte Ingurtosu das bedeutendste Bergwerk der Insel werden – mitten im son-

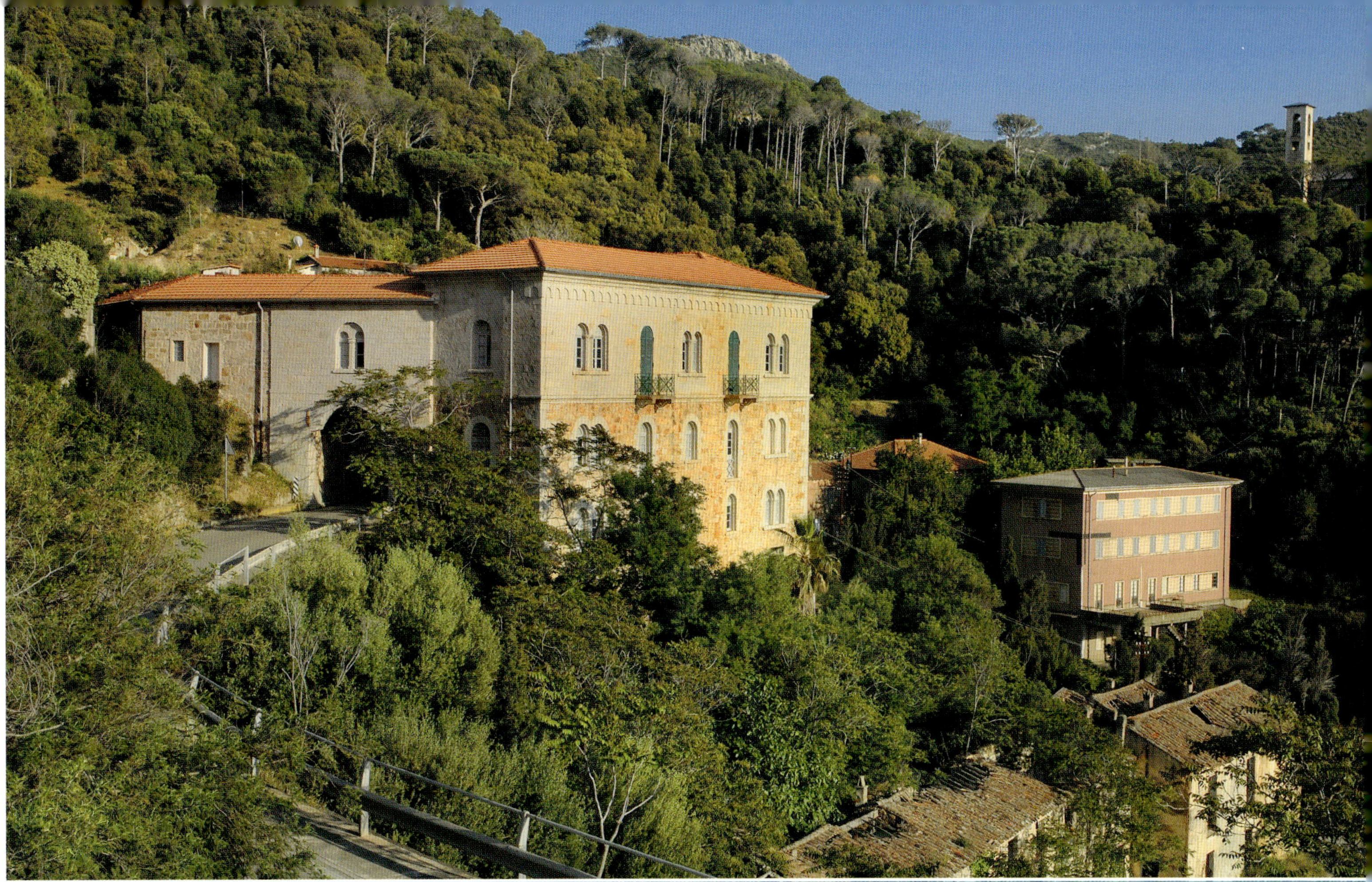

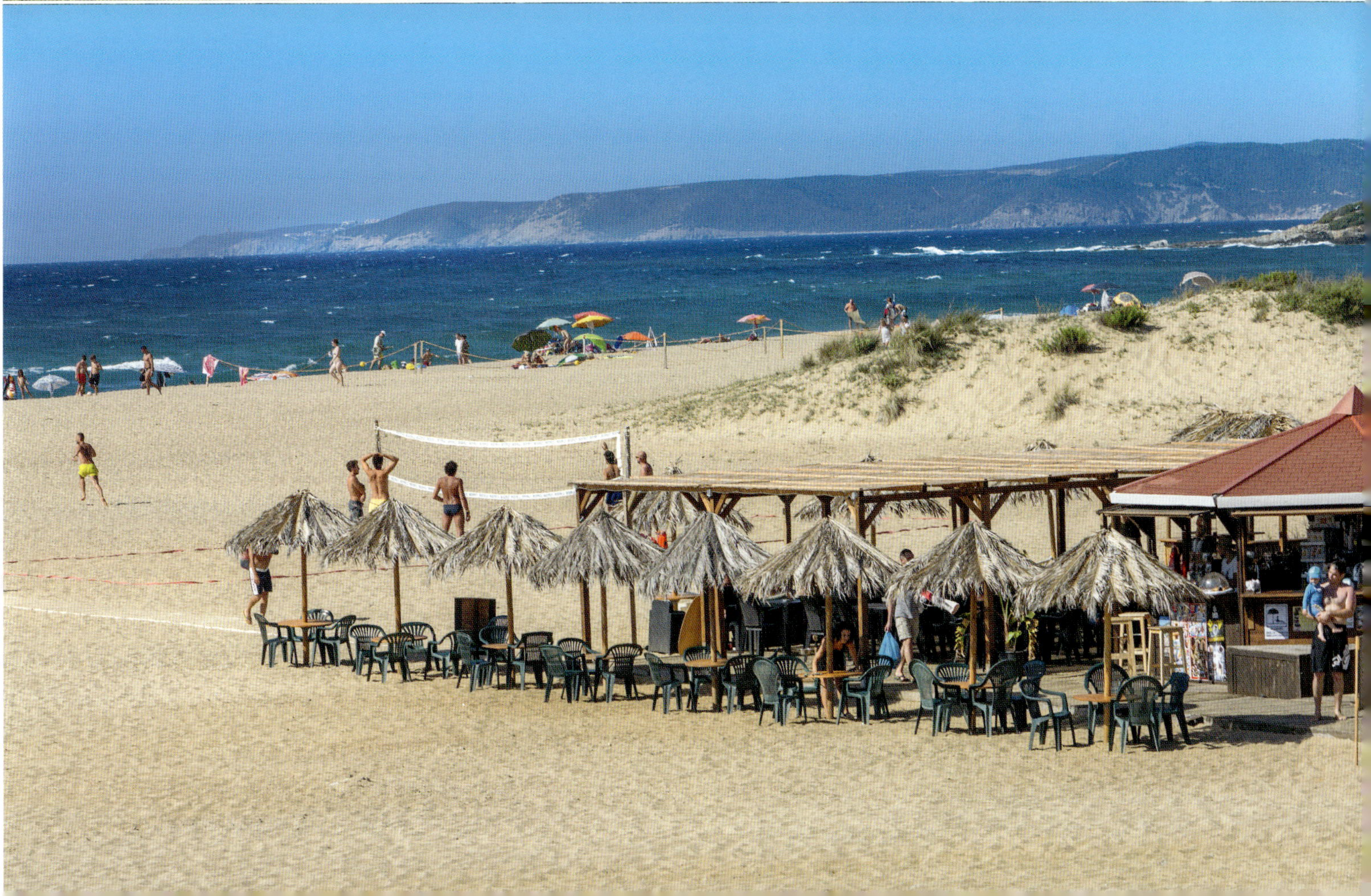

Cagliari & der Südwesten

Der erste schriftliche Beleg über die Festa di Sant'Antonio da Padova in Arbus stammt aus dem Jahr 1694 (oben rechts); Der Strand von Scivu ist usprünglich und von großem ökologischen Wert (unten). Akkordeonspieler begleiten die Antonius-Prozession mit ihren Melodien (ganz unten).

nenbeschienenen Wald, wo der Rio Irvi in vielen Kehren durch das Tal und an gigantischen Dünen vorbei bis ins türkisgrüne Meer fließt.

Päpstlicher Obolus fürs Seelenheil

Sogar Pius X. spendete Anfang des 20. Jahrhunderts 20 000 Lire für das Seelenheil der Arbeiter und unterstützte den Bau der Chiesa di Santa Barbara, die 1916 bei Ingurtosu eingeweiht wurde. Doch die Zechenleitung war zu optimistisch und mit den Erzen war Ende der 1960er-Jahre Schluss. Durch die beiden Weltkriege, die darauf folgende Wirtschaftskrise und die gesunkenen Metallpreise reduzierte sich die Belegschaft des Bergwerks drastisch, bis die Mine 1968 geschlossen wurde. Heute ragt hier noch der Obelisk in den Himmel, den die Zechenarbeiter Lord Brassey zugedacht haben. Auf einer Hügelspitze thronen die Villa Wright und die Villa Ginestra aus blank geputztem Granit. Arbeiterwohnungen und Schächte säumen die Straßen. Nur die Menschen fehlen. Fast 50 Jahre nach der Schließung leben dort, wo einst Tausende von Grubenarbeitern wohnten, weniger als 20 Personen.

Einsame, lebendige Welt

Der Duft von Salz strömt aus dem Meer, wilder Wacholder und Büschel von Esparto-Gras wachsen in den gigantischen Dünen von Piscinas. Westlich von Ingurtosu, wo früher die sortierten Erze mit der Bahn zum Strand transportiert wurden, um dann auf Schleppkähne geladen zu werden, erstreckt sich die größte Wüstenlandschaft Sardiniens. Wie ein weiter Ozean ziehen sich die sanft geschwungenen, goldgelb leuchtenden Sandberge fast drei Kilometer an der Küste entlang. Unberührt, bizarr und beinahe wie ausgestorben wirkt dieser Landstrich auf den ersten Blick. Doch wer sich zwischen den Dünen verliert, spürt, dass sie voller Leben sind. Trotz der Trockenheit haben sich Pflanzen und Tiere perfekt an diese Wüstenlandschaft angepasst. Wacholderbüsche und Mastixbäume krallen ihre Wasser speichernden Wurzeln tief in den feinen Sand. Im Frühling blühen wilde Lilien, Levkojen und Sandmohn.

Mit etwas Glück kann man am späten Nachmittag den Sardischen Hirsch beobachten, wie er durch die ockerfarbenen Sandhügel springt. Oder den Wanderfalken, wie er majestätisch durch die Lüfte segelt. In lauen Sommernächten kommen sogar die Weibchen der Unechten Karettschildkröte (*Caretta caretta*) bei Dun-

kelheit aus dem Meer. Sie kriechen an den Strand und graben flache Gruben, in die sie ihre Eier ablegen. Nach etwa 50 bis 60 Tagen krabbeln die frisch geschlüpften Schildkrötenbabys vom Mondlicht geführt zurück ins dunkle Wasser.

Die sardische Sahara

Einen wirklichen Eindruck von der Ausdehnung der »sardischen Sahara« erhält man, wenn man eine dieser vom Seewind genährten Dünen erklimmt. Mit ihren bis zu 60 Metern sind sie höher als das Kolosseum und zählen zu den höchsten Wanderdünen Europas. Oben pfeift der Wind und weht eine Erdschicht über den Dünengipfel. Der Ausblick auf die Millionen Kubikmeter Sand, die sich knapp zwei Kilometer ins Landesinnere hineingefressen haben, die umliegenden grünen Berge und das blaugrüne Wasser ist atemberaubend. Am unberührten Strand, an dem noch die Reste einiger Bahngleise mit rostigen Loren zu sehen sind, ist man fast unter sich. Hier kann man entspannt sonnenbaden, zu einem untergegangenen Schiffswrack hinabtauchen oder dem Wellenrauschen lauschen. Am Ende des Tages wartet das Schauspiel des Sonnenuntergangs, der alles in ein warmes orangefarbenes Licht taucht.

... und die Luft schmeckt nach Salz

Nur wenige Kilometer südlich von Piscinas liegt der Strand von Scivu. Er ist einer dieser wunderbar einsamen Flecken, wie man sie nur noch im Westen der Insel findet. Hier gibt es keine Ortschaft, kein Gebäude, und in der Nebensaison trifft man kaum auf andere Menschen. Dafür gibt es abschüssige Sandsteinwände und meterhohe Dünen, immergrüne Macchia und kristallklares Meer. Vor allem die unterschiedlichen Farbtöne machen den südlichen Zipfel der Costa Verde zu einer faszinierenden Landschaft. Grün-, Gelb- und Blautöne überwiegen neben selteneren dunklen und roten Nuancen. Der beständige Wind treibt schneeweiße Wölkchen vor sich her, und die Luft schmeckt nach Salz.

Die idyllische Stille wird hin und wieder vom Kreischen der Möwen unterbrochen, ansonsten ist man mit sich und der Welt alleine. Wegen des konstanten Windes ist Scivu ein Eldorado für Surfer und Gleitschirmflieger, die hier gekonnt über die Wellen oder die Dünenspitzen gleiten. Aber auch ein zauberhaftes Hideaway für Romantiker. Denn hier kann man wunderbar im Sand liegen, und wenn zur Abendstunde die Sonne am Horizont untergeht, tunken ihre letzten Strahlen die Sandsteinfelsen in ein herrliches Rot.

FESTA DI SANT'ANTONIO DA PADOVA

Das größte Wallfahrtsfest der Südwestküste hat seinen Auftakt jedes Jahr Mitte Juni in Arbus. Im Laufe der vier Tage dauernden Feier wird das Standbild des heiligen Antonius von Padua zu Fuß ins knapp 35 Kilometer entfernte Sant'Antonio di Santadi gebracht. Zahlreiche Ochsen werden dazu aufgeboten und vor festlich geschmückte Karren gespannt. Trachtengruppen, eine Musikkapelle, Launedda- und Akkordeonspieler bringen die Wallfahrer in Stimmung. In Sant'Antonio di Santadi ziehen zwei kräftige Bullen die Heiligenstatue durch die Gassen des Weilers bis zur Kapelle. Nach dieser Zeremonie gibt es auch immer etwas Leckeres für den Gaumen und abends ein großes Feuerwerk. Am vierten Tag tritt die Antonius-Prozession ihren Rückweg an, um erst spätabends in der Pfarrkirche von Arbus wieder zum Stehen zu kommen. Doch das spielt für die Gläubigen keine Rolle; was zählt, ist, dabei gewesen zu sein.

WEITERE INFORMATIONEN

https://it-it.facebook.com/proloco.arbus,
www.festasantantoniodisantadi.com

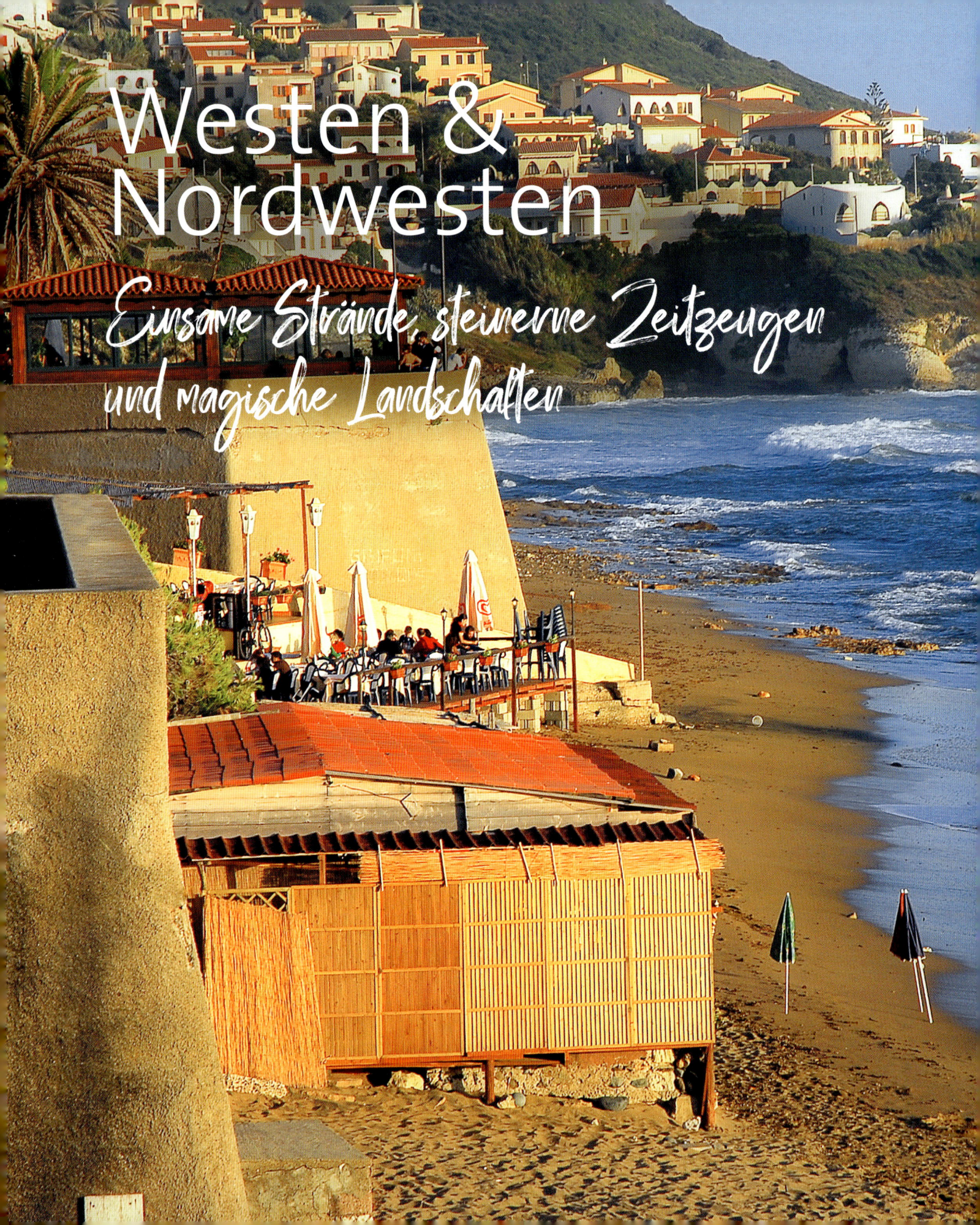

Westen & Nordwesten

Einsame Strände, steinerne Zeitzeugen und magische Landschaften

Strandpromenade von S'Archittu mit Bars und Restaurants (links); die bronzezeitliche Nuraghe Orolo mit ihrem knapp 14 Meter hohem Hauptturm bietet einen wunderschönen Panoramablick auf das Tirso-Tal (oben); die Ardia in Sedilo: ein halsbrecherisches Pferderennen zu Ehren des Santu Antine (unten).

Westen & Nordwesten

14 Auf den Spuren einer Volksheldin – Oristano

Geschichte und Karneval

Hier amtierte einst die Volksheldin der Insel: Eleonora, Richterin von Arborea, die nicht nur als Herausgeberin der *Carta de Logu* Berühmtheit erlangte. Ihr gelang es kurzfristig, beinahe die ganze Insel gegen die Krone Aragons zu einigen. Heute ist die Provinzhauptstadt vor allem für ihren Karneval bekannt, der zu den größten und prächtigsten von Sardinien gehört.

Kreuzgang des ehemaligen Klosters der Karmeliten (unten); Piazza Eleonora d'Arborea: ein Stück sardische Gelassenheit (oben rechts); Sa Sartiglia: Turnier für alle, die fest im Sattel sitzen (unten rechts/oben); halb Mann, halb Frau: das Kostüm von Su Cumponidori mit Brautschleier und Zylinder wirkt zweideutig (unten rechts/unten).

Zu den schönsten Plätzen des malerisch an der Tirsomündung gelegenen Städtchens zählt die Piazza Eleonora d'Arborea im Herzen der Altstadt. Ringsherum glänzen der ehemalige Gebäudekomplex der Piaristen, heute Sitz der Gemeindeverwaltung, das alte Rathaus, der neoklassizistische Palazzo Corrias-Carta und der herrliche Palazzo Mameli aus dem 18. Jahrhundert.

Oristanos gute Stube

Mitten auf dem Platz thront die Eleonora-Statue aus weißem Marmor über dem gelassenen Geschehen. Überlebensgroß und mit erhobenem Zeigefinger blickt die sardische Volksheldin seit 1881 auf ihre Mitbürger herab. Als Richterin des Judikates von Arborea nahm die junge Gemahlin eines Doria einst eine wichtige Rolle in der Inselgeschichte ein.

Alles begann im 13. Jahrhundert. Papst Bonifatius VIII. belehnte Jakob II. von Aragón mit dem »Königreich Sardinien und Korsika«. Als Mariano IV., Richter des Kleinkönigtums von Arborea und Vater von Eleonora, ein Vierteljahrhundert später um Hilfe gegen die Pisaner bat, brachten die Aragonier nicht nur den Sieg über die Einwohner Pisas, sondern auch Unterdrückung und Gewalt. Kaum eine Kolonialmacht beutete eine Insel so brutal aus wie Aragón Sardinien. Die brisante Lage mündete im offenen Krieg gegen die Spanier. Als Mariano IV. d'Arborea und sein Sohn Ugone III.

Auf den Spuren einer Volksheldin – Oristano

starben, übernahm Eleonora die Führung Arboreas. Ihrem Verhandlungsgeschick ist es zu verdanken, dass die zuvor durch Kleinkriege und Intrigen entzweite Insel nahezu geschlossen auftrat. Dies bescherte ihrem Kleinkönigtum weitere 20 Jahre Unabhängigkeit. Doch Eleonora steht nicht nur wegen ihrer Diplomatie ganz weit oben auf der Liste der Berühmtheiten. In den zwei Jahrzehnten relativer Ruhe hat sich die Richterin auch rechtspolitischen Aufgaben gewidmet. 1392 erließ sie die *Carta de Logu*, die erste Kodifikation der Grundsätze, die das Zusammenleben im Judikat von Arborea regelten. Eine umfangreiche Gesetzessammlung, deren 189 Paragrafen später auf ganz Sardinien ausgedehnt wurden und bis 1827 ihre Rechtsgültigkeit behielten.

Mittelalterliches Ringstechen

Heute ist Oristano weit über die Insel hinaus für seinen Karneval bekannt. Bei Sa Sartiglia handelt es sich nicht um irgendein Faschingsfest, sondern um ein mittelalterliches Turnier, das mittlerweile zum Wahrzeichen des Provinzstädtchens geworden ist. Erste urkundliche Erwähnungen stammen von 1547 und 1548, vermutet wird aber, dass Oristanos Ritterspiele viel älter sind. Wenn alljährlich an Faschingssonntag und Fastnachtsdienstag auf der Via Duomo die Narren los sind, dann sieht man mehr als 100 wagemutige Reiter in prächtigen, farbenfrohen sardischen Trachten auf schnellen, geschmückten Pferden gegeneinander antreten – von Trommelwirbel und Fanfarenstößen begleitet. Angeführt von *Su Cumponidori* und seinen Stellvertretern jagt die Reiterschar der Reihe nach in vollem Galopp unter einem gespannten Seil hindurch, an dem ein Silberstern hängt. Gelingt es den Rittern, den sternförmigen Ring mit dem Degen abzunehmen, wird es ein gutes Jahr, denn von der Anzahl der Sterne hängt die kommende Ernte ab. Eine weitere Gelegenheit, ihr Können und ihre Geschicklichkeit zur Schau zu stellen, bieten die im Anschluss an das Ringstechen stattfindenden *Pariglie*. In der Gruppe oder alleine zeigen Akrobaten unter dem Beifall der jubelnden Massen unglaubliche Kunststücke auf dem Rücken der galoppierenden Pferde. Ein bernsteinfarbener, intensiver Vernaccia-Wein sorgt für den feucht-fröhlichen Ausklang des Abends. Dann herrscht Hochbetrieb in den Buden, denn hier wird die Anzahl der gestochenen Sterne kräftig begossen.

RITTERTURNIER SARTIGLIEDDA ESTIVA

Wer zur Karnevalszeit nicht die Gelegenheit hatte, bei der *Sartiglia* dabei zu sein, dem bietet sich im Sommer eine einmalige Möglichkeit, das historische Reiterspektakel doch noch zu sehen. Alljährlich am 15. August wird im knapp zehn Kilometer entfernten Torregrande Spektakuläres nach Sonnenuntergang geboten. Ähnlich wie beim Karneval in Oristano liefern sich heldenmütige Ritter ein spannendes Turnier. Es gibt schnaubende Rösser, edle Schabracken, flatternde Seidenbänder, blanke Schwerter, rollenden Trommelwirbel, Fanfarenstöße, farbenfrohe Kostüme und einen silbernen Stern. Doch statt bei frischen Temperaturen tagsüber durch den Ort zu preschen, schlagen sich in Torregrande bei Einbruch der Dunkelheit jugendliche Caballeros vor der Kulisse der langen Strandpromenade und des großen Wehrturms schweißgebadet um den Silberstern. Ein weiterer Höhepunkt des Abends sind die *Pariglie*, Musik- und Folkloreauftritte.

WEITERE INFORMATIONEN

www.gooristano.com

Blick vom Capo San Marco auf den Wehrturm Torre di San Giovanni (oben); Spaziergang zur Torre Vecchia, dem alten Turm auf dem Capo San Marco (oben rechts); das archäologische Freilichtmuseum Tharros lädt zu einem anregenden Ausflug in die Geschichte ein (unten rechts).

15 Geschichte, Strände und Lagunen – Sinis

Halbinsel zwischen Meer und Lagune

Die nur wenige Kilometer lange Sinis-Halbinsel wird im Norden vom einsamen Capo Mannu und im Süden vom windzerzausten Capo San Marco begrenzt. Im Westen liegen herrlich zerklüftete Badebuchten und weiße Dünenstrände. Im Osten ruht, gesäumt von einem breiten Schilfgürtel, der größte Lagunensee der Halbinsel, in dem neben Fischen auch viele Wasservögel ihren Brutplatz und Lebensraum haben.

Der geschützte, einsame Küstenstreifen birgt eine unvergleichlich schöne Naturlandschaft, die mit versengter Steppe, flachem Ödland, Weinfeldern, schwach salzigen Lagunen, wildromantischen Stränden, krächzenden Flamingos, schnatternden Purpurhühnern und großartigen Sonnenuntergängen verzaubert. In diesem einzigartigen Naturparadies lässt es sich zudem auf den Spuren einer bewegten Vergangenheit wandeln.

Reise in die Vergangenheit

Im südlichen San Giovanni di Sinis und auf der schmalen, windzerzausten Landzunge am Capo San Marco zeugen eine byzantinische Kirche und archäologische Kostbarkeiten von mehr als 3000 Jahren Menschheitsgeschichte. Die reizvolle Chiesa di San Giovanni di Sinis zählt zu den ältesten byzantinischen Gotteshäusern der Insel und wurde in einem Abschnitt der phönizisch-punischen Nekropole der antiken Stadt Tharros errichtet. Das, was sich dem Blick des Betrachters heute präsentiert, stammt allerdings nicht alles vom ursprünglichen Bau. Das Kirchlein wurde im 6. Jahrhundert als kreuzförmige, byzantinische Kuppelkirche erbaut und später abgewandelt. Heute zeigt sich der im 11. Jahrhundert romanisch umgebaute Sakralbau dreischiffig. Nur wenige Meter hinter dem anmutigen Gotteshaus beginnt die schmale Landspitze, die den südlichsten Zipfel der Sinis-Halbinsel bildet. Am östlichen Abhang, mit herrlichem Blick auf den Golf von Oristano, wurde Tharros im 8. Jahrhundert v. Chr. von den Phöniziern als florierende Hafen- und Handelsstadt gegrün-

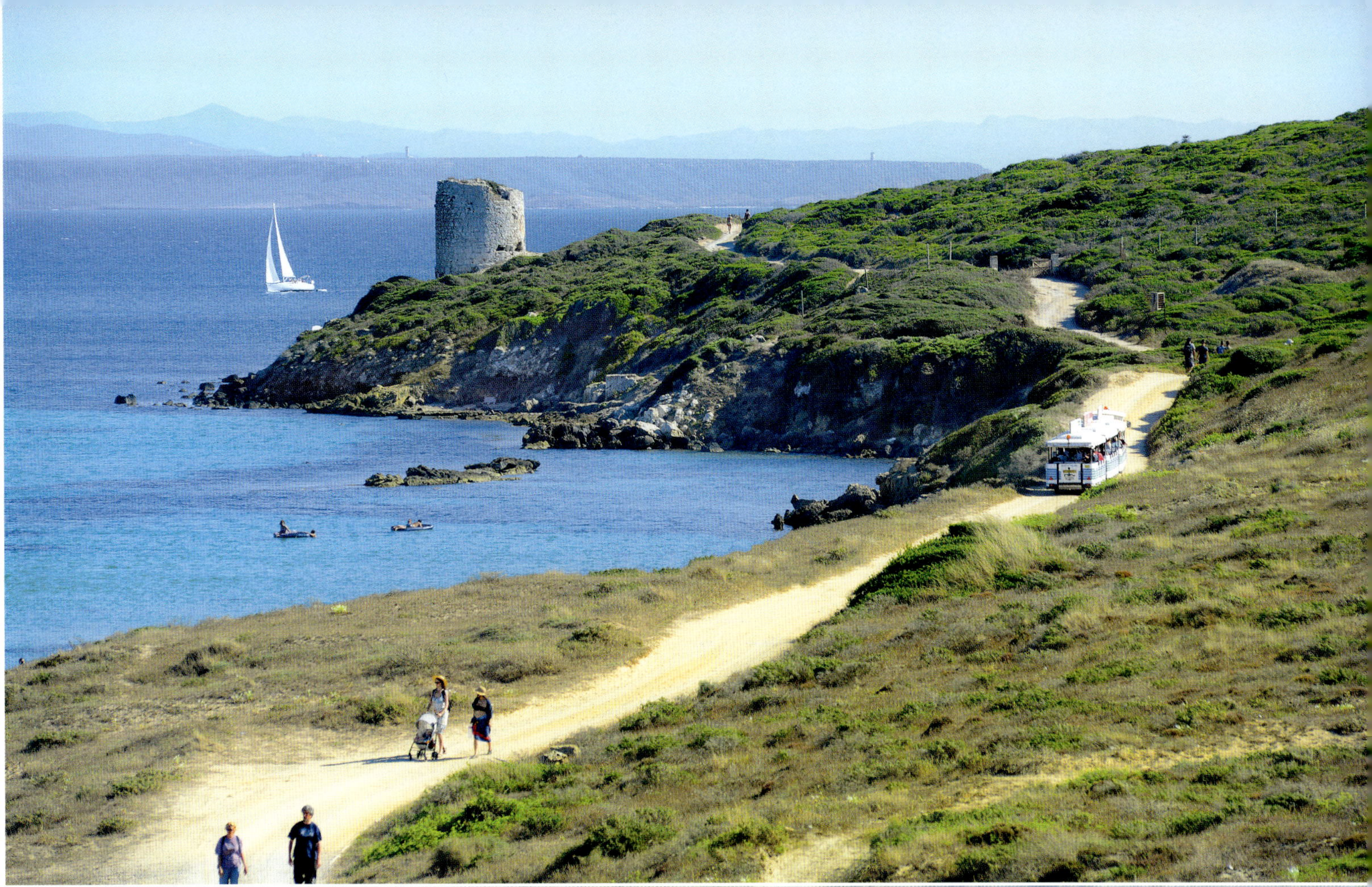

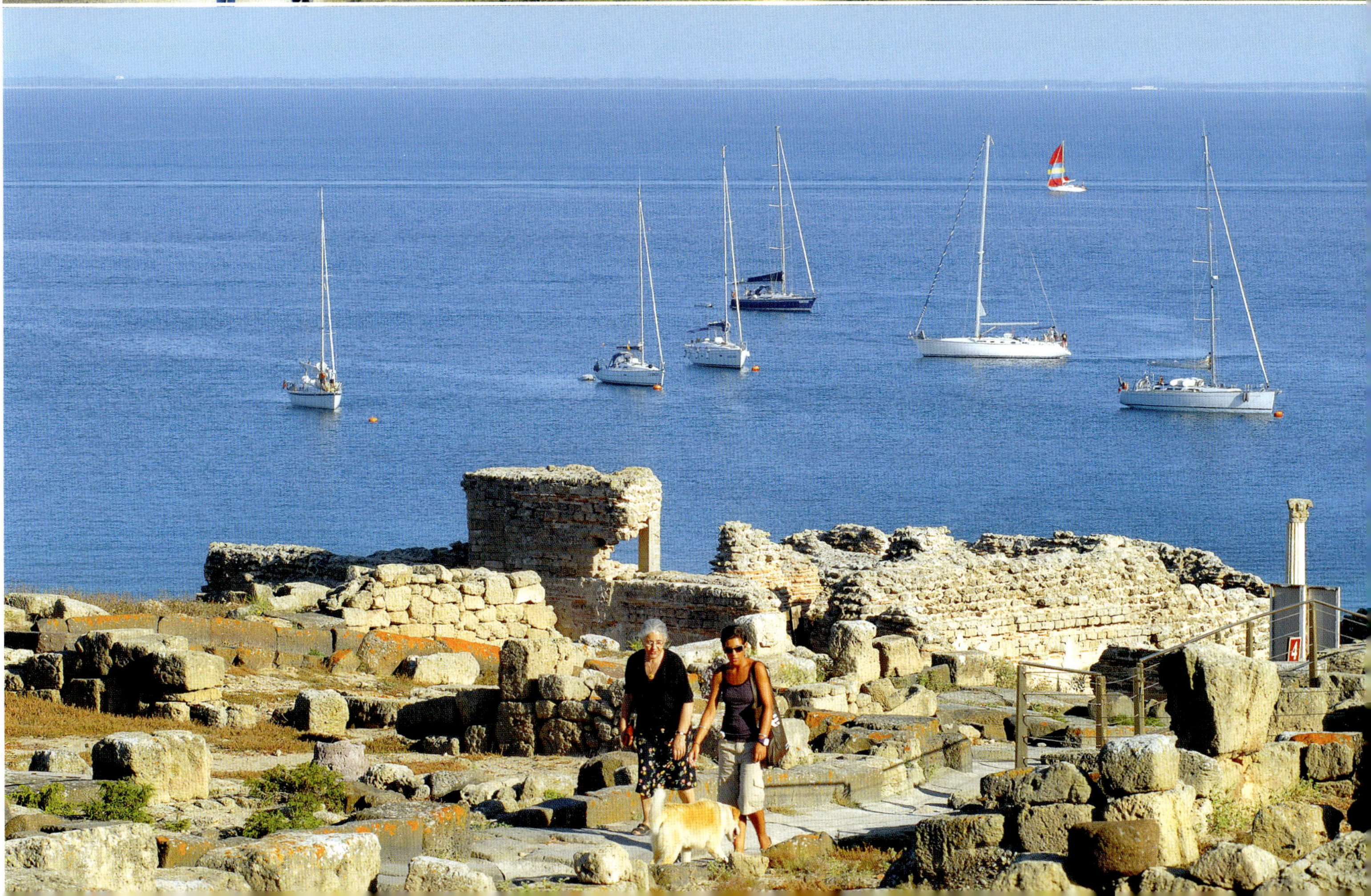

Westen & Nordwesten

Der Stagno di Cabras bei Sonnenuntergang (unten); Blick von den Strohfeldern des Montiferru auf die Sinis-Halbinsel (ganz unten); das Innere der pittoresken Chiesa di San Giovanni di Sinis wird nur durch winzige Fensteröffnungen beleuchtet (oben rechts); Gigant von Mont'e Prama: Sandsteinskulptur der sardischen Nuraghenkultur (unten rechts).

det. Doch das Küstengebiet vor den Toren der phönizischen Stadt soll schon lange davor besiedelt gewesen sein.

In ihrer zweiten Phase wurde Tharros von den Karthagern überbaut, später von den Römern. Ihr Untergang begann durch häufige Sarazeneneinfälle. Die Stadt verlor immer mehr an Bedeutung als Warenumschlagsplatz, bis sie 1070 ganz aufgegeben wurde. Zu besichtigen gibt es aus Basalt gepflasterte Wege, ein kleines Kanalisationssystem, die Überreste von Tempeln, Häusern und Läden sowie einer römischen Nekropolis und eines Castellum Acquae. Da sich der Meeresspiegel gehoben hat, liegt der ehemalige Hafen von Tharros heute fast vollständig unter Wasser.

Ringen um Unabhängigkeit

Für naturverbundene Menschen ist die etwa 80 Hektar große und nur 18 Meter aus dem Meer aufsteigende Isola *Mal di Ventre* (oder Isola Malu Entu) westlich des Sinis ein echtes kleines Paradies. An der Ostseite der von Wasser, Wind und Sonne ausgewaschenen Granitfelseninsel locken herrliche kleine Buchten an einem glasklaren, türkisfarbenen Mar di Sardegna. Von der Cala Saline über die Cala Pastori, die Cala Nuraghe und die Valdaro-Bucht bis hinunter zu den Secche di Libeccio kann man Strandleben genießen. Schroffe Felswände an der Westküste sind das Reich von Königs- und Korallenmöwen. Wer beim Namen *Mal di Ventre* auf das Bauchkneifen schließen will, das die Insel womöglich verursacht, der irrt. Malu Entu bedeutet im Sardischen so viel wie »böser Wind«. Damit ist der starke Wind gemeint, der um die Insel herum peitscht. Die italienische Ableitung Mal di Ventre (Bauchschmerzen) spielt vermutlich auf die Reiseübelkeit bei hohem, durch starken Wind erzeugtem Seegang an.

Kaum jemand kannte Malu Entu, bevor es auf dem Eiland im Jahr 2008 gärte. Im August hatte Unabhängigkeitsverfechter Salvatore Meloni die Repubblica Indipendente di Malu Entu, die von der Zentralregierung in Rom unabhängig sein sollte, ausgerufen. Nur fünf Monate später, im Januar 2009, war der selbst ernannte Staat allerdings wieder in der Hand der sardischen Region, die in der Aneignung der Insel, die ein Teil des Naturparks Penisola del Sinis ist, eine besondere Gefährdung sah. Heute ist wieder alles ruhig auf dem Atoll. Keine Proteste und kein Rummel stören die Ruhe der auf dem Eiland lebenden Wildkanin-

Geschichte, Strände und Lagunen – Sinis

chen, Sturmtaucher, Eleonorenfalken und Möwen.

Glitzernde Sandkörner

Auf der anderen Seite, gegenüber von Malu Entu, erstrecken sich einige Badestrände, die zu den besten der Westküste gehören: Putzu Idu, Mari Ermi, Mai Moni und Seu. Der schönste von allen ist die Spiaggia Is Arutas. An diesem mehrere Hundert Meter langen, naturbelassenen und von Macchia umgebenen Strand geht man auf klitzekleinen Quarz-Reiskörnern. Sie sind in Millionen Jahren durch die Erosion der kleinen Isola Mal di Ventre entstanden und glitzern rosa, hellgrün und schneeweiß im hellen Sonnenlicht. Das glasklare, relativ schnell tief abfallende Wasser leuchtet in verschiedenen Blautönen. Häufig weht eine kräftige Brise. Wer hier außerhalb der Saison sein Handtuch ausbreitet, kann eine unvergleichliche Naturlandschaft, einzigartige Begegnungen mit Fischbänken und grandiose Sonnenuntergänge erleben. Die kahle Nordwestspitze des Sinis zeigt ein ganz anderes Gesicht: einen einsamen Leuchtturm, ausgewaschene Klippen und glitzernde, im Sommer fast ausgetrocknete Salzseen.

Am großen Kap

Am Capo Mannu, dem »großen Kap«, bläst ständig ein kräftiger Wind, der das felsige Vorgebirge zum Surf-Dorado von Sardinien macht. Zu den bekanntesten Spots zählt Su Pallosu, an dem es wegen Starkwind auch gefährlich werden kann. Nicht weit entfernt liegen salzige Lagunen, in denen bisweilen weiße, braune und schwarze Farbkleckse aufblitzen: Dünnschnabelmöwen, Kolbenenten und Stelzenläufer, die im seichten Wasser stehen oder auf ihren Nestern sitzen. Die Vögel sind ein Hingucker und in den Feuchtgebieten der Halbinsel häufig zu sehen. Besonders stolz sind die Oristanesi auf den Stagno di Cabras, der mit seinen 20 Quadratkilometern zu den größten Lagunen Europas zählt. Von einzelnen Aussichtspunkten lassen sich mit etwas Glück rosa Flamingos beobachten, die durch das seichte, brackige Wasser waten und den Boden nach Nahrung absuchen.

Markenzeichen des riesigen Weihers ist die Meeräsche, aus deren Rogen die *Bottarga*, eine der edelsten Zutaten der Insel, hergestellt wird. Fangzeit ist im September, wenn sie wohlgenährt in Riesenschwärmen durch die Lagune flitzt.

DIE GIGANTEN VON MONT'E PRAMA

Als die riesigen Kämpfer-Statuen aus dem Sinis 40 Jahre nach ihrer Entdeckung, im März 2014, endlich im Museum von Cabras zu besichtigen waren, schlugen die Wellen hoch. Sollte sich bestätigen, was Archäologen vermuten, dann befinden sich die ältesten frei stehenden Skulpturen des gesamten Mittelmeerraums auf Sardinien. Ein Bauer hatte 1974 durch Zufall mehrere Fragmente der Plastiken auf einem Feld unweit vom Stagno di Cabras gefunden. Direkt über einer Nekropole aus dem 9. oder 8. Jahrhundert v. Chr. entdeckten die Wissenschaftler 5178 Sandstein-Bruchstücke, die jahrelang unter Verschluss gehalten und 2007 zusammengesetzt wurden: Als die Steinmetze aus der späten Nuraghenkultur die Steinbrocken am Hang des Hügels Mont'e Prama behauten, mussten die Figuren mehr als zwei Meter hoch und bis zu 400 Kilo schwer gewesen sein. Wozu die rätselhaften Bogenschützen, Krieger, Boxkämpfer dienten, ist noch unklar.

WEITERE INFORMATIONEN

https://it-it.facebook.com/ProLocoCabras, www.penisoladelsinis.it

Eine Ruderfahrt durch den bizarren Felsbogen ist ein prima Erlebnis! Leihkanus gibt es im Sommer am Strand zu mieten.

16 Kleiner Ort mit großem Tor – S'Archittu

Kurioses Naturwunder aus Kalkstein

Wenn man von Süden auf der Staatsstraße SS 292 an die Küste fährt, dann ist S'Archittu gleich der zweite Durchfahrtsort. Als ob die Zeit schon vor Langem stehen geblieben ist, versprüht der Weiler den typischen Charme der späten 1970er-Jahre. Sein Glanzpunkt ist ein kleiner, berühmter Felsbogen.

Wer das malerische, vom glasklaren, azurblauen Meerwasser durchspülte, blendend weiße Felstor bewundern will, hat Grund, in S'Archittu einzukehren. Hier, am Nordrand der Sinis-Halbinsel, knickt die Straße nach Norden weg vom kilometerlangen Sandstrand Is Arenas, schlängelt sich durch Weide- und Hügellandschaft, um dann zum Meer hin auf abrupt abbrechende Kalkklippen zu treffen. S'Archittu, »Der kleine Bogen«, heißt das namensgebende Kunstwerk der Naturgewalten nördlich des Badeortes mit langem, ockerfarbenem Sandstrand und hübscher, palmengesäumter Strandpromenade.

Postkartenmotiv und antike Stätte

Der kleine, natürlich entstandene Felsbogen, der es auf etwa 15 Meter bringt, war ursprünglich eine Grotte, deren Entstehung bereits Millionen Jahre zurückliegt. Nach dem Einsturz erhielt der Fels durch Wasser, Wind und Sonne seine heutige Bogenform. Doch Wasser, sagen die Geologen, mache den Kalkstein weiterhin weich und könne die Wölbung irgendwann sprengen. Vorerst zieht die Kalksteinbrücke jedoch nicht nur wagemutige Felsspringer und Paddelfreunde in diese entlegene Ecke. Vor allem bei Sonnenuntergang trifft man sich am Aussichtspunkt über dem Strand, um zuzusehen, bis der glutrote Ball durch den Bogen scheint.

An den Ufern von S'Archittu soll einst auch Coracodes Limen gelegen haben – der antike Hafen der nur wenige Kilometer westlich gelegenen Handelsstadt Cornus, in der zur Zeit des Zweiten Punischen Krieges eine große Schlacht zwischen Karthagern und Römern tobte.

INFO: www.comune.cuglieri.or.it

17 Romantisch, idyllisch und wild – Planargia

Einsamer Küstenstreifen an der Westküste

Einsame Buchten und idyllische Landschaften: Wer sich gelegentlich nach einem menschenleeren Stückchen Küste sehnt, findet es in der unwegsamen Planargia. Auf dem knapp 15 Kilometer langen Abschnitt zwischen Punta Foghe und Porto Alabe entdeckt man Plätze, von denen kaum jemand gehört hat.

Die Küste an der Punta Foghe berauscht mit einer unendlichen Stille, dem leisen Rauschen der Wellen und der azurblauen Farbe des Meeres.

Versteckte Sand- und Kiesstrände, verwitterte Türme, duftende Macchia und ein glasklares Meer. Die Felsküste der Planargia im Westen der Insel ist ein außergewöhnlicher, menschenleerer Ort. Südwestlich von Tresnuraghes führt eine kurvenreiche Straße hinunter an das azurblaue Wasser. Vereinzelt zweigen Wege ab, die sich schon bald verändern: Aus Asphalt werden Steine, hinzu kommt Sand. Aus der Schotterbahn wird eine schlaglochgepflasterte Piste. Wer den Strand von Torolo entdecken will, braucht ein geländegängiges Fahrzeug oder festes Schuhwerk und Ausdauer. Dafür entlohnt eine einsame, felsige Bucht mit zerklüftetem, dunklem Vulkangestein und natürlichen Felsbecken. Kein Kiosk. Kein Sonnenschirmverleih. Kein Tretboot. Nur die Weite des Meeres, grobkörniger, ockerfarbener Sand und viel raue, unberührte Natur.

Landspitze mit Wehrturm

Schroff und wild gibt sich auch die wenige Kilometer südlich liegende Landspitze Punta Foghe. Das vorspringende Kap, auf dem die Ruine eines jahrhundertealten Wehrturms thront, liegt knapp 70 Meter über dem Meer. Vom Felsvorsprung hat man den besten Blick auf die grandiose Felsküste der Planargia und den Riu Mannu. Schon seit jeher gräbt sich der Fluss durch das dunkelgrüne Hochplateau und vereint sich am Ende des Vorgebirges mit dem offenen Meer. Geschützt vor den Westwinden liegt an der Mündungsbucht ein kleines Stück Wildnis mit Kieselstrand, Felsen und Höhlen. Auch wenn sich dieser einsame Winkel unter Einheimischen als ideales Tauch- und Schnorchelziel herumgesprochen hat: Noch ist das Kap die Ruhe selbst.

INFO: www.comune.tresnuraghes.or.it

Route durch den Nordwesten

Eine Volksheldin, Strände und Wein

Herrliche Palazzi, funkelnder Quarzsand, stille Lagunen, altes Handwerk, zauberhafte Höhlen, hochwertiges Olivenöl, köstlicher Vernaccia, Malvasia oder Torbato – das sind die Highlights an den Straßenrändern auf dieser Tour. Schon an der Aufzählung merkt man, dass es viel zu fahren und entdecken gibt an diesem Küstenstrich, den es in mehreren Tagen zu erkunden lohnt.

Der mächtige Wehrturm in Oristano wurde im Jahr 1290 von Richter Marianus II in Auftrag gegeben.

Sinis, Planargia oder Nurra heißen die Landstriche in dieser Region. Und natürlich Campidano di Oristano. Das Gebiet, das im Mittelalter zum Judikat von Arborea gehörte, liegt an der mittleren Westküste, die von Cagliari am besten über die Staatsstraße SS 131 erreicht werden kann. Über Santa Giusta gelangt man nach Oristano. Die Kleinstadt ist die Heimat von Eleonora d'Arborea, der es kurzfristig gelang, beinahe ganz Sardinien gegen die Krone Aragons zu einigen. Wer in der City Station macht, kann den Platz der sardischen Volksheldin besuchen, den Torre di Mariano II aufsuchen, die gotische Kathedrale Santa Maria Assunta besichtigen und abends einen guten Tropfen Vernaccia testen.

Wo die Zeit noch stillsteht

Westlich von Oristano führt die Landstraße ins Sinis. Auf der nur wenige Kilometer langen Halbinsel, auf der es die Überreste der einstigen Handelsstadt Tharros zu sehen gibt, scheinen die Uhren irgendwie anders zu gehen. Angenehm langsamer. Hier gibt es vergleichsweise viele Lagunen, glitzernde Quarzsandstrände, seltene Vogelarten wie Flamingos und Stelzenläufer. Über die Orte Riola Sardo und Torre del Pozzo gelangt man bis S'Archittu mit seinem weißen Felstor. Ab Santa Caterina di Pittinuri wird es dann deutlich unberührter. Über die Staatsstraße SS 292 geht es ins Olivenölstädtchen Cuglieri. Wer mag, kann von hier einen Abstecher zur grandiosen Felsküste der Planargia machen oder ein Sonnenbad am Strand von Porto Alabe genießen.

Genussreich vorwärtskommen

Knapp neun Kilometer nördlich von Porto Alabe liegt das Bilderbuchstädtchen Bosa. Schon von Weitem sieht man den träge dahinfließenden Temo und die Burgruine der Malaspina. Hier lohnt ein Besuch des Kastells, des Gerbereimuseums und des Hausstrandes. Sehr zu empfehlen ist auch ein Schluck Malvasia-Wein. Ab Bosa Marina lockt eine besondere Strecke, die nach Alghero ins Gebiet der Nurra führt.

Die 46 Kilometer lange, kurvenreiche Küstenstraße SP 49/SP 105 bietet nicht nur jede Menge Entschleunigung, sondern auch großartige Landschaftserlebnisse und unverbaute Panoramablicke auf das tiefblaue Meer. Wer möchte, kann im katalanisch geprägten Städtchen an der Korallenriviera die schmucke Altstadt mit mittelalterlicher Befestigungsanlage besuchen, das gigantische Capo Caccia erkunden oder der Kellerei Sella & Mosca einen Besuch abstatten, und hier einen weißen Torbato Terre Bianche Cuvée oder einen roten Anghelu Ruju probieren.

Hoch oben im Nordwesten lockt einer der Topstrände Sardiniens: Das Dreieck aus weißem Sand zwischen grünen Wacholderbüschen und türkisblauem Meer liegt knapp 60 Kilometer nördlich von Alghero. In der Badesaison zieht es neben den Einheimischen auch viele Touristen an die Spiaggia La Pelosa. Wer sich trotz dem Getümmel hierherwagt, versteht, warum das so ist. Weniger überfüllt und landschaftlich sehr lohnend ist ein Ausflug auf die gegenüberliegende Insel Asinara. Die ehemalige Gefängnisinsel mit den weißen Eseln ist 51,9 Quadratkilometer groß und quasi autofrei. Man erreicht sie nur mit dem Boot.

INFOS & ADRESSEN

Herrschaftlich übernachten

Das geht im »Regina d'Arborea«. Das Hotel in der verkehrsberuhigten Altstadt von Oristano ist im stilvollen Palazzo Carta Corrias aus dem 19. Jahrhundert untergebracht. Kultiviert geht es auch im »Hotel Lucrezia« in Riola Sardo zu. Das 3-Sterne-Haus ist in einem alten Herrenhaus mit herrlichem Garten untergebracht. Im »Albergo Diffuso Corte Fiorita« liegen die Zimmer nicht alle in einem Haus, sondern in der Altstadt von Bosa verstreut. Den besten Blick auf den Fluss und die Burg genießt man von den Zimmern mit Dachterrasse.

WEITERE INFORMATIONEN

»Residenza d'Epoca Regina d'Arborea«: https://hotelreginadarborea.com, »Hotel Lucrezia«: www.hotellucrezia.com, »Corte Fiorita«: www.albergo-diffuso.it
Die Asinara-Insel lässt sich zu Fuß sowie per Rad, Bus, Jeep und Touristenzug entdecken. Die Boote nach Asinara verkehren ab Stintino und Porto Torres. Weitere Infos zu Fahrplänen, Verleihern und Anbietern von geführten Touren: www.parcoasinara.org

Westen & Nordwesten

18 Ein erloschener Vulkan – Montiferru

Magische Landschaft zwischen Meer, Tal und Hochland

Wer an Vulkane denkt, dem fallen vielleicht Sizilien oder Stromboli ein. Dabei gab es einst auch auf Sardinien zahlreiche aktive Feuerspucker. Von einer vergangenen Tätigkeit zeugt das gewaltige Basaltmassiv des Montiferru. Heute sind die grünen Berge, dichten Steineichenwälder, knorrigen Ölbäume und plätschernden Quellen ein idealer Lebensraum für Marder, Wiesel, Füchse, Mufflons und Gänsegeier.

Malerisch klebt Cuglieri in luftiger Höhe am Hang (unten); im Montiferru weidet der Bue Rosso, eine Kreuzung zwischen sardischen Rindern und Modicana-Bullen (oben rechts); an der Ardia nehmen jedes Jahr durchschnittlich 100 Reiter teil. Das Wort Ardia bedeutet Wache und verweist auf die berittene Wache des Kaisers (unten rechts).

Der Montiferru oder Monte Ferru ist der größte erloschene Vulkan Sardiniens. Mit seiner höchsten Erhebung, dem 1050 Meter hohen Monte Urtigu, stellt der »Eisenberg«, der vor rund fünf Millionen Jahren im Pliozän entstand, eines der ausgedehntesten Basaltmassive der Insel dar. Das etwa 430 Quadratkilometer große Areal verläuft im Grenzgebiet zwischen der einsamen Planargia, der waldreichen Bergkette des Marghine und dem fruchtbaren Tirso-Tal. Knorrige Olivenbäume, jahrhundertealte Stein- und Korkeichen, grüne Täler und murmelnde Bäche prägen hier das Landschaftsbild. Zwischen struppigem Ginster, leuchtenden Erdbeerbäumen und dornigen Sträuchern quillt karstiges Gestein aus den Hügeln. In höheren Lagen wachsen Macchia und Kräuter nur spärlich aus den Ritzen der fast nackten Felsen. Ständige Bewohner des einst Feuer speienden Berges sind Wildschweine, Igel, Hasen, Wiesel und Wildkatzen.

Gänsegeier und Mufflons

Mit etwas Glück lassen sich aber auch die vom Aussterben bedrohten Gänsegeier und der Mufflon beobachten. Das Sardische Wildschaf und die riesigen Greifvögel wurden vor einigen Jahren von Zoologen wieder angesiedelt und leben nun an dem erloschenen Vulkan. Ausgedehnte Wanderwege und Mountainbikestrecken durchziehen die Gegend. Wer die Bergkuppen erklimmt, hat bei gutem Wetter

Ein erloschener Vulkan – Montiferru

eine herrliche Fernsicht – auf die Hochebene von Abbasanta, das verträumte Cuglieri oder auf die malerische Küste, den Golf von Oristano und die Isola di Mal di Ventre. Ein herrlicher Panoramablick auf die Landschaft bietet sich auch von den Ruinen des mittelalterlichen Casteddu Ezzu. Das auf einem Basalthügel gelegene Kastell wurde im 12. Jahrhundert vom damaligen Richter von Torres gebaut, um die Grenze zum Kleinkönigtum von Arborea zu verteidigen. Von dem steinernen Zeugen, dessen Glanz mit der Zeit verblich, sind jedoch nur noch Reste der Türme und einige Zisternen übrig.

Sommerfrische am Montiferru

Mit jedem Kilometer, den sich die Straße über den Eisenberg in Richtung Cuglieri windet, wird das Basaltmassiv ein Stück sanfter, bis es schließlich in eine weiche, anmutige Hügellandschaft mit silbergrünen Olivenhainen und fetten Weiden übergeht. Außer dem Rauschen des Windes, dem Blöken der Schafe oder Rindergetrampel dringt kein Laut ans Ohr. Gemächlich grasend ziehen die Herden des im Montiferru heimischen *Bue Rosso* (roter Ochse) die Auen des Berges hinauf. Oft wird das satte Grün vom leuchtenden Silber der Ölbäume durchbrochen, die an den sonnigen Hängen gedeihen. Neben Alghero, Seneghe und Bonarcado zählt Cuglieri zu den renommiertesten Ölproduzenten der Insel. Inmitten prächtiger Olivenwälder kuschelt sich das kleine Dorf in luftiger Höhe an den Berg. Die Einwohner leben ein wenig vom Tourismus, doch hauptsächlich von der Olivenölherstellung und der Viehzucht. Weil die genügsamen, an duftenden Kräutern knabbernden Huftiere in freier Wildbahn äsen, sind es Fleischrinder von höchster Qualität. Ein weiteres ländliches Schmuckstück lässt sich im Hinterland, an der Ostflanke des Montiferru, entdecken. Das auf einem erloschenen, knapp 500 Meter hohen Vulkankrater hockende, von dichten Steineichen- und Kastanienwäldern umgebene Dorf Santu Lussurgiu glänzt mit steilen, gepflasterten Gassen, windschiefen Häuschen und viel Ruhe. Wenige Kilometer nördlich liegen die Siete Fuentes, wo aus sieben Quellen das berühmteste Wasser der Insel sprudelt. Im Hintergrund ragen Schatten spendende alte Eichen. Reines Wasser und frische Luft: Ein Ausflug in diese harmonische Landschaft ist gut zum Abschalten und Auftanken.

S'ARDIA-FEST ZU EHREN DES HEILIGEN KONSTANTIN

Viele Pferde, viele Menschen, viel Action. Das Pferderennen auf dem Monte Isei bei Sedilo, das alljährlich am 6. und 7. Juli stattfindet, ist bekannt für seine Wildheit. Sa Pandela und seine Garde müssen die Strecke vom Dorf zur Wallfahrtskirche von San Constantino überwinden, ohne von einem Pulk von über 50 Reitern eingeholt zu werden. Der Brauch soll an die Schlacht zwischen Konstantin dem Großen und Maxentius an der Milvischen Brücke erinnern. Hier hatte Constantinus seinen Rivalen besiegt. Laut Überlieferung gelang der Sieg, weil Konstantin I. einer Vision zufolge vor der entscheidenden Schlacht das Kreuzzeichen auf den Schildern seiner Soldaten hatte anbringen lassen. Die niedergetrampelte Rennstrecke, die dichte Staubwolke, die keuchenden Pferde, das Gebrüll der Reiter, die lärmende Menschenmenge: All das lässt eine enthusiastische Stimmung entstehen.

WEITERE INFORMATIONEN

www.comunesantulussurgiu.it,
www.comune.cuglieri.or.it,
www.santuantinu.it

19 Burg mit malerischer Altstadt – Bosa

Hier zeigt sich Sardinien von seiner gelassenen Seite

Das mittelalterliche Städtchen gilt als einer der schönsten Orte der gesamten Insel. Die verwinkelten Gassen ziehen sich steil den Hügel hinauf, auf dem das Castello dei Malaspina thront. Das Häusergewürfel leuchtet in frischem Pastellrosa, Apricot und Blau. Am Kai flicken Fischer ihre Netze, und vor der palmengesäumten Uferpromenade gleiten Fischerboote langsam über den Temo hinaus aufs Meer.

Herrlicher Ausblick über Bosa, das Häusermeer, den Temo-Fluss und das Meer (oben); hoch über dem Städtchen thront eine der bekanntesten Ruinen der Insel, die Burg der Malaspina, auch Castello di Serravalle genannt (rechts).

Bosa ist unbestritten das Aushängeschild der mittleren Westküste. Ruhig liegt das Städtchen mit seinen mittelalterlichen Gassen in einem fruchtbaren Tal, durch das der Temo in kleinen Serpentinen sein Wasser führt, bevor er im azurblauen Mar di Sardegna mündet. Im Hintergrund ragen die trutzigen Mauern der Burg des Markgrafen von Malaspina würdevoll aus der macchiabedeckten Hügellandschaft empor.

Wie aus dem Bilderbuch

Die sanften Anhöhen und Ebenen am Flussufer sind von umwerfender Schönheit und bescheren den Winzern sonnengereifte, weiße Reben. Am Fuß des Schlosses liegt die mittelalterliche Altstadt Bosas. In den schmalen gepflasterten Straßen von Sa Costa strahlen die einst glanzvollen, heute in die Jahre gekommenen Palazzi den Charme vergangener Zeiten aus. Auch die prächtigen barocken Kirchen wie die Kathedrale der Immacolata oder die Madonna del Rosario mit ihrer riesigen Uhr von 1875 ziehen Besucher in ihren Bann. Die idyllische Piazza Costituzione mit Brunnen aus Marmor und rotem Trachyt lädt zum Verweilen oder zur Einkehr in eine Bar ein, die den vollmundigen Malvasia-Wein stilecht in kleinen Gläsern serviert. Hier und da kann man den Frauen beim Netzknüpfen über die Schulter blicken, wenn sie ihre Stühle vor die Haustüren rücken und sich über den Filetgrund beugen.

Majestätische Burgruine

Das im 12. Jahrhundert erbaute Castello dei Malaspina besticht mit seiner besonderen

Westen & Nordwesten

Via Sas Conzas: alte Gerberhäuser am linken Flusslauf des Temo. Die ersten Handwerksbetriebe wurden bereits im 17. Jahrhundert schriftlich nachgewiesen (rechts oben); bunte Häuser, Kopfsteinpflaster und enge Gassen prägen das Bild der Bosaner Altstadt (unten).

Lage. Auf dem 81 Meter hohen Hügel von Serravalle ragt majestätisch das Kastell des Grafengeschlechtes aus der Lunigiana aus der duftenden Macchia empor. Von hier öffnet sich ein spektakulärer Blick über die verschachtelten, roten Altstadtdächer Bosas, den Fluss und das grüne Temo-Tal. Wehrhaft und idyllisch zugleich ist die mittelalterliche Festung mit ihren Aussichtstürmen, Wehrgängen, Bastionen und Kanonen das Ergebnis jahrhundertelanger Um- und Ausbaumaßnahmen. Um 1112 ließ die italienische Adelsfamilie das Schloss als Palais errichten. Im 14. Jahrhundert wurde das ursprüngliche Gemäuer zu einer Festung ausgebaut. Beim Bau des Nordostturms hat sich der damalige Baumeister offensichtlich von den Wehranlagen der mittelalterlichen Burg in Cagliari inspirieren lassen. Wie die beiden Flankierungstürme Torre di San Pancrazio und Torre dell'Elefante ist die Warte des Castello dei Malaspina viereckig, nach innen geöffnet und mit mehreren Etagen sowie Schießscharten ausgestattet. Um eine noch bessere Verteidigung zu ermöglichen, verstärkten die Aragonier das Schloss im 15. Jahrhundert mit einer gewaltigen Burgmauer und weiteren wuchtigen Türmen. Zwei Jahrhunderte später endet die eigentliche Geschichte des Burgbaus, denn die folgenden Jahrzehnte standen vor allem im Zeichen der Räumung und der Zerstörung. Zu den Glanzpunkten des Kastells zählt die kleine Hofkapelle Nostra Signora di Regnos Altos mit einem Freskenzyklus, der die Erscheinung des Herrn, das Abendmahl Jesu sowie die Begegnung der drei Lebenden und der drei Toten darstellt. Jüngste archäologische Ausgrabungen brachten neue Aufschlüsse über die Datierung des Kirchleins und der Malereien. Trotz Unsicherheit über die Identität der Urheber, geht man davon aus, dass die als bedeutend erkannten Werke aller Voraussicht nach von einem italienischen Künstler der toskanischen Schule stammen, der sie im 14. Jahrhundert freskierte.

Altes Handwerk nah am Wasser

Zu den Attraktionen bei einem Rundgang zählt auch die Via Sas Conzas mit ihren Gerberhäusern am etwas träge dahinfließenden Temo. Bosa war früher eine wahre Gerber-Hochburg. Der Fluss lieferte das nasse Element, die Schafe das Fell und der Macchia-Wald die Lohe. Um 1800 waren am linken Flusslauf, kurz vor dem Ponte Vecchio, mehr als 28 Gerbereien ansässig. Knapp 100 Jahre

später war es nur noch die Hälfte. Als sich die Zahl der Handwerksbetriebe auch im 20. Jahrhundert weiterhin reduzierte, blieb 1962 nur noch die Schließung der letzten Gerberei. Einen Einblick in das alte Lederhandwerk erhält man im Museo delle Conce. Im Erdgeschoss des historischen Gebäudes befinden sich noch die Gruben zum Waschen und Einweichen der Häute. Im Obergeschoss zeichnen Fotos, Dokumente und einige Maschinen für die Feinarbeit die Geschichte der Gerber nach. Sitzt man auf der herausgeputzten und von Kuttern gesäumten Uferpromenade Via Lungo Temo, kann man den ehemaligen Trubel am gegenüberliegenden Ufer nur noch erahnen. Heute atmet man hier die frische Luft, die ein angenehmer Wind von der blauen Küste her bläst. Die frische Brise erinnert einen auch ständig daran, dass man nah am Wasser ist. Tief hat der Temo sich in die Landschaft aus dunklem, vulkanischem Gestein hineingegraben, bevor er knapp zwei Kilometer westlich von Bosa ins Mar di Sardegna mündet. Lange bevor die ersten Sonnenstrahlen den Dunst durchbrechen, schippern die ersten Fischerboote über den Strom hinaus aufs offene Meer. Ockergelb und an windigen Tagen geschützt vor der grollenden Brandung dehnt sich an der Flussmündung der rund ein Kilometer lange Sandstrand von Bosa Marina aus. Davor ragt ein trachytfarbener Sarazenenturm auf der Isola Rossa in den Himmel. Als letzter großer Strand vor dem wilden Capo Marrargiu hat das mehrere Meter breite Sandband alles, was man von einem schönen Strand erwartet: sauberes, klares Wasser und einen etwas grobkörnigen Sand, der nicht am nassen Körper kleben bleibt. Da der Hausstrand der Bosaner sich großer Beliebtheit erfreut, kann es zur Saison voll werden.

Einsame Buchten

Wer dem Trubel entfliehen will, muss nur ein paar Kilometer Richtung Norden ziehen. Zwischen Felsvorsprüngen aus Tuffstein haben sich zwei herrliche Sandbuchten gebildet. In der Cala S'Abba Drucche und der Cala Compoltitu gibt es nichts außer dem Blick auf den Sarazenenturm Torre Argentina oder das smaragdgrüne Meer. In der Abenddämmerung muss man sich dann entscheiden, ob man noch einen langen Strandspaziergang macht oder doch lieber das Schauspiel des Sonnenuntergangs verfolgen möchte. Und ob man später noch in einer Bar an der Uferpromenade auf ein Glas Malvasia vorbeischaut. Falls gerade Wochenende ist, ansonsten beschränkt sich das Bosaner Nachtleben auf Mondgucken und Sternschnuppenzählen.

FRIVOLES TREIBEN BEIM KARRASEGARE OSINKU

Bosa am Faschingsdienstag: Ein Trauermarsch mit Totenklagen weckt die Stadt. *Unu Tikkirigheddu de latte!* Die sonst so gelassenen Bosaner bejammern die sinnenfreudige und lasterhafte Mutter, die ihr Kind verlassen hat, um hemmungslos zu feiern. Sie bitten um etwas Milch, um den ausgemergelten Körper des Neugeborenen zu stärken. Die Zuschauer jubeln. Unter der Herrschaft der schwarz gekleideten Klageweiber verwandelt sich das Städtchen in ein Tollhaus. Der *Karrasegare Osinku*, das uralte Spiel von der verdrehten Welt, zeigt sich in Bosa von seiner besonders ausgelassenen und frivolen Seite. Der Karneval steckt aber nicht nur in der unmoralischen Mutter, sondern in allem, was fleischlich ist. Am Abend treten die Klageweiber ganz in Weiß auf. Sie jagen den *Giolzi* – das lasterhafte Treiben. Dabei machen sie vor niemandem halt, und leuchten den Menschen sogar unters Gewand.

WEITERE INFORMATIONEN

www.comune.bosa.or.it

Die Torre und Piazza di Porta Terra im Stadtzentrum von Alghero. Der imposante Turm war der einzige Zugang von der Landseite (oben); Blick auf Algheros Altstadt mit der Kathedrale di Santa Maria Immacolata und der barocken Chiesa di San Michele (rechts).

20 Im Zeichen der Krone von Aragón – Alghero

Katalanische Enklave auf Sardinien

Aus der kuriosen Sprachinsel Alghero, in der man Katalanisch spricht, stammen nicht nur edle Weine und erlesenes Olivenöl, sondern auch köstliche Langusten und kostbarer Korallenschmuck. Nur einen Steinwurf entfernt liegen die herrlich lange Strandpromenade und ein wunderschöner, von Pinien und Macchia eingerahmter Sandstrand.

Das Städtchen an der berühmten Korallenriviera ist ein wahres Schmuckstück. Mehrere prachtvolle Kirchen aus dem 14. bis 16. Jahrhundert erheben sich aus dem Labyrinth hoher Häuserfronten und enger, gepflasterter Gassen. Die farbenprächtige Majolikakuppel der barocken Jesuitenkirche Chiesa di San Michele und der achteckige Glockenturm der Kathedrale Santa Maria aus gotisch-katalanischer Gründungszeit sind schon von Weitem zu sehen. Nicht weniger prachtvoll sind die meterdicken Mauern und Bastionen der imposanten mittelalterlichen Befestigungsanlage mit großzügigem Meerblick.

Zauber der Altstadt

Die ganz besondere Atmosphäre der alten, von Genuesen, Spaniern und Piemontesen regierten Stadt erschließt sich am besten in der bezaubernden Altstadt. Wo man auch hinschaut, in allen Ecken und Winkeln begegnet man auf Schritt und Tritt Geschichte zum Anfassen: Adelsfamilien, Aragoner Konquistadoren und das italienische Königshaus Savoyen haben in Türmen, Gotteshäusern, Fassaden und Balustraden ihre Spuren hinterlassen. Es war die genuesische Familie Doria, die die Stadt im 11. Jahrhundert befestigte und zum Schutz gegen die Pisaner eine solide Festung errichtete. Im 14. Jahrhundert eroberte Peter IV., König von Aragón, das Städtchen. Unter der fast 400 Jahre währenden spanischen Herrschaft entstand eine katalanische Enklave, losgelöst von der sardischen Welt, die sie umgab. Die mächtigen Basteien wurden verstärkt und die katalanische Mundart eingeführt. Erst im 18. Jahrhundert fiel Alghero an Savoyen.

Westen & Nordwesten

Am Strand von Lazzaretto (oben rechts); fein speisen im Restaurant mit Meerblick. Besonders gut kann man das auf den Bastioni Marco Polo (unten). Alghero ist sehr beliebt wegen seiner guten Küche. In den Lokalen werden Paella, exzellenter Fisch und Meeresfrüchte serviert. Größte Delikatesse ist die Languste (ganz unten).

Stadt der Palazzi und Türme

Der alte Stadtkern, an drei Seiten vom Wasser umgeben, ist nicht groß und lässt sich in ein paar Stunden erkunden. Verwinkelte Gassen führen vorbei an kleinen Häusern, malerischen Wehranlagen, beleibten Türmen, schattigen Plätzen und herrlichen, mehrere Hundert Jahre alten Palazzi. Ein katalanischer Prachtpalast ist der Palazzo D'Albis aus dem 15. Jahrhundert mit spitzbogigen Zwillingsfenstern. Hier soll sogar Karl V. schon logiert haben. Eine besondere Attraktion ist auch die gotisch-katalanische Chiesa di San Francesco aus dem 14. Jahrhundert mit romanischem Kreuzgang aus Sandstein. Das Kirchlein mit schlichter Fassade wurde im 16. Jahrhundert erweitert und weist Stilmerkmale verschiedener Epochen auf. Sehenswert sind auch die Wehrtürme Torre Sulis, Torre di San Giovanni und Torre di San Giacomo sowie die Torre Porta a Terra, die eine schöne Terrasse und einen kleinen Saal beherbergt, wo ein historisches Stadtmodell das Bild einer mittelalterlichen Kleinstadt zeigt. Hoch oben auf den Bastioni Marco Polo wartet ein Platz, von dem man einen guten Überblick hat: auf die malerische Altstadt, wo zur Saison Einheimische und Touristen gleichermaßen flanieren, auf das endlos weite Meer und auf das ellenlange Capo Caccia, das aus der Ferne betrachtet wie ein schlafender Riese aussieht.

Der wahre Schatz liegt vor den Toren des Städtchens

Von der idyllischen Altstadt sind es nur ein paar Schritte zum pittoresken Fischer- bzw. Jachthafen und zur herrlichen Promenade von Alghero. Der weiße Sandstrand ist die Trumpfkarte Algheros. Das wussten schon betuchte Briten und Könige, die sich bereits zu Zeiten der Belle Époque hier niederließen oder zur Sommerfrische an die Korallenküste kamen. Das lange, sich kilometerweit bis nach Fertilia ziehende Sandband dient den Algheresi heute als Hausstrand. Auf der Nordseite, am Ortsausgang, lockt der schöne, breite Badestrand Spiaggia di Maria Pia mit feinem, weißem Sand und vom Wind verwehter Dünenkulisse, uraltem, knorrigem Wacholder sowie den allgegenwärtigen Pinien im Hintergrund. Auf der Südseite, am Lido di San Giovanni mit Blick auf den Hafen und die Masten der im Wasser dümpelnden Segelboote und Jachten, lässt es sich hingegen wunderbar chillen und flanieren. Besonders vor Sonnenuntergang sind die Promenade und die kleinen Strandbars ein be-

liebter Treffpunkt zum Schlendern und Entspannen. Wer will, kann sich nach den Strapazen des Sightseeing in den Sand setzen und den romantischen Anblick der untergehenden Sonne genießen.

Der Gipfel des Genusses

Alghero, in dessen fruchtbarem Hinterland sich riesige Olivenwälder und immense Weinberge ausdehnen, ist auch ein Ort des Genusses. In vielen Gebieten der Insel wird der Olivenbaum geliebt, doch im katalanisch angehauchten Städtchen ist er fast etwas Himmlisches. Den Grundstein für einen ergiebigen Olivenölanbau legten damals die Spanier, die ihre Bürger verpflichteten, Ölbäume zu pflanzen. Heute ist Alghero zu einem der größten Olivenproduzenten der Insel aufgestiegen. Das hochwertige Olio Extra Vergine di Oliva der familiengeführten Ölmühle San Giuliano ist weit über die Grenzen Sardiniens bekannt und mehrfach prämiert. Doch auch beim Wein kann Alghero punkten. Wer ist ihm nicht schon einmal begegnet, dem Anghelu Ruju, dem Terre Bianche, dem Cannonau Riserva, dem Cagnulari oder dem Le Bombarde aus Alghero? Die üppig von der Sonne verwöhnte Kleinstadt aalt sich seit Jahren im Licht der Aufmerksamkeit von Weinfreunden und -kennern. Wundern muss einen das nicht, denn die edlen Tropfen sind bekannt, geschätzt und haben schon zahlreiche Preise gewonnen. Die Weingüter Sella & Mosca und Santa Maria La Palma können auf eine lange Tradition zurückblicken. Seit Generationen bauen sie auf den nahe zum Meer gelegenen Böden Reben an und dürfen sich freuen, zu den wichtigsten Weinproduzenten der Insel zu zählen. Das Meer ist zudem berühmt als ein Fanggebiet für köstliche Langusten, die im Korallenstädtchen als Gipfel des Genusses schlechthin gelten. Die Fischerei von April bis August ist ein anstrengender, doch ertragreicher Job. Die fangfrischen Zehnfüßer werden in der historischen Markthalle angeboten. In den Restaurants kommen sie, auf katalanische Art zubereitet, mit frischem Sellerie, Zwiebeln, Tomaten und nativem Olivenöl auf den Tisch. Zu Krustentieren passt kein Getränk besser als Wein. In Alghero, sozusagen an der Quelle, wird zur Languste ein Aragosta, ein leichter, trockener, aus der sardischen Vermentino-Traube gewonnener Weißwein aus dem Hause Santa Maria la Palma oder ein La Cala mit überaus intensivem Bukett aus dem Hause Sella & Mosca serviert. Die frische Note des Weines und der leicht fischige Geschmack der Langusten verbinden sich im Mund zu einem unerhört genüsslichen Erlebnis.

DIE STRANDPERLEN ALGHEROS

Glaubt man den Bewertungsplattformen im Internet, so liegt der schönste Strand Algheros westlich des 1936 von Mussolini monumental faschistisch angelegten Ortes Fertilia. In der Tat handelt es sich bei der Spiaggia Le Bombarde um einen großartigen, ins üppige Grün der Pinienbäume und der Macchia gebetteten, feinen, weißen Sandstrand, der vor allem außerhalb der Saison besonders schön ist. Um in den Genuss von glasklarem Wasser und feinstem Sand zu kommen, muss es nicht immer der berühmteste und angesagteste Strand sein. Wahre Strandperlen lassen sich gleich nebenan aufspüren, etwa an der kleinen, naturbelassenen Spiaggia del Lazzaretto, die durch einen spanischen Küstenturm und einen herrlichen Blick auf die Bucht bis nach Alghero besticht. Weitere Kleinode sind drei klitzekleine, von Felsen umrahmte lauschige Badebuchten zwischen dem Lazzaretto und dem Le Bombarde. Ein romantischer Platz für tolle Sonnenuntergänge!

WEITERE INFORMATIONEN

www.algheroturismo.eu

Den besten Blick auf den Sonnenuntergang am Capo Caccia und den »schlafenden Riesen« hat man von der Piazza Mirador Giuni Russo in Alghero.

Westen & Nordwesten

21 Märchenhafte Höhlenlandschaft – Capo Caccia

Stiller Wächter des Nordwestens

168 Meter hoch erhebt sich das gigantische Kap an der äußersten Spitze einer weit ins Meer ragenden Halbinsel westlich von Alghero aus dem tosenden Meer. Wie ein stiller Wächter scheint der riesige Kalkklotz die tiefe Bucht von Porto Conte vor dem Angriff der Wellen zu schützen. Nirgendwo sonst auf der Insel zählt ein Vorgebirge derart viele Höhlen und Felsspalten.

Die Bucht von Porto Conte mit der kleinen Torre del Bollo im Vordergrund (unten); mit dem Fahrrad ans Capo Caccia: Die atemberaubende Aussicht auf das Kap entlohnt für die im Sommer schweißtreibende Anfahrt (oben rechts); die klitzekleine Isola Piana vor der Cala della Barca (unten rechts).

Majestätisch, einzigartig und verlockend. Aus der Ferne betrachtet mutet der steil aufragende Koloss des Capo Caccia wie die Silhouette eines schlafenden Riesen an. Auf seinem Rücken gedeiht ein artenreiches Pflanzenreich: Trichternarzissen, sardische Tragant-Arten, Ginster, klebriger Ziest, Korsischer Reiherschnabel (ein Storchenschnabelgewächs) und viele weitere endemische Macchiagewächse locken unzählige Insekten- und Vogelarten an, die sich am Saft der Kap-Flora laben. Habichtsadler, Wanderfalken, Sturmvögel, Mauersegler, Königs- und Korallenmöwen besetzen laut schnatternd die karstigen Felsspalten. In seinem Bauch erstreckt sich ein verworrenes Labyrinth an beeindruckenden und geheimnisvollen Höhlen, in deren Tiefen Gorgonien, Edel- und Weichkorallen wachsen.

Himmlischer Portus Nympharum

Jahrmillionen ruhte das steil ins Meer abfallende Gebirge friedlich am Eingang der fast kreisrunden Bilderbuchbucht Porto Conte, die sich – eingefasst von der Punta del Giglio und den steil abstürzenden Felsen des rauen Kaps – nach Süden zum Meer öffnet. Mit bildschönem Sandstrand, kristallklarem Wasser, einem alten Leuchtturm und malerischen spanischen Turmstümpfen. Legendär ist auch die Beschreibung des griechischen Geografen und Astrologen Claudius Ptolemäus, der das Wasser der Bucht wegen seines Glanzes und seiner Rein-

Märchenhafte Höhlenlandschaft – Capo Caccia

heit verehrte und den Meerbusen als himmlischen »Portus Nympharum« bezeichnete. Das zieht natürlich viele Besucher an, weshalb es in der Hochsaison nicht selten zu Gedränge am Strand und zu Staus auf der Strecke zum Kap kommt, das einen traumhaften Ausblick über die Bucht bietet.

Cooler Ausflug für heiße Tage

Ein großer Anreiz zum Besuch des Capo Caccia und der Punta del Giglio ist natürlich ihre vor Jahrmillionen von Mutter Natur erschaffene, geheimnisvolle Höhlenwelt. Manche sind winzig klein, andere gigantisch, und alle haben klangvolle Namen: Grotta Dasterru, Grotta della Foca Monaca, Grotta Verde, Grotta dei Pizzi e Ricami und Grotta del Belvedere. Unterirdische Naturhöhlen mit schillernden Korallenbänken wie die Grotta di Nereo, die Grotta dei Cervi und die Grotta dei Fantasmi, die sich nur bei einem Tauchgang erkunden lassen, gehören ebenso zu diesem Naturwunder. Die berühmteste Höhle von allen ist die dem römischen Gott des Meeres gewidmete Grotta di Nettuno. Das gigantische Höhlensystem, das sowohl über das Wasser mit dem Boot als auch zu Fuß über eine steile, 654 Stufen zählende, in den Fels gehauene Treppe zu erreichen ist, wurde bereits im 18. Jahrhundert durch einen Fischer entdeckt. Experten zufolge ist die Tropfsteinhöhle etwa vier Kilometer lang. Doch nur rund 580 Meter dieser unterirdischen Welt mit märchenhaft schönen Tropfsteingebilden, Grotten und Gängen, Stalagmiten und Stalaktiten, die noch immer wachsen, sowie einem kleinen mit dem Meer verbundenen Salzwassersee, sind für Besucher begehbar.

Die Faszination der Neptungrotte mit mehreren Einzelhöhlenräumen wird durch eine unbeschreibliche Welt der Farben und Bewegungen ausgelöst. Tropfsteine, die teilweise zusammengewachsen sind und sogenannte Säulen bilden, leuchten in unterschiedlichen Schattierungen. Der Weg führt durch eine äußerst vielfältige und herrlich kühle Landschaft. In der Eingangshalle glitzert der glasklare, natürliche unterirdische See Lago Lamarmora, aus dessen Mitte eine mehrere Meter hohe Säule herausragt, die an ein Weihwasserbecken erinnert. Doch auch die majestätische Tropfsteinorgel in der Sala della Reggia und die auffällig breite Orgel im Smith-Saal sind einfach spektakulär. Ein wunderschönes Tropfsteinparadies, dessen Stille und Zauber man vor allem außerhalb der Saison auskosten kann.

IM STAATSFORST LE PRIGIONETTE

2002 stellte die Region Sardinien ihren Schatz am Meer unter Schutz und erklärte ihn zum Naturpark. Teil des Schutzgebietes sind neben dem Capo Caccia die umliegenden Gewässer, darunter die Bucht von Porto Conte, das Eiland Piana und der Staatsforst Le Prigionette. Der grüne Hain, in dem sich mit etwas Glück noch Gänsegeier, Wildschweine, Damhirsche und die berühmten weißen Esel beobachten lassen, gilt als idealer Ausgangspunkt für Wanderungen oder ausgedehnte Spaziergänge. Zu den schönsten Zielen zählt ein Streifzug in Richtung Cala della Barca. Auf der kurzen Tour erschließt sich der Wildpark auf besonders intensive Weise. Über gemütliche Forstwege und leichte felsige Anstiege durch eine einzigartige Flora und Fauna erreicht man die steil ins Meer abfallende zerklüftete Küste des Kaps mit einer spektakulären Aussicht auf die vorgelagerte Isola Piana. Hier entfaltet das Capo Caccia seinen ganzen Zauber.

WEITERE INFORMATIONEN

www.ampcapocaccia.it,
www.parcodiportoconte.it

Der Hauptturm und einige Hütten sind in der mittleren Bronzezeit entstanden. Der zweite Tholos, der Innenhof und die elliptische Außenmauer kamen erst im 9. und 8. Jahrhundert v. Chr. hinzu.

22 Erbe aus ferner Zeit – Nuraghe Palmavera

Glanzstück aus der Bronzezeit

Älter als 3500 Jahre, hohe Rundtürme, gewaltige Steinblöcke, falsche Gewölbe und viele Theorien. Wer die archaische Geschichte dieser Bauten verstehen will, steht vor den Monumenten einer fernen Welt. Trotz der zahlreichen Hinterlassenschaften ist das Leben der Nuragher noch immer voller Fragezeichen.

Das Ende des 8. Jahrhundert v. Chr. muss die schlimmste Zeit in der Geschichte der Nuraghe Palmavera gewesen sein. Dieses Jahrhundert steht für den Zeitraum, in dem der bronzezeitliche komplexe Turmbau mit Hüttendorf vermutlich durch ein Feuer zerstört wurde. Als die italienischen Archäologen Antonio Tamarelli und Guglielmo Maetzke im 20. Jahrhundert danach gruben, fanden sie die Reste einer im 15. bis 8. Jahrhundert v. Chr. gebauten Nuraghen, der den großen Anlagen von Losa, Santu Antine und Su Nuraxi ähnelt.

Rund 3500 Jahre immer wieder erweitert

Bis zum Tag ihrer Zerstörung setzte sich die zwischen lieblichen Weingärten und blühendem Oleander, direkt an der Straße zum Capo Caccia gelegene, dösende Nuraghe aus einem Zentralbau mit breiten Nischen, einem Innenhof, einer Bastion in Form einer Ellipse, einem zweiten stattlichen Rundturm und mehreren Rundhütten zusammen.

Von der komplexen Anlage weiß man, dass sie in mehreren Phasen erschaffen wurde. Von den Bewohnern der Nuraghen indes erfährt man nicht viel. Trotz ihrer gewaltigen Bauten, trotz der gefundenen Fülle an Bronze- und Töpferwaren, trotz jahrzehntelanger Forschung wird die Zahl der Fragen und Spekulationen nicht weniger. Dies gilt nicht nur für die Menschen, sondern auch für die Verwendung der Bauwerke. So sind die Eingänge immer nach Südosten und einige Öffnungen auf astronomische Koordinaten ausgerichtet, was eine religiöse und keine Verteidigungsfunktion nahelegt. Dabei sind solche Hypothesen gar nicht nötig, denn die Nuraghen sind Wunder genug.

INFO: https://nuraghepalmavera.com

23 Wein mit Geschichte – Cantina Sella & Mosca

Blühende Reben auf heiligem Boden

Die Kellerei Sella & Mosca ist Sardiniens größtes Weingut. Bei Bauarbeiten auf der Domäne haben Landarbeiter Anfang des 20. Jahrhunderts über 4000 Jahre alte Gräber gefunden. Umgeben von wogenden Weinfeldern können Altertumsfans an der Strada dei due Mari die urgeschichtliche Nekropole bestaunen.

Pralle Rebenreihen überziehen die fruchtbare Ebene nördlich von Alghero, dazwischen wachsen Palmen, Oleander, Eukalyptusbäume, Strandkiefern und duftendes Macchiagewächs. Schon auf den ersten Blick strahlt die liebliche Weinlandschaft vor den Toren des Korallenstädtchens Sinnlichkeit aus. Eine Attraktion für Freunde eines edlen Tropfens ist der Besuch der alten Kellerei Sella & Mosca, die sich über ansehnliche 650 Hektar erstreckt. Bei einer Führung hat man die Möglichkeit, den historischen Holzfasskeller, in dem die herangereiften Tropfen lagern, und das gutseigene, kleine Weinbaumuseum zu besichtigen.

Genüssliche Ekstase, stille Einkehr

Der berühmteste Tropfen des Hauses ist der granatrote Dessertwein Anghelo Ruju. Er wurde nach einem mehr als 4000 Jahre alten Gräberfeld benannt, das 1903 zufällig bei Bauarbeiten für die Kellerei gefunden wurde. Bis 1967 suchten Archäologen auf dem Anwesen von Sella & Mosca nach Spuren aus dem Neolithikum. Was sie fanden, waren 38 Gräber mit bis zu elf Kammern, Überbleibsel von Säulenbalken, Sockeln, Wandpfeilern, stilisierten Stierhörnern, blutroten Malereien und versiegelte Särge, die in etwa aus der Zeit der Ozieri-Kultur, um das 35.–28. Jahrhundert v. Chr., stammen. Die streng geometrische Grabstätte mit ihrem Gewirr von jungsteinzeitlichen Schächten, Treppen und Gängen ist nur spärlich mit Grün bedeckt. Geordnete Weinreihen umkränzen die Landschaft, von Weitem hört man das Rauschen vorbeifahrender Autos. Die Gruben und Erdhügel flirren im Sonnenlicht, manchmal raschelt es im trockenen Gras.
INFO: www.sellaemosca.it, https://necropolianghelluruju.com

Verkaufslokal der Kellerei, zu deren Spitzenwein der mehrfach prämierte rote Marchese di Villamarina aus voll ausgereiften Cabernet-Sauvignon-Trauben gehört.

Sardiniens Nuraghen

Denkmäler aus der Bronzezeit

Su Nuraxi, Losa und Santu Antine gelten als die bekanntesten Nuraghen Sardiniens. Allein sind diese vier monumentalen Rundtürme allerdings nicht. Überall schrauben sich weitere Warten in den Himmel, deren Zweck uns bis heute Rätsel aufgibt. Bei einem Ausflug in ihre bronzezeitliche Vergangenheit hat die Insel aber noch weitere Kleinode zu bieten.

Die Giganten von Mont'e Prama wurden 1974 auf der Sinis-Halbinsel entdeckt (oben). UNESCO-Welterbestätte Su Nuraxi bei Barumini (rechts oben). Die Nuraghe Orolo bei Bortigali zählt zu den besterhaltenen Rundtürmen im Marghine (unten). Die Nuraghe Piscu (rechts unten).

Die Meisterschaft der Nuragher erstaunt noch heute: Sie bauten zyklopische Türme, gigantische Gräber und imposante Brunnentempel. Archäologische Funde datieren die Ursprünge der Nuraghen-Kultur auf etwa 1800 v. Chr. Ihre Blütezeit erlebte die Zivilisation in der sogenannten Bronzezeit zwischen 1500 und 500 v. Chr. Dafür stehen noch heute die Ruinen von Albucciu, La Prisgiona, Palmavera, Su Nuraxi, Losa, Santu Antine, Arrubiu u. v. m, die Jahr für Jahr Hunderte Urlauber anziehen.

Geheimnisse einer vergangenen Kultur

Die monumentale Nuraghe, nach dem die Kultur der Insel benannt ist, ist eine der größten archäologischen Entdeckungen Sardiniens. Mehr als 3000 solcher Rundtürme haben Forscher inselweit ausgegraben, ebenso viele wurden archäologisch nachgewiesen. Als die Menschen vor rund 3500 Jahren die Warten aus tonnenschweren, mörtellos aufeinandergeschichteten Steinbrocken errichteten, statteten sie die Nuraghen mit einem Kraggewölbe, Lichtschlitzen, Nischen sowie Rampen oder Treppen zur Turmkrone aus. Viele der zwei-, wenn nicht sogar dreistöckigen Rundtürme wurden später in mehrtürmige gepanzerte Festungen mit Innenhof und Wehrgängen verwandelt. Doch wozu hatte man diese erstaunlichen Türme gebaut? Nicht alle Forscher sind davon überzeugt, dass die Nuraghe, in der die Menschen bei kriegerischen Auseinandersetzungen Zuflucht fanden, einen reinen Verteidigungszweck erfüllte. Einige sind der Meinung, dass die Warten auch Sternguckern dienten, die dort den Lauf der Gestirne verfolgten. Für andere gelten manche der bronzezeitlichen Türme auch als Heilstätten. Da die Archäologen immer wieder neue Funde freilegen, ist die Enträtselung der Nuraghen ein noch lange nicht abgeschlossenes Kapitel.

Sardiniens UNESCO-Schatz

Auf einer baumlosen Hügelkuppe in der Nähe von Barumini stieß Sardiniens Chef-Archäologe Giovanni Lilliu in den 1940er-Jahren auf einen seltsamen Brunnen. Stößel, Obsidian-Abschläge, Kohlereste und Muschelschalen in den umgebenden Erdschichten legten die Vermutung nahe, der Forscher habe eine Nuraghe entdeckt. Und genau so war es. Beim rund 3300 Jahre alten Turmbau Su Nuraxi, der seit 1997 zum Weltkulturerbe der UNESCO zählt, handelt es sich um den größten jemals auf Sardinien freigelegten Nuraghen-Komplex aus der Bronzezeit, wenn man das Nuraghen-Dorf dazurechnet. Das erste Gebäude war der Mittelturm, erbaut im 15. Jahrhundert v. Chr. aus heimischen Basaltbrocken. Es folgten ein Mauerring und vier Ecktürme. Später kamen weitere Warten und Wälle sowie etwa 150 Rundhütten hinzu.

Kraftorte und Kultplätze der Nuragher

In der Bronzezeit muss viel los gewesen sein auf Sardinien. Vielleicht war damals auf der Insel sogar mehr los als heute. So erstaunte es die Archäologen nicht, ständig auf neue archäologische Funde zu stoßen. Vor allem Großsteingräber und Brunnenheiligtümer weckten ihr Interesse. Rund 800 Hühnengräber in Form einer Gebärmutter, die einem Stierschädel ähnelt und den Schoß der Großen Mutter symbolisiert, sind auf der Insel entdeckt worden. Zu den besterhaltenen gehören die Gräber von Capichera, Li Lolghi, Coddu Vecchiu, Madau und Sa Domu 'e S'Orcu. Offensichtlich glaubten auch die Menschen rund 1500 Jahre v. Chr. an ein Leben nach dem Tod. Vielleicht führte das Gebot, Gegenstände mit ins Grab zu legen, dazu, dass sie Megalithgräber errichteten. Möglicherweise fühlten sie sich aber auch den Göttern gegenüber dazu verpflichtet. Ein wichtiges Element des religiösen Lebens der Nuragher war auch die Verehrung von Quellen und Brunnen. Von nah und fern kamen die Menschen, um z. B. in Sa Testa, Santa Cristina, Santa Vittoria oder Su Tempiesu uralte Wasserrituale zu zelebrieren.

Westen & Nordwesten

24 Das Paradies kann warten – Stintino

Karibik im Mittelmeer

Blütenweißer Strand und azurblaues Wasser – wer hier an einschlägige Tropenparadiese denkt, kennt Stintino noch nicht. Am äußersten Zipfel der Nordwestküste, knapp fünf Kilometer vom kleinen Fischerort entfernt, lockt zwischen immergrüner Macchia und türkisblauem Meer die weiße Spiaggia La Pelosa. Ein kleines Stück Karibik mitten in Europa.

Im Hochsommer strömen Einheimische wie Touristen in Scharen an die Spiaggia La Pelosa, dann liegt man hier wie die Sardinen in der Büchse (unten); in der Nebensaison ist kaum noch jemand am Strand (oben rechts); die Basilica di San Gavino im Wohngebiet von Porto Torres (rechts unten).

Eine kleine, flache Landzunge im Golfo dell'Asinara, Salzlagunen, karger Schieferfelsen, zwei schmale Fjorde, ein junges Dorf und etliche kleinere sowie größere Fels- und Sandstrände – das ist Stintino. Erst 129 Jahre ist es her, dass das Fischerdorf auf dem Capo Falcone gegründet wurde. Als Italien Ende des 19. Jahrhunderts ein Straflager auf der dem Kap vorgelagerten Asinara-Insel bauen ließ, mussten die Familien, die das Eiland bewohnten, ihre Heimat verlassen. Die neuen Häuser, Plätze und Höfe der einstigen Thunfisch-Fischer entstanden 1885 an zwei schmalen Fjorden im Osten der flachen, baumlosen Halbinsel. Ein Aufenthalt im kleinen Fischerort ist allerdings nur kurz: Das moderne Zentrum mit rechtwinklig angelegten Straßenzügen ist klein und überschaubar. Aufschlussreich ist eigentlich nur das Thunfischfangmuseum, das in einem ehemaligen Gebäude für Fischverarbeitung mit Blick auf den Porto Minori, den alten Hafen, liegt. Es erinnert an die Fischer, die dem Meer einst ihren Lebensunterhalt abtrotzten, aber auch an das Schicksal der Thunfische, die hier nach der Tradition der *Mattanza*, was so viel wie abschlachten bedeutet, gefangen wurden. Im Sommer zieht das Dorf Touristenscharen an, denn wer an einen Ausflug nach Stintino denkt, meint damit La Pelosa.

Traumstrand La Pelosa

Der kalkweiße, flach abfallende Strand La Pelosa ruht zu Füßen des Capo Falcone an einer kleinen Meerenge vor der Isola Piana. Wer hier

Das Paradies kann warten – Stintino

im weiß leuchtenden Sand steht und über das ultratürkisblaue Meer blickt, kann bis hinüber zur unter Naturschutz stehenden Asinara-Insel sehen. Unverbaut und mit klarstem Wasser gesegnet, ist diese Strandperle einer der größten Trümpfe der Nordwestküste. Gäbe es Palmen und tropische Fische, könnte man sich in der Karibik wähnen, und nicht auf der italienischen Mittelmeerinsel Sardinien.

Gut geschützt von den Klippen des Kaps und den Eilanden Piana und Asinara bietet der Strand, der von seiner Form einem Dreieck ähnelt, beste Badebedingungen: Er fällt seicht ab, und auch wenn ein kräftiger Mistral weht, gibt es kaum Wellen. Im Hintergrund kleine Sanddünen und hier und da einige Wacholderbüsche. Nur wenige Meter entfernt thront auf einem begehbaren, klitzekleinen Eiland die markante Torre della Pelosa – ein stumpfkegeliger Schieferturm aus dem 16. Jahrhundert, der dem karibisch anmutenden, kurzen Sandstreifen seinen Namen gegeben hat. Zur Saison bevölkern Touristen aus aller Herren Länder den Strand. Wirklich traumhaft ist es dort daher nur im Frühjahr und Herbst, wenn vom Meer her schon oder immer noch ein laues Windchen weht und die seichte Brandung mit einem Plätschern im Sand ausrollt. Kein Gedränge, kein Gebrüll, keine Bars – genau der richtige Ort, um abzuschalten.

Ein Stück Wildnis am Capo Falcone

Am Nordende der Halbinsel stürzt ein großer Schieferfels steil in das tiefblaue Meer hinab: im Westen schroffe von Wind und Meer umtoste Klippen, in deren Felsspalten noch der Wanderfalke nistet, im Osten ruhige, seicht abfallende Strände mit kristallklarem Wasser. Das Capo Falcone verkörpert die Kraft von Meer und Wind. Von der Landspitze hat man einen atemberaubenden Blick auf das glasklare Wasser, die Torre della Pelosa, die Isola Piana und die Asinara-Insel. An der Westseite des Kaps ragt ein weiterer Wachturm 189 Meter ü. d. M. in den Himmel: Die 1577 errichtete Torre del Falcone, die bei gutem Wetter einen unvergesslichen Blick bis nach Porto Torres und Castelsardo freigibt. Ein perfekter Ort, um auf das Meer zu schauen und dieses wunderbare Gefühl von Freiheit in sich zu fühlen.

BASILICA DI SAN GAVINO

Imposant und anmutig zugleich: Die Basilika des heiligen Gabinus im nur 17 Kilometer entfernten Porto Torres ist nicht zu übersehen. Die Kirche aus dem 11. Jahrhundert ist eines der größten Beispiele romanischer Architektur und mit seinem ausgedehntem Langhaus und den zwei endständigen Apsiden ein Unikat auf der Insel. Das Gotteshaus ist den christlichen Märtyrern Gabinus, Proto und Gianuario gewidmet, die um das Jahr 303 n. Chr. unter den Kaisern Diokletian und Maximilian in Turris Libisonis, dem heutigen Porto Torres, enthauptet wurden. In der Krypta werden angeblich ihre Reliquien aufbewahrt. Heute pilgern Gläubige, Kunstinteressierte und Ausflügler zur Basilika – und das nicht nur zu Pfingsten, wenn zu Ehren des heiligen Gabinus alljährlich zur traditionellen Wallfahrt und Kirmes eingeladen wird. Kirche und Krypta können täglich besichtigt werden (nicht während der Gottesdienste).

WEITERE INFORMATIONEN

www.basilicasangavino.it,
https://it-it.facebook.com/proloco.stintino,
www.mutstintino.com

Außenstelle Fornelli: Dem Gefängnis trauert niemand nach. Im Gegenteil. Man ist froh, es losgeworden zu sein, denn die Kulturlandschaft des Eilands zählt seither zu den wichtigsten Naturreservaten von Sardinien.

25 Schwere Jungs und weiße Esel – Asinara

Wo Mafiabosse und Brigadisten einsaßen

Jahrelang war Asinara die Heimat schwerer Jungs. Außerordentlich hoch waren die Sicherheitsvorkehrungen, als 1971 auch die ersten verurteilten Mafiabosse eintrafen. Vor 21 Jahren schloss die Strafanstalt ihre Pforten. Heute ist das Eiland eine der letzten Bastionen vieler bedrohter Tierarten.

Die vor dem Capo Falcone schlummernde ehemalige Gefängnisinsel Asinara ist gerade einmal 18 Kilometer lang und an ihrem engsten Punkt nur 290 Meter breit. Im Inland zieht sich spärlicher, niedriger Bewuchs kilometerweit über sanfte Hügel und flache Ebenen, die von brachliegenden Wein- und Kornfeldern überzogen sind. Das Ackerland ist ehemaliges Menschenwerk, denn früher bauten die Häftlinge des einstigen Straflagers hier Getreide und Reben an.

Mehr als ein Jahrhundert saßen auf Asinara Kriegsgefangene aus dem Ersten Weltkrieg und die schlimmsten Verbrecher Italiens ein. Die Lage der 1885 gegründeten Strafkolonie, umgeben von karger Vegetation, rauem Küstenland und Meer, war ideal. Kaum vier Seemeilen sind es zum Festland, nur 20 Minuten auf einem schwankenden Schiff, doch die starke Strömung um die Insel machte ein Entkommen unmöglich. Anfang der 1970er-Jahre eröffnete im Süden der Insel darüber hinaus die Außenstelle Fornelli, ein Hochsicherheitstrakt für Mafiabosse, Schwerverbrecher und Brigadisten. In der seit 1997 wieder von Menschen unberührten Natur sind viele vom Aussterben bedrohte Pflanzen- und Tierarten zu Hause. Zwischen Wolfsmilch, Mastixsträuchern, Zistrosen und stacheligem Dornginster grasen graue und weiße Esel. Schillernde Eidechsen und zarte Blattfingergeckos wuseln in der Dämmerung über schroffe Steine. In den steilen Felsen brüten Wanderfalken, Krähenscharben und Sturmschwalben. An der Punta della Scomunica und im Gebiet von Tumbarino sind Mufflons, Ziegen und Wildschweine unterwegs.

INFO: www.parcoasinara.org

26 Spektakulärer Tempelturm – Monte d'Accoddi

Exot aus der Zeit vor den Nuraghen

Eine künstliche Terrasse, eine stufenlose Rampe und kultische Steine. Seit den 1950er-Jahren versuchen Italiens Altertumsforscher die Geschichte des megalithischen Altarbaus nördlich von Sassari zu rekonstruieren. Einen vergleichbaren Tempel gibt es bisher im gesamten Mittelmeerraum nicht.

Unter dem Hochtempel stieß man auf ein weiteres Heiligtum. Wahrscheinlich hatten die Jungsteinzeit-Architekten die Kultstätte nach einem Brand einfach neu überbaut.

Als der Architekt Ercole Contu um 1952 den Auftrag erhielt, an einem eindeutig künstlichen Hügel in einer kalkhaltigen Ebene auf halbem Weg zwischen Sassari und Porto Torres zu graben, vermutete er unter der dicht bewachsenen, sechs bis sieben Meter hohen Wölbung eine Nuraghe aus der Bronzezeit. Doch schon bald stellte der Wissenschaftler fast ungläubig fest, dass die einfache Erhebung keinen trutzigen Rundturm, von denen es so viele auf der Insel gibt, sondern einen Hochtempel aus der Jungsteinzeit überdeckt hatte.

Riesige Ausmaße

In jahrelanger, mühseliger Grabarbeit rekonstruierten die Forscher das Bild dieses einzigartigen sardischen Heiligtums aus der Ozieri-Kultur (um 32.–28. Jahrhundert v. Chr.): Die uralte, knapp 75 Meter lange Tempelanlage, die insgesamt 1600 Quadratmeter einnimmt, muss eine Art Götterberg gewesen sein – wie es ihn häufig in Mesopotamien gab. Die Überreste des stufenartig angelegten religiösen Bauwerks zeigen eine zwischen sieben und 13 Metern breite sowie eine etwa 41 Meter lange durchgehende Rampe, die fünfeinhalb Meter weiter oben auf einer künstlichen Tempelterrasse endet und deren rechteckige Basis 37,5 x 30,5 Meter misst. Nie zuvor hat man auf der Insel und rund um das Mittelmeer etwas Vergleichbares gefunden. Viele Hypothesen ranken sich noch um die Ursprünge des Monte d'Accoddi: War es tatsächlich ein Zikkurat? Wer waren seine Baumeister? Woher kamen sie? Bis heute ist man sich nicht einig, und so bleibt der sensationelle Kultbau noch ein großes Rätsel der Archäologie.

INFO: www.comune.sassari.it

Norden & Nordosten

Bizarre Felslandschaften, karibische Strände und viele Inseln

Blick auf den Hafen des mittelalterlichen Städtchens Castelsardo (links); schaurige Fabelwesen aus Granitstein am Capo d'Orso (oben rechts); unter Wasser bietet Sardinien einen Querschnitt durch die Flora und Fauna des Mittelmeers (unten rechts).

Als eine der schönsten Altstädte Sardiniens thront Castelsardo malerisch auf einem Felssporn über dem Meer (oben); die pittoreske Altstadt mit ihren kleinen Gassen, verlockenden Läden und gemütlichen Bars (unten rechts); die Roccia dell'Elefante aus vulkanischem Andesit- und Trachytgestein südöstlich von Castelsardo (oben rechts).

27 Mittelalterliche Festungsstadt – Castelsardo

Altstadtidylle mit Mittelmeerflair

Dunkler Vulkanit vor tiefblauem Meer, trutziges Mauerwerk und mittelalterliche Zugbrücken, pathetische Osterprozessionen und gregorianische Gesänge, verwinkelte Gassen und Flechtarbeiten zum Staunen. Wer an der Nordwestküste unterwegs ist, findet in Castelsardo den perfekten Mix von Altstadt-Chic, traditionellen Bräuchen und südländischem Flair – Traumblicke inklusive!

Wenn die Sonne scheint, und das tut sie eigentlich immer, verbringt man die Sommertage gern am Strand. Noch schöner ist ein Besuch der mittelalterlichen Altstadt des knapp 5700 Einwohner zählenden Städtchens an der Nordwestküste von Sardinien. Sie thront hoch über dem Meer auf einem Felssporn aus Vulkanit und bietet einen herrlichen Panoramablick auf den Golfo dell'Asinara, die lang gezogene Halbinsel von Stintino und, bei gutem Wetter, bis auf die korsische Südküste. Im Hochmittelalter ließ eine Adelsfamilie aus Genua hier, auf dem vom Meer umspülten Kap, eine große Burg errichten, das Castello dei Doria. Die Festung mit geschlossenem Mauerring, Zugbrücken und Toren widerstand vielen Eroberungsversuchen, bis sie im 16. Jahrhundert, nach dem Sturz der Doria, von den Aragoniern übernommen und zusätzlich befestigt wurde. Heute bieten die Aussichtsplattformen des Schlosses einen der schönsten Blicke auf die Stadt und das Meer.

Quirliges Treiben im historischen Stadtkern

Besonders reizvolle Winkel hat auch der alte Stadtkern zu Füßen des Kastells zu bieten: blumengeschmückte, mittelalterliche Granithäuschen, verwinkelte Kopfsteinpflastergassen und viele steile Treppen, die zu Entdeckungszügen durch die historische Innenstadt einladen. Dazwischen: Eisdielen, Cafés, Restaurants, Souvenirshops und flechtende, von kleinen und großen, dicken und dünnen Körben umgebene Frauen. Hoch und mit bunt verzierter Majolika ragt die Turmkuppel der spätgotischen Kathedrale über die verschachtelten

Mittelalterliche Festungsstadt – Castelsardo

Häuser hinaus. Sehenswert ist auch die mittelalterliche Chiesa di Santa Maria delle Grazie. Der wichtigste Ausstattungsgegenstand dieses Kirchleins ist das aus dem 14. Jahrhundert stammende Lu Cristu Nieddu, eines der ältesten Kruzifixe Sardiniens.

Kult um die Korbflechterei

In den trutzigen Mauern des Castello dei Doria befindet sich auch ein kleines Korbmacher-Museum. Etliche, halbdunkle Säle der ehemaligen Burg widmen sich dort dem alten sardischen Flechthandwerk, dem Spiel mit den Formen und Farben, dem Umgang mit den Materialien und den verschiedenen Techniken des Flechtens. Aus geschickt in Handarbeit verwobenen Bastfäden und Blattwedeln der Zwergpalme zauberten Frauen und Männer früher eine Vielzahl wunderschöner Erzeugnisse, die für den alltäglichen Gebrauch in Haus und Küche benötigt wurden: Neben Körben in allen erdenklichen Formen und Größen gibt es auch Mehlsiebe, Flaschenkörbe, Reusen und die berühmten Schilfboote *Is Fassonis* aus Cabras zu sehen. Man staunt, schwärmt – und erkennt, wie kreativ diese auf Sardinien so selten gewordene Tätigkeit einst war.

Sardische Ostern Lu Lunissanti

Am Montag vor Ostersonntag feiert Castelsardo sein *Lunissanti* – eine Passionsgeschichte in mehreren, gefühlsbetonten Akten. Das Spiel beginnt bei Sonnenaufgang in der Chiesa Santa Maria delle Grazie. Nach der Messe folgt eine Prozession zur knapp fünf Kilometer entfernt liegenden Basilika Nostra Signora di Tergu. Zu diesem ergreifenden Umzug gehören drei Chöre (Lu Miserere, Lu Stabat, Lu Jesu) und die Ordensbrüder der Kirche, die für Nichteingeweihte ein wenig anmuten wie Angehörige vom Ku-Klux-Klan. Sie tragen die Symbole der Passion Christi: den Totenkopf, das Kreuz, den Hammer und die Zange. Am frühen Nachmittag geht es zurück nach Castelsardo, und sobald es dunkel wird, beginnt eine zweite faszinierende Prozession, die spätabends dort endet, wo am frühen Morgen alles begonnen hat: in der Chiesa Santa Maria delle Grazie. Ein flackerndes Meer aus Fackeln und Laternen erleuchtet dann die mittelalterlichen Gassen der Altstadt. Mit ihren weißen Kutten und Spitzhüten sehen die Ordensbrüder nachts noch gespenstischer aus als am Tag. Nicht zuletzt sind es auch die Chorgesänge, die tief bewegen.

ROCCIA DELL'ELEFANTE

Der Nachteil von besonderen Orten ist, dass man hier selten allein ist. So auch am viel fotografierten Elefantenfels, der seinen Rüssel weit über die Leitplanke der Straße nach Perfugas schwingt, und in dem Archäologen Grabkammern aus dem Neolithikum gefunden haben. Die Menschen der Jungsteinzeit wussten die urgewaltige Felslandschaft Sardiniens zu nutzen. Sie höhlten das Trachytgestein an der heutigen SS 134 aus und hinterließen zwei unterirdische Felsgräber, die der Ozieri-Kultur (um 32.–28. Jahrhundert v. Chr.) zugeordnet werden. Die Wand der jüngeren Grabstätte ist mit einem plastischen Kunstwerk versehen. Hier ist ein Stier als Protome in Vorderansicht gezeichnet, sodass nur Hörner und Kopf abgebildet sind. Die skurrile Form des Felsens, in dem die steinernen Gräber liegen, ist allerdings nicht von Menschenhand geschaffen, sondern entstand durch Wind und Wetter.

WEITERE INFORMATIONEN

www.castelsardoturismo.it,
www.sardegnacultura.it

Universitätsstadt mit Trachtenfest – Sassari

Die ewige Zweite

Sassari, die zweitgrößte Stadt Sardiniens, ist es schon lange leid, die zweite Rolle zu spielen. Schließlich war sie die erste mittelalterliche Kommune des Eilands. Als Entschädigung können die Sassaresi sich heute damit trösten, dass ihnen neben der ältesten Universität ein weiteres beachtliches Erbe geblieben ist: die Cavalcata Sarda, eines der größten Trachtenfeste der Insel.

Die Altstadt Sassaris kommt nicht an ihre Konkurrentin Cagliari heran, ist aber dennoch sehenswert (unten); Amazone zu Pferd bei der Cavalcata Sarda (oben rechts); Santissima Trinità di Saccargia: Die Fassade beeindruckt durch ihre kunstvolle Vielfalt (unten rechts).

Umgeben von einer üppigen Landschaft mit Olivenhainen und Weinbergen dehnt sich die zweitgrößte Stadt Sardiniens auf einem nach Süden abfallenden Kalksteinplateau aus. Die Siedler, die diesen lieblich anmutenden Platz südöstlich von Porto Torres ausgesucht haben, wollten sich verschanzen. Geschützt vor den andauernden Piratenüberfällen an der Küste schufen sie beste Voraussetzungen für eine günstige wirtschaftliche Entwicklung. Bereits im Mittelalter entwickelte sich Sassari zum florierenden Handels- und Warenumschlagplatz für Getreide, Gerste, Salz, Wolle, Käse und Olivenöl. Alteingesessene Familien gaben den Ton an. Es roch nach Geld, Weltoffenheit und rebellischer Gesinnung.

Aufständischer Geist

Als die Stadt 1294 zur ersten Kommune der Insel ausgerufen wurde, versuchte sie Cagliari den Rang abzulaufen. Für mehrere Jahrzehnte erlangte Sassari eine relative Eigenständigkeit und übte einen entsprechenden Einfluss auf die inselweite Politik aus. Nur mit Mühe konnten die überlegenen Machthaber, die Pisaner, Genueser und später auch die Aragonier den aufständischen Geist der Sassaresi beugen. Doch dann machte ihnen die Pest einen Strich durch die Rechnung. Im 15. und 16. Jahrhundert raffte der Schwarze Tod innerhalb weniger Tage fast die Hälfte der Bewohner hinweg. Eine bittere Erkenntnis, denn von da an war Cagliari Sassari immer eine Nasenlänge voraus.

Universitätsstadt mit Trachtenfest – Sassari

Heute wartet die lebhafte Universitätsstadt mit einem ganz eigenen Altstadtkern auf. Hier kann man, fernab vom hektischen Massenbetrieb, durch malerisch gewundene Gassen wandeln, die einst prachtvollen, heute weniger gut konservierten Palazzi betrachten und auf verträumten Plätzen verweilen. Wer in ihren Winkeln allerdings nach mittelalterlichen Mauern, Toren und Türmen fahndet, sucht vergeblich. Denn die alte aragonesische Burg wurde 1877 auf Beschluss des Stadtrates als Symbol der fremdländischen Unterdrückung niedergerissen.

Zu Ehren der Könige

Pünktlich am vorletzten Sonntag im Mai pilgern Tausende Menschen aus ganz Sardinien nach Sassari. Ihr Ziel: die Cavalcata Sarda, eines der größten Volksfeste der Insel. Am Anfang der beliebten Trachtenschau stand ein hoher Besuch, nämlich der von König Umberto I. und seiner Angetrauten, der Königin Margarethe von Italien, im April 1899. Es war die erste offizielle Visite des italienischen Königspaares auf der Insel. Neben Aufenthalten in Cagliari, Iglesias und Oristano kehrte Umberto I. am 20. April auch in Sassari ein, um im Beisein des Volkes auf der neuen Piazza d'Italia das Denkmal für seinen Vater, Viktor Emanuel II., einzuweihen. Die Sarden dankten dem Monarchen mit einem glanzvollen, nie dagewesenen Fest. Unzählige Menschen aus nah und fern, zu Fuß und zu Pferd, Akkordeon- und Launeddas-Spieler, alle prachtvoll ausgestattet, bildeten einen imposanten Zug. Auch der Aufmarsch der mehr als 600 Reiter mit aufwendig geschmückten Anglo-Arabern aus sardischer Zucht war kaum weniger prunkvoll. Für den sardischen Schriftsteller Enrico Costa liegt der Start der Cavalcata Sarda indessen noch viel weiter zurück. In seiner Enzyklopädie *Sassari* setzt der wichtigste sardische Vertreter des historischen Romans den Ursprung des Festes auf das Jahr 1711 an. Damals, in den letzten Jahren spanischer Herrschaft, hatte der Gemeinderat der Stadt Sassari einen pompösen Empfang mit Umzug und farbenfrohem Reiterspektakel für Philipp V. von Anjou ausgerichtet. Auf welches der beiden Feste die Cavalcata Sarda genau zurückgeht, ist bis heute ungewiss. Ihrem Erfolg hat die Unklarheit aber keinen Abbruch getan, denn das eindrucksvolle Folkloreschauspiel wird auch heute noch mit Begeisterung zelebriert.

GOTTESHAUS IN PISANISCHEM ZEBRASTYLE

Prächtig und erhaben, filigran, aber auch gewaltig. Noch heute zeugen die reich verzierte Fassade, der schlanke Glockenturm und die schönen Fresken der imposanten Abteikirche Santissima Trinità di Saccargia von der einstigen Pracht und Macht des Kleinkönigtums von Torres. Die mittelalterliche Basilika südlich von Sassari zählt zu Sardiniens bedeutendsten Kirchen im toskanisch-romanischen Stil. Im Sommer herrscht in dem in weißem Kalkstein und schwarzem Basalt gehaltenen Gotteshaus aus dem 12. Jahrhundert ein ständiges Kommen und Gehen. Die allein auf weiter Flur stehende ehemalige Kamaldulenserkirche ist eine beliebte Adresse für Ausflügler, die nicht nur die feinsandigen Strände der Marina di Sorso im Sinn haben. Am schönsten zeigt sie sich außerhalb der Saison und im milden Abendlicht, wenn die Pilgerströme vorbeigezogen sind und sie von der untergehenden Sonne angestrahlt wird.

WEITERE INFORMATIONEN

www.comune.sassari.it,
http://turismosassari.it

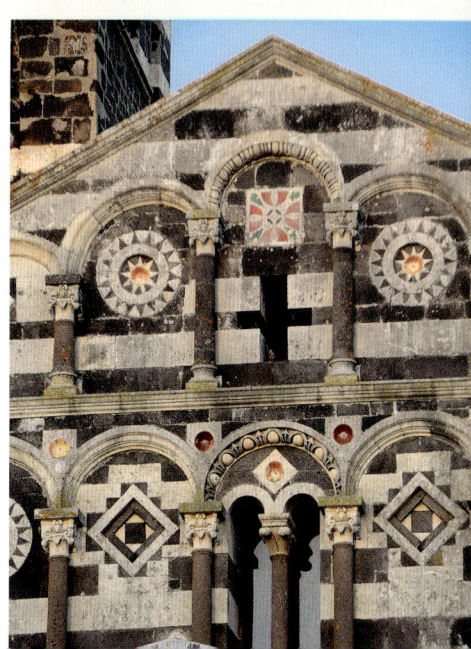

Sardinien zum Feiern

Kirchlich, bunt und zottelig: die aufregendsten Feste der Insel

Langeweile? Pustekuchen! Mehr als 300 Tage im Jahr sind die Sarden in Feierlaune, denn nahezu jedes Dorf hat ein eigenes Fest. Einige traditionelle Veranstaltungen wie die Sartiglia, die Cavalcata Sarda und die Corsa degli Scalzi finden seit Jahrhunderten statt. Andere wie die Primavera-Feste sind ganz neu hinzugekommen.

Laut und bunt geht es auf den Frühlings- und Herbstfesten der Insel zu (oben). 312 n. Chr. besiegte Konstantin I. seinen Gegner Maxentius an der Milvischen Brücke – die Ardia bei Sedilo erinnert daran (rechts oben). Bei der Corsa degli Scalzi tragen alle Teilnehmer unten ohne (unten). In weiße Kutten gehüllt, vergegenwärtigen die Männer der Körperschaften das Christenmysterium (rechts unten).

Volksfeste mit Heiligenstatuen, übergroßen Kerzen, singenden Gläubigen und gutem Essen gibt es auf Sardinien überall. Gleichzeitig lassen viele Festivals alte Bräuche wieder aufleben. Von wilden Pferde- oder Eselrennen bis hin zum großen Trachtenumzug ist hier alles dabei.

Jecken im Schafspelz

Spazierengehen in Mamoiada, Orotelli oder Ottana ist an Karneval eine haarsträubende Angelegenheit – die Straßen und Plätze sind übersät mit Zottelviechern, Gruselgestalten und Lassowerfern. Mit scheppernden Schellen und furchteinflößenden Masken zelebriert das Herz der Insel den schaurig-schönen Carnevale Barbaricino. Ähnlich wie die mexikanischen Vaqueros nutzen die Teilnehmer Seilschlingen und biegsame Stöcke, wenn das eine oder andere finstere Geschöpf auf die Menge losgehen will. Doch die Sache ist glücklicherweise harmlos und dem anfänglichen Entsetzen folgt alsbald ein befreiendes Gelächter.

Parade der Kapuzenträger

Gemäßigter geht es in der Settimana Santa (Karwoche) zu, wenn Tausende Gläubige inselweit mit Bußprozessionen an das Leiden Christi erinnern. In weiße Umhänge gehüllt und mit spitz zulaufenden Zipfelkapuzen ziehen sie durch die Altstädte und Dörfer. Eine weitere Tradition ist das »Begräbnis Christi« am Karfreitag. Seit Jahrhunderten wird Jesus beispielsweise in Alghero oder Scano di Montiferro symbolisch zu Grabe getragen. In Oliena wird Ostern dafür so ausgelassen und laut gefeiert wie sonst nirgendwo. Dort krachen am Sonntag Hunderte Schüsse von den Balkonen und Dächern. Und wenn die Jungfrau Maria und Jesus sich auf der Piazza begegnen, ist das Dorf im Ausnahmezustand.

Abseits der ausgetretenen Pfade

Am Wochenende nach Herzenslust in gutem Essen, ausgefallenem Handwerk oder traditioneller Musik schwelgen und die warme Sonne genießen: Das ist das Großartige an den kleinen Primavera-Festen! Um den Tourismus zu fördern, gibt es neuerdings jede Menge Frühlingsfeste – sozusagen als Pendant zu den »Autunno in Barbagia«-Feiern im Herbst. Gemeinsam haben beide, dass sie Besucher in die weniger bekannten Küstendörfer und ins Inland locken sollen.

Die Leidenschaft der Sarden

Pferde haben auf die Sarden denselben Effekt wie Black-Friday-Deals auf Schnäppchenjäger: Sie machen sie völlig verrückt. Von Mai bis Oktober vergeht kaum ein Wochenende ohne Pferderennen. Besonders wild ist die Ardia in Sedilo, ausgesprochen prestigeträchtig der Palio di Fonni, überraschend bühnenreif die Cavalcata Sarda in Sassari, bei der es die schönsten Trachten zu bestaunen gibt. Die Pferdeshow gilt nicht umsonst neben der Sagra del Redentore in Nuoro als größter Laufsteg für Trachtenmode. Doch auch zur Faschingszeit, jagen die Reiter über Sandbahnen dem Ziel entgegen. Zwei Rennen mit tollkühnen Akrobatikeinlagen gehören zu den beliebtesten Karnevalsveranstaltungen: die Sartigia in Oristano und Sa Carrela 'e Nanti in Santu Lussurgiu.

Fromme Gelübde

Gelübde und deren Einlösung stehen auf Sardinien über allem. Wer erleben will, wie die Sarden ihren Schwur leisten, sollte im Mai nach Cagliari oder im August nach Sassari fahren. Im 16. und 17. Jahrhundert wurde in beide Städten die Pest eingeschleppt. Tausende Einwohner starben. Alsbald schworen die Sassaresi, der Mutter Gottes mit einer Kerzenprozession (Faradda di li candareri) und die Cagliaritani, dem heiligen Ephisius mit einem großen Fest (Festa di Sant'Efisio) zu huldigen, falls den Seuchen Einhalt geboten werde. Tatsächlich klang die Pest allmählich ab und die Gläubigen begannen, übergroße Holzkerzen und die Statue des Heiligen durch die Straßen zu tragen.

An der Spiaggia Li Cossi: Heute dominiert die Einsamkeit in diesem Landstrich vor allem außerhalb der Saison.

29 Im Bann der Farben – Trinità d'Agultu e Vignola

Roséfarbene Granitküsten, weiße Sandstrände und smaragdblaues Meer

Isola Rossa, »Rote Insel«: Der Ort an der Nordküste hält, was sein Name verspricht. Die schmale Halbinsel mit Blick auf das gleichnamige kleine Felseiland funkelt in der Sonne wie ein roter Aventurin. Nordöstlich davon bezaubert die bizarre Felsküste der Costa Paradiso mit ihrer Schönheit.

Spröde Klippen ragen ins azurblaue Meer hinaus, lauschige Buchten und lange Sandstrände ziehen sich die Küste entlang, davor erhebt sich ein winziges Eiland: Die Isola Rossa mit ihren knapp 100 Einwohnern liegt nordwestlich von Trinità d'Agultu e Vignola und trägt den Namen der ihr vorgelagerten Insel. Der Badeort mit kleinem Jachthafen ist berühmt für sein mattrotes Granitgestein, für seine hellen Sandstrände und sein glasklares Wasser. Hier schweift der Blick über rosafarbene Steine, das Grün der Macchia und das smaragdblau schimmernde Meer. Nur wenige Meter vom Wasser entfernt steht ein pittoresker Wehrturm, der im 16. Jahrhundert von den Aragoniern gebaut wurde, um den Anlegeplatz vor sarazenischen Piraten zu verteidigen. Vor allem am Nachmittag, wenn die Sonne die wie von leichter Hand dahingewürfelt anmutenden Porphyrfelsen in ein warmes Licht taucht, bietet die Halbinsel ein Farbenspiel von unendlicher Vielfalt und Schönheit.

Paradiesische Küste

Drei Buchten weiter erstreckt sich die atemberaubende Costa Paradiso. Dieser zauberhafte Küstenabschnitt ist voller struppiger Mastixsträucher, zart duftender Erdbeerbäume, bizarrer, roséfarbener Granitfelsen, glasklarer Badegumpen und klitzekleiner, steiniger Buchten, die oft nur auf dem Seeweg zu erreichen sind und meist kaum Platz für eine Großfamilie bieten. Hat man die Häuser der Feriensiedlung im Rücken, blickt man auf zerklüftete Felsen, sanfte Hügel und einen der schönsten Strände der Insel: den Strand von Li Cossi. Bei Sonnenuntergang absolut romantisch.
INFO: www.sardegnaturismo.it/de

30 Wildnis, Weiden, Banditen – Valle della Luna

Grüne Tallandschaft mit bizarren Felsgestalten

Fantastische Granitsteinformationen, vereinzelte Stein- oder Korkeichen und Felder: Das Tal des Mondes bei Aggius ist einer der Touristenmagnete im Inselnorden. Wer der Einsamkeit entkommen will, besucht wenige Kilometer entfernt das idyllische Bergdorf Aggius mit seinen schmucken Häusern und Gassen.

Nur wenige andere Dörfer der Region sind in ihrer Architektur so sardisch geprägt wie Aggius.

Wer von Triniá d'Agultu e Vignola in Richtung Aggius reist, braust zwischen bizarren Felsformationen umher. Mit jedem Kilometer, den es weiter ins Inland geht, wird es einsamer und die Landschaft eindrucksvoller. Meterhohe Findlinge, bizarr geformte Granitbrocken und ausgeprägte *Tafoni* erinnern an eine Kraterlandschaft. Nicht umsonst wird die Piana dei Grandi Sassi auch Tal des Mondes genannt.

Steinerne Giganten aus dem Quartär

Die inmitten duftender Macchia und grüner Wiesen in die Höhe ragenden gigantischen Felsen sind im quartären Eiszeitalter entstanden und durch Erosion ans Tageslicht gekommen. Gletscher, Wasser, Wind und Sonne haben die riesigen Gesteinsbrocken abgeschliffen und daraus fantastisch wirkende Gestalten von wilder Schönheit gemacht. Heute ist diese friedliche Ebene, in der auch seltene Tiere und Pflanzen leben, noch weitgehend unberührt. Kühe grasen auf den Weiden, und auf den Feldern wogen Gerste und Hafer im Wind. Nur wenige Kilometer südlich windet sich die Straße in langen Serpentinen und mit herrlichen Panoramablicken in das schöne Dorf Aggius. Der malerisch in die herrliche Landschaft der Gallura eingebettete Weiler galt jahrhundertelang als Hochburg von Banditen und Räubern. Im Wirrwarr der Gassen stößt man auf blumengeschmückte Häuser mit Granitsteinfassade und auf stattliche Kirchen. Ruhige Plätze säumen gepflasterte Straßen, die zu zwei kleinen Museen führen, von denen eines volkskundliche Schätze hütet und das andere das Leben der Ganoven darlegt.

INFO: www.aggiuscomunitaospitale.it

Route durch den Norden

Steine, Stars und Spazierwege

Der Norden hat viele charaktervolle Gesichter: Castelsardo, die alte Festungsstadt am Wasser. Porto Cervo, der so aparte wie exklusive Ferienort an der Smaragdküste. Bizarre Felsformationen, die an verzauberte Märchenfiguren in einem Land von Riesen erinnern. Pfade für Abstecher in die Natur und Bootsausflüge für Unternehmungslustige.

Oft machen Sardinien-Urlauber nur an den Stränden halt. Dabei wäre es so einfach, noch mehr Eindrücke zu gewinnen. Eine erste Tour kann in Castelsardo, nordöstlich von Sassari, starten. Wer hier ein bisschen gebummelt, den Korbflechterinnen zugeguckt oder gerastet hat, ist frisch für ein paar Kilometer auf der SP 90. Die Landstraße führt in Richtung Nordosten über Valledoria und Badesi bis ans Capo Testa. Wer mag, kann kleine Erlebnisstopps einlegen, zum Beispiel am Elefantenfelsen, der seinen Rüssel über die Leitplanke der SS 134 schwingt, oder auf der Landzunge Isola Rossa. Knapp zehn Kilometer weiter heißt es dann Ausschau halten nach den Schildern zur »Costa Paradiso«, zur Paradiesküste also, an der sich einer der schönsten Strände der Insel versteckt. Wer möchte, kann hier einen Badestopp einlegen, oder gleich wieder hinter das Lenkrad klettern und zunächst nach Santa Teresa Gallura fahren und dann ans Capo Testa. Hier laden einzigartige Felsformationen zu einer fantastischen Pause ein.

Nach der Autofahrt folgt die Seefahrt

Auf einer zweiten Tour mit Ausgangspunkt Olbia geht es an die Nordostküste. Über Cugnana und Portisco führen die SP 73 und SP 94 nach Porto Cervo, dem Jachthafen und Nobelort, der es zu Weltruhm gebracht hat. Hier gastiert jedes Jahr der Maxi Yacht Rolex Cup, die Segelprominenz kommt und mit ihr all die Schönen und Reichen, die hier vor Anker gehen, Partys feiern und Geld ausgeben. Ein Bummel durch den Ort ist vor allem im Sommer empfehlenswert. Und danach? Ab ins Inland – über die SP 59, SP 14 und SS 133 nach Aggius zu cruisen wäre eine Variante.

Oder weiter auf der Küstenstraße gen Baja Sardinia – und später über die SP 13 in Richtung Palau. Kurz vor dem Hafenstädtchen, von dem die Schiffe ins La-Maddalena-Archipel ablegen, zweigt die Straße rechts zum berühmten »Felsenbär« ab. Abenteuerlustige können aber auch nach La Maddalena übersetzen und die herrlichen Strände und eine ausgezeichnete traditionelle Fischsuppe *Zimminu* genießen.

Tour zum Naturpark

Schließlich die dritte Tour: Sie führt auf der SS 125 südlich von Olbia die Ostküste entlang. Hier liegen die bekanntesten – und somit nicht unbedingt leersten – Ferienorte der Insel. Die Straße führt durch San Teodoro, Porto Ottiolu, Budoni, La Caletta, Capo Comino und andere Orte, in denen Wassersportler und Birdwatcher auf ihre Kosten kommen. In den Restaurants und Cafés herrscht eine entspannte Atmosphäre, Bars und Clubs locken zur Saison mit einem bunten Nachtleben. Wer mehr Ruhe will, fährt noch ein Stückchen weiter zu den Oasi Biderosa. Im Naturpark lassen sich fünf Bilderbuchbuchten in aller Ruhe genießen. Mit kleinen Hügeln, dichter Macchia und tiefblauen Lagunen ist das Reservat auch ein ideales Spazierziel. Wenn die Füße vertreten sind und der Körper erfrischt ist, bietet sich die Weiterfahrt von der Oase nach Orosei an. Hier kann man durch die verwinkelten Gassen bummeln, später köstlich essen gehen – und wenn die Nacht den Blick auf die teils grob verputzten Bruchsteinhäuser verdunkelt, kann man das weinschwere Haupt zum Beispiel im Hotel Anticos Palathos ins Kissen fallen lassen.

Castelsardo: Bezaubernder Küstenort mit Festung und Meerblick

INFOS & ADRESSEN

Wo geht's zum nächsten Strand? Irgendwann reicht es mit Autofahren und Sightseeing. Irgendwann will man auch bei der tollsten Spritztour einfach nur zur Ruhe kommen. Gut, wenn es dafür einen schönen Strand mit super Ausblick gibt. Südlich von Olbia reiht sich eine tolle Badebucht an die andere: Porto Istana, Porto Taverna, Lu Impostu, Cala Brandinchi und La Cinta – alle mit klasse Blick auf die imposante Silhouette der Tavolara-Insel. Wer Lust hat, kann per Boot auf das mehr als 500 Meter steil aus dem Wasser aufragende Eiland übersetzen.

WEITERE INFORMATIONEN

Hotel Anticos Palathos in Orosei: www.anticospalathos.com
Überfahrten nach Tavolara ab Porto San Paolo hin und zurück je 15–20 Minuten. Im Sommer täglich, im Frühjahr nur an den Wochenenden. Infos und Tickets: www.tavolaratraghetti.it
Fährschiffe nach La Maddalena ab Palau hin und zurück je 15 Minuten. Infos und Tickets: www.delcomar.it

Restaurierte und nicht mehr funktionierende ehemalige Signallampe der italienischen Marine am Capo Testa (oben); das Meer und der Wind haben am Kap bizarre Gesteinsformen aus Granit geschaffen (rechts).

31 Wunderland der Felsformationen – Capo Testa

Das Sehnsuchtsziel im Norden

Das Capo Testa gehört zum Spektakulärsten, was Sardiniens Natur zu bieten hat. Fantastische von Wind und Wetter geformte Granitfelsen prägen über viele Quadratkilometer hinweg das Landschaftsbild. Gleich nebenan liegt in traumhafter Lage Santa Teresa di Gallura mit Blick auf die Straße von Bonifacio und Korsika. Ein idealer Ausgangspunkt, um den nördlichsten Zipfel der Insel zu erkunden.

Am Capo Testa hat die Natur bizarr geformte Granitfelsen, wunderschöne winzige Badebuchten und eine der beeindruckendsten Landschaften der Gallura geschaffen. Die kreisförmige, vollkommen vom Wasser umspülte Landzunge, die über einen kleinen Damm mit dem Festland verbunden ist, wartet mit tosenden Winden und einem blau funkelnden Meer auf. Wasser, Sonne und Wind haben hier einzigartige Felsformationen hervorgebracht, die vor Jahrmillionen entstanden sind. Je nach Form des Gesteinsblocks meint man Menschenköpfe, Tiergestalten, Riesen, Pilze oder Fabelwesen zu sehen. Schmale Trampelpfade schlängeln sich durch die steinerne Naturszenerie hinunter zu den Buchten oder hinauf zum Leuchtturm, der die Meerenge zwischen der französischen Insel Korsika und Sardinien bewacht. Das Capo Testa bildet auch das Entree zum berühmten Mond-Tal, das die Landzunge in den 1970er-Jahren zum Sehnsuchtsziel von Hippies, Aussteigern und Rucksacktouristen gemacht hat.

Steinerne Kunstwerke der Natur und aus Menschenhand

Zwischen ausgewaschenen Spalten und Klippen mit Blick auf das Grün der Macchia, das Grau der meterhohen Felsblöcke, abgelöst vom Blau des glasklaren Wassers, über dem nachts der Mond tanzt, wähnte man sich im Valle della Luna im Paradies. Die Flower-Power von damals, zwischen bizarren Felsformationen und bestimmt vom Rhythmus der Wellen des Mittelmeers, zog zahlreiche Sonnenanbeter und Freaks aus aller Herren Länder an.

Um das Kap zu umwandern, braucht man knapp vier Stunden (unten); bei einem Spaziergang lassen sich unterschiedliche Formen und Gestalten entdecken (rechts oben); Paolo Fresu, der berühmte Trompeter aus Sardinien und Grenzgänger zwischen den Stilen, zählt zu den Besten der europäischen Jazzszene (rechts unten).

Mitte der 1980er-Jahre war das Mond-Tal so bekannt und randvoll, dass die Polizei es in mehreren Großrazzien räumen lassen musste und schließlich ein Campingverbot erließ. Das Tal von einst gibt es in dieser Form nicht mehr. Heute stranden und hausen nur noch wenige Suchende in den Höhlen und zwischen der Vegetation der Talsenke. Den Strom ins Tal Valle della Luna bilden heute vornehmlich die Tagestouristen, die mit Kind und Kegel einen Badetag an einem der schönsten Flecken Sardiniens verbringen wollen.

Lange vor den Blumenkindern, Alternativen und Urlaubern erkannten bereits die Nuragher den Reiz der Region. Spätestens die Römer aber haben dieser Landschaft einen Stempel aufgedrückt. Läuft man hinter dem Isthmus die kleine, im Sommer gut besuchte Baia di Santa Reparata entlang, gelangt man zu den Überresten eines kleinen römischen Steinbruchs. Mehrere Jahre lang baute man hier wahrscheinlich ab dem 2. Jahrhundert n. Chr. intensiv Granit ab. Vor allem in Capicciolu, Li Petri Taddati und Cala Spinosa gibt es noch Spuren, die von dieser Arbeit zeugen. Die Steine wurden nicht nur vor Ort genutzt, sondern auch nach Rom transportiert. Mehrere Granitsäulen vom Capo Testa zieren einige der wichtigsten Bauwerke der Ewigen Stadt. Aus dem Kap sollen beispielsweise auch die Pilaster des Pantheons stammen. Zudem ist die Meinung weitverbreitet, dass bei den Steinbrüchen einst auch die römische Siedlung Tibula mit Verbindungsstraßen zu den Römerstädten Olvia und Turris Libisonis, den heutigen Hafenstädten Olbia und Porto Torres, lag.

Dolce Vita und weißer Sand

Windgepeitscht und vom Meer umspült liegt auch Santa Teresa di Gallura auf einer kleinen Landzunge im Nordosten von Sardinien. Sie gilt als die nördlichste Stadt der Insel und gewissermaßen als Exot: Der Ort wurde erst 1808 auf Erlass von König Viktor Emanuel I. gegründet und schachbrettartig angelegt – ein Straßennetz von schnurgeraden, parallelen Gassen, die sich im rechten Winkel kreuzen. Über die Via Maria Teresa gelangt man zur Piazza San Vittorio mit der gleichnamigen Pfarrkirche aus dem 19. Jahrhundert. Nur wenige Schritte weiter rechts breitet sich die große Piazza Vittorio Emanuele aus – das Wohnzimmer des quirligen Ferienortes, mit vielen Bars, Restaurants und Cafés, in denen man sich nach Sonnenuntergang trifft. Hier

Wunderland der Felsformationen – Capo Testa

beginnt auch die von Läden und Boutiquen gesäumte Via XX Settembre, die zur Aussichtsterrasse Piazza Libertá führt. Die Plattform bietet einen einmaligen Blick auf den herrlichen, weißen Hausstrand Rena Bianca und die trutzige Torre Spagnola di Longonsardo, die links von der Fjordeinfahrt auf einem zerklüfteten Felskliff über dem Meer thront. Der spanische Wehrturm aus dem 16. Jahrhundert wurde auf Geheiß von König Philipp II. von Spanien zum Schutz des Hafens gebaut und zählte einst mehrere Räume sowie eine Zisterne. Ein Besuch lohnt sich allein schon deswegen, weil sich von oben eine grandiose Aussicht auf die Bocche di Bonifacio und die französische Schwesterinsel Korsika bietet. Maritimes Aushängeschild des Städtchens ist hingegen der Porto di Longonsardo. In diesem Hafen, wo einst nur Fischer-, Segel- und Motorboote an- und ablegten, bieten Restaurants, Cafés, Bars und eine Eisdiele im Sommer jetzt schöne Plätze mit Blick auf das Wasser.

Spektakuläre Strände

Die Auswahl an Traumstränden und einzigartigen Badebuchten mit immergrüner Macchia, Granitfelsen, feinem weißem Sand und türkisfarbenen Meeresfluten ist groß. Der sichelförmige, schneeweiße, zuweilen rosa schimmernde Hausstrand des Küstenstädtchens, die Spiaggia Rena Bianca, liegt eingebettet zwischen Felsklippen und dem Grün der Natur, knapp 300 Meter vom Ortszentrum entfernt. Auf dem Capo Testa liegt rechts vom Leuchtturm inmitten einer imposanten Bergformation mit Granitfelsen und glasklarem Wasser die Cala Spinosa. Die kleine Bucht ist ideal für Taucher, allerdings nicht einfach zu erreichen. Östlich von Santa Teresa di Gallura dehnt sich ein weiterer Traumstrand aus: die Spiaggia La Marmorata. Das seicht ins azurblaue Wasser abfallende Sandband dehnt sich zu Füßen der Punta Falcone aus, dem nördlichsten Zipfel Sardiniens. Im Sommer tummeln sich zahllose Urlauber an diesen Stränden, und das Küstenstädtchen platzt förmlich aus allen Nähten. Außerhalb der Saison trifft man hingegen kaum noch auf Feriengäste. Dann fühlen sich auch Hasen und Wildschweine wieder wohl. Grün glänzende Eidechsen kriechen zwischen sonnengewärmten Steinen umher und Insekten schwirren vorbei. Was für eine Idylle!

MUSICA SULLE BOCCHE: JAZZ UND MEHR

Für alle, die gute Musik mögen, ist Santa Teresa di Gallura eine ausgezeichnete Adresse. Grund dafür ist das alljährlich Ende August/Anfang September stattfindende Festival Musica sulle Bocche. Musikalisch und auch kulturell ist die Veranstaltungsreihe ein echtes Happening, denn hier wird nicht nur auf der Piazza, sondern auch in freier Natur Musik gemacht. Eindrucksvolle Naturschauplätze bieten die Kulisse für musikalische Perlen: Am Strand, am Leuchtturm, in der Kirche, auf den Plätzen und Straßen des Städtchens verschmelzen die Klänge zu einem musikalischen Gesamtkunstwerk. Ebenso vielfältig wie die Spielorte sind auch die Genres und Musikrichtungen: Neben Jazz sind Klassik und überlieferte Musik aus Sardinien zu hören. Besonders beliebt sind das Sonnenaufgang-Konzert am Rena-Bianca-Strand und das Sonnenuntergang-Konzert am windumtosten Leuchtturm von Capo Testa.

WEITERE INFORMATIONEN

www.santateresagalluraturismo.com,
www.musicasullebocche.it

32 Grandiose Ausblicke – Capo d'Orso und Punta Sardegna

Urtümliche Felslandschaften, türkisfarbenes Wasser und Jetset-Glamour

Der bizarr erodierte Roccia dell'Orso mit Blick auf den Maddalena-Archipel ziert zahlreiche Postkarten. Der markante »Bärenfels« ist seit Jahrzehnten ein beliebtes Ausflugsziel, und seine »Tatzen« sind schnell erreicht. Nicht weniger reizvoll ist die nordwestlich vorspringende Halbinsel Punta Sardegna mit spanisch angehauchtem Küstenort – in den 1960er-Jahren ein schillerndes Ziel des Jetsets.

Blick von der Cala Capra auf das Capo d'Orso und den Bärenfelsen (unten); Roccia dell'Orso: der stumme Wächter von Palau. Der Blick ist starr auf die Meerenge zwischen der Küste und den Inseln Caprera, Santo Stefano und La Maddalena gerichtet (oben rechts); die sardische Schmalspurbahn Trenino Verde (unten rechts).

Grün leuchtet die hügelige Küstenlinie südöstlich von Palau. Das Meer schimmert mal smaragdgrün, mal dunkelblau. Neben hellen Sandbuchten wölben sich malerische Felsbrocken. Majestätisch reckt der berühmte »Felsenbär« seinen Kopf nach vorn – den Blick starr auf die Meerenge zwischen der Küste des Hafenortes und dem Maddalena-Archipel gerichtet.

Seit jeher ist der hoch über dem Wasser, auf dem markanten Capo d'Orso thronende Granitfelsen das Wahrzeichen von Palau und ein Muss für jeden Sardinienreisenden. Die bizarre Felsformation entstand vor mehr als 250 Millionen Jahren im späten Paläozoikum und diente bereits in der Antike als Orientierungsmarke für Seefahrer. Schon der griechische Geograf und Astronom Claudius Ptolemäus verwies in seinem Werk *Geographia* auf einen unglaublich großen, ausgewaschenen Granitbrocken in Form eines Bären. Und selbst Homer soll die Geschichte vom Abenteuer des Odysseus im Land der Laistrygonen an diesem Küstenstrich angesiedelt haben. Doch wegen des in der *Odyssee* beschriebenen menschenfressenden Riesenvolkes kommt heute niemand hierher. Eher um der Aussicht willen, denn der Blick reicht Dutzende Kilometer die

Grandiose Ausblicke – Capo d'Orso und Punta Sardegna

Küste entlang bis zu den paradiesischen Eilanden der Inselgruppe und darüber hinaus. Wer den Gipfel des Kaps auf dem leichten, rund 500 Meter langen Fußweg erklimmt, wird mit einem phänomenalen Rundblick belohnt: Auf der einen Seite erstrecken sich das quirlige Baja Sardinia und das einsame Capo Ferro im funkelnden Sonnenlicht, auf der anderen leuchten die kleine Marina, das saphirfarbene Meer und die malerischen Inseln Caprera, Santo Stefano und La Maddalena. Bei klarem Himmel kann man sogar die strahlend weißen Kreidefelsen von Bonifacio auf der nur zwölf Kilometer entfernten französischen Insel Korsika erspähen.

Ein adeliger Weltenbummler

Nicht minder spektakulär ist der Ausblick von der Punta Sardegna. Von der sich weit ins Meer hineinschiebenden Halbinsel westlich von Palau lassen sich die herrliche Küste und das duftende, grüne Hinterland bestaunen. Auf ihrem höchsten Punkt, in Sichtweite von Korsika, hockt eine militärische Festung aus dem 19. Jahrhundert, die der Verteidigung vor dem französischen Nachbarn diente. Doch es war ein Spanier, der die einsame Landzunge Anfang der 1960er-Jahre für sich entdeckte und aus ihr einen Treff des internationalen Jetsets machte. Rafael Neville, der Sohn einer reichen, adligen Familie aus Málaga, verbrachte viele Jahre überall auf der Welt, bevor ein Traum ihn nach Italien führte. Als 17-Jährigen zog es den gebildeten jungen Mann zum ersten Mal in die Ferne. Von Andalusien pilgerte er nach Marokko, später nach Frankreich und England. Eines Tages träumte Rafael von einem kleinen Sandstrand, der von einer üppigen grünen Vegetation umfasst wurde und eine herrliche Sicht auf das azurblaue Meer und mehrere Inselchen bot. Auf der Suche nach dem Traumstrand gelangte er über Nizza und Korsika 1959 schließlich nach Sardinien. Hier etablierte er an der Punta Sardegna Porto Rafael, eine Hochburg des Jetsets. Seine internationalen Beziehungen und die Nähe zur Costa Smeralda zog vor allem eine Clique von schönen Schauspielerinnen, reichen Erben, bedeutungslosem Adel und aufstrebenden Künstlern an. Auch Hollywoodstar Shirley Douglas, die Gräfin Be Larisch und Princess Alexandra von Kent ließen sich blicken. Heute strahlt der klitzekleine Küstenort mit seinen verwinkelten Gassen und herrlichen Steinvillen Vintage pur aus, außerhalb der Saison zwar etwas verwahrlost, aber durchaus charmant.

TRENINO VERDE: MIT DER SCHMALSPURBAHN INS GRÜNE

Wer nach schönen Stränden, winzigen Küstenorten und felsigen Landspitzen noch Lust auf mehr hat, steigt in den Trenino Verde ein. Die sardische Schmalspurbahn rasselt inselweit bergauf und bergab durch das herrliche Inland. Nur einen Katzensprung vom Bärenfelsen entfernt, ist Palau an das Schmalspurstreckennetz angeschlossen. Von hier kämpft sich die eingleisige Bahn in knapp 1 ½ Stunden durch die raue Landschaft der Gallura nach Tempio Pausania. An grauen Granitfelsen, bewaldeten Hügeln und einsamen Bahnhöfen vorbei zuckelt die Bahn im atemberaubenden Tempo von 50 bis 70 Stundenkilometern über gemauerte Viadukte hinab zum Liscia-See. Dahinter säumen Korkeichen und kleine Dörfer die Eisenbahnlinie, die von da an durch das bizarre Limbara-Massiv führt. Eine Fahrt auf der mehr als 50 Kilometer langen Strecke ist eine atemberaubende Reise der Gegensätze. (Mitte Juni bis Mitte September).

WEITERE INFORMATIONEN

www.palauturismo.com,
www.treninoverde.com

Die Meerenge zwischen der Punta Sardegna und der Isola Spargi (oben); die Altstadt des sehenswerten Hafenstädtchens La Maddalena (oben rechts/links); das Museo Geo-Mineralogico Naturalistico in der alten Militärsiedlung Borgo di Stagnali auf Caprera (oben rechts/rechts); Cala Gavetta: der kleine Jachthafen von La Maddalena (unten rechts).

33 Wer ist die Schönste? – Arcipelago di La Maddalena

Trauminseln im westlichen Mittelmeer

Der traumhafte Archipel mit 62 Inseln und Inselchen liegt an der Straße von Bonifacio, der Meerenge zwischen Korsika und Sardinien. Die Inselgruppe erstreckt sich über 20 000 Hektar Land- und Wasserfläche sowie über 180 Kilometer Küstenlinie im marineblau schimmernden Meer. Die bekanntesten und größten Inseln sind La Maddalena, Caprera, Spargi, Budelli, Razzoli, Santo Stefano und Santa Maria.

Arcipelago di La Maddalena: Schon der Name weckt bei vielen Assoziationen an strahlend weiße oder rosa schimmernde Sandstrände, türkisfarbenes Meer und Traumbuchten aus verwittertem Granitgestein. Keine Frage – kaum ein Inselarchipel der Erde wird der Bezeichnung Paradies so gerecht wie La Maddalena. Obendrein ist der ganze Archipel ein Nationalpark.

Die Schönheiten der Maddalena-Inselwelt dehnen sich im Nordosten von Sardinien aus. Jede der Inseln hat ihren ganz eigenen Charme und besticht durch eine einzigartige Natur in allen Facetten.

La Maddalena ist die größte Insel und Hauptort des Archipels. Mit Ausnahme von Caprera und Santa Maria ist sie im Gegensatz zu den anderen Inseln bewohnt. Das quirlige, touristische Hafenstädtchen mit schöner Altstadt blickt auf eine nahezu 200-jährige Geschichte zurück. Durch ihre strategische Position wurde La Maddalena vom Leben und Wirken bekannter Persönlichkeiten geprägt, denn als wirtschaftliches und geistiges, militärisches und politisches Zentrum zog die Stadt große, den jeweiligen Zeitgeist mitbestimmende Persönlichkeiten an. Caprera, die zweitgrößte Insel der Gruppe, beeindruckt mit atemberaubenden Küstenstrichen, herrlichen Stränden und einer außergewöhnlichen Flora: Hier wachsen Pinien- und Steineichenwälder, Wacholderhaine und Macchia mediterranea. Wenn die

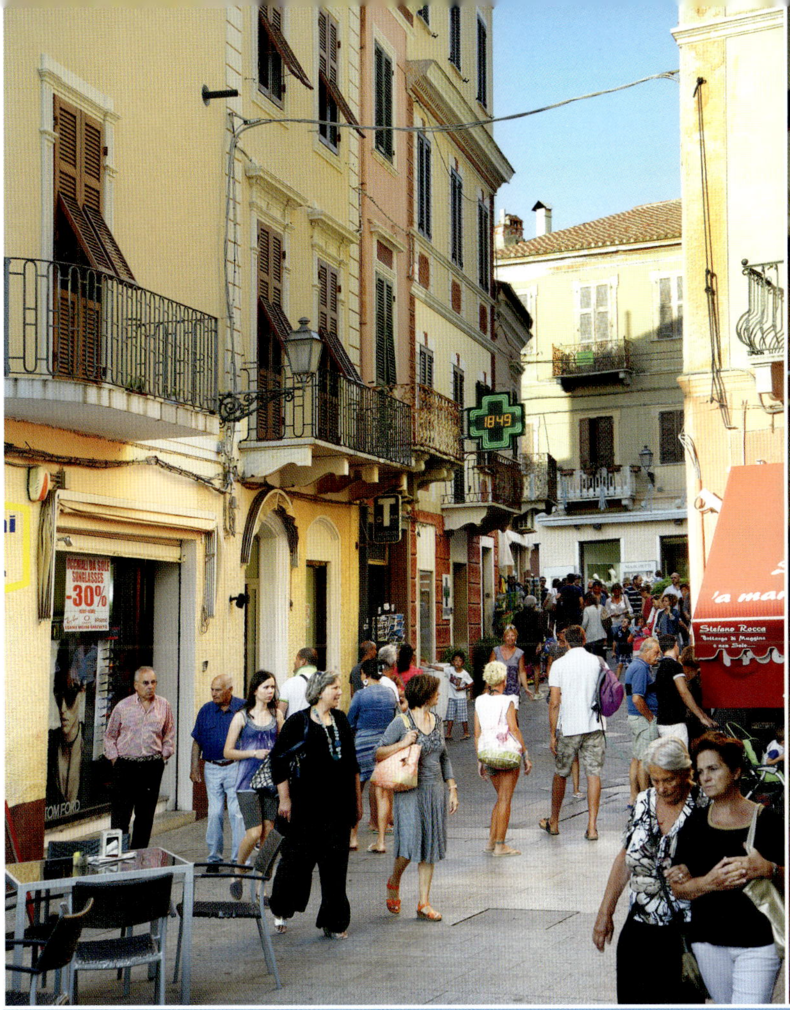
-30%
1849

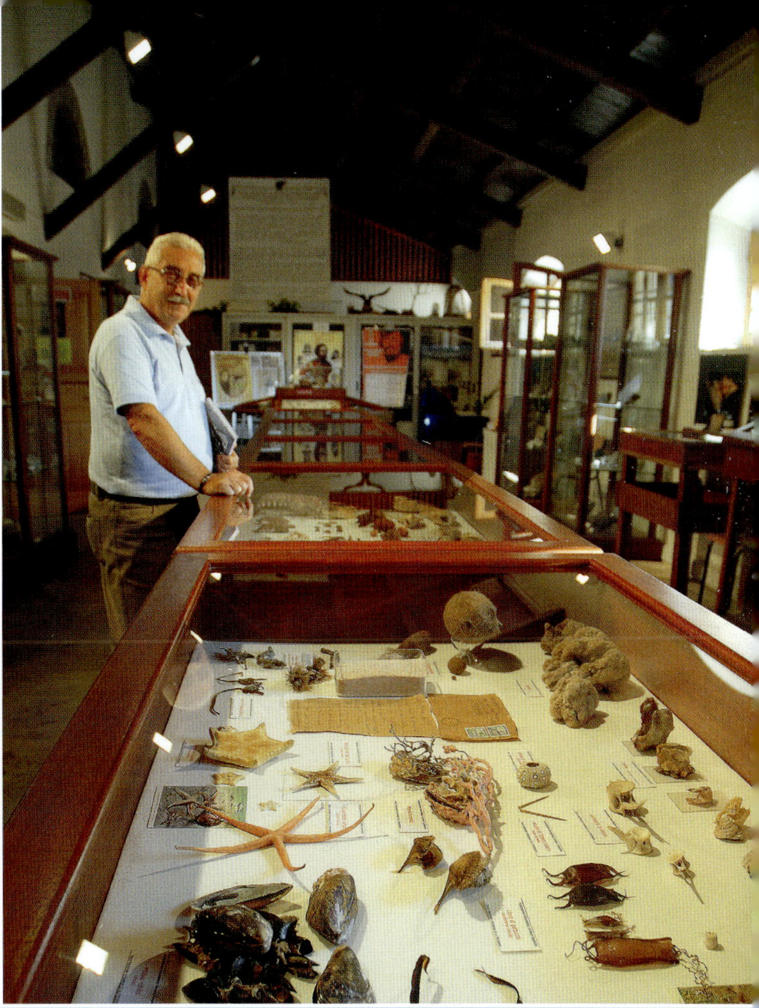

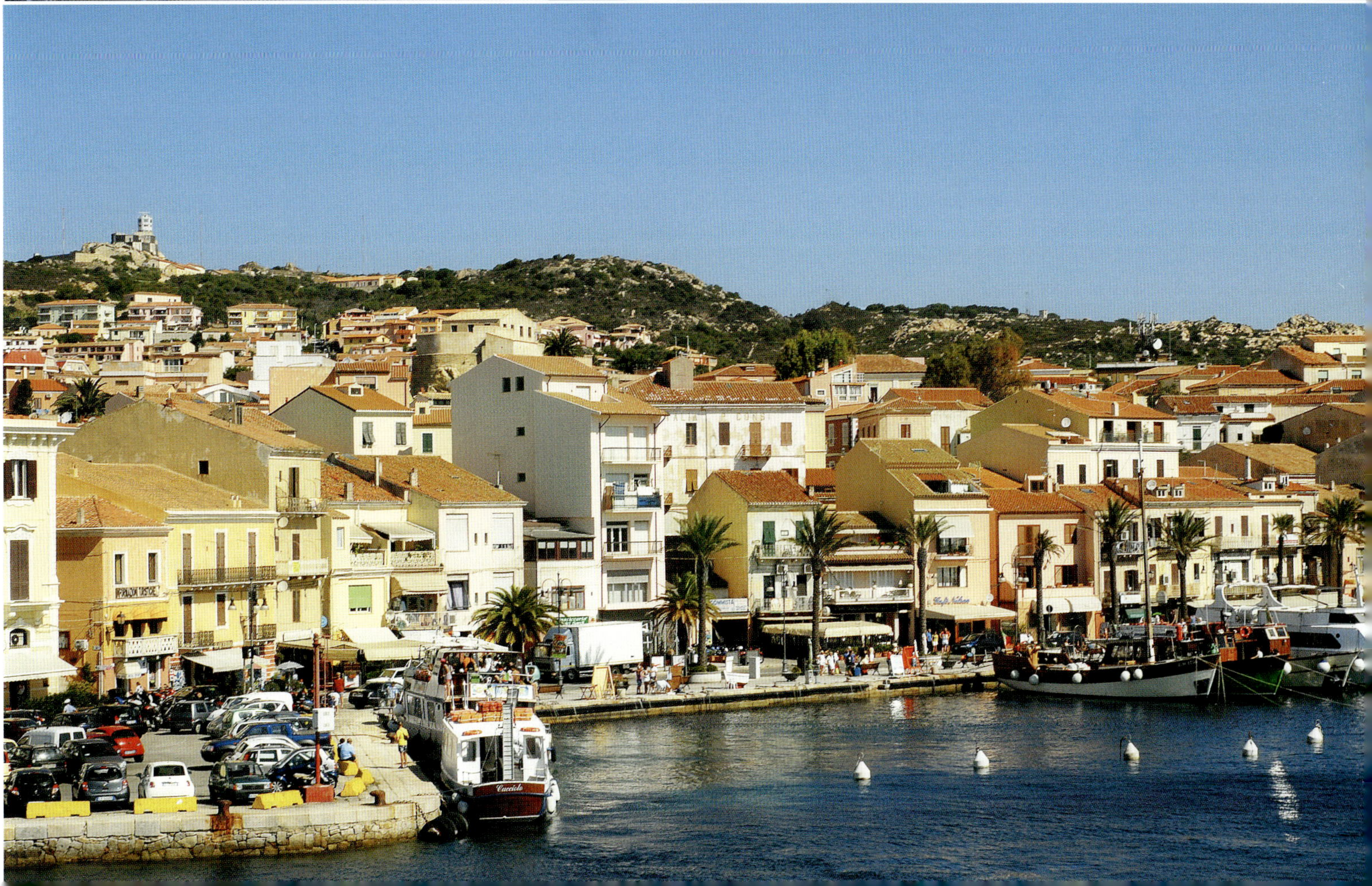

Norden & Nordosten

Der Scoglio della Strega, der Hexenfelsen auf der Isola Spargi (unten); am Strand von Porto Palma auf Caprera (ganz unten); das Haus des berühmten italienischen Freiheitskämpfers Giuseppe Garibaldi (oben rechts); das Bildnis des Garibaldi auf Stoff gewebt (unten rechts).

Sonne scheint, liegt ein betörender Duft von Mastixsträuchern, Myrte und Erdbeerbäumen in der Luft. Die Strände, wie z.B. die Cala Coticciu, Cala Napoletana und die Spiaggia del Relitto, gehören zu den bekanntesten und schönsten im Mittelmeer. Auf dem Eiland, das über eine Brücke mit der Hauptinsel verbunden ist, liegt zudem das Haus des italienischen Freiheitskämpfers Giuseppe Garibaldi. Der Held des italienischen Risorgimento (des Wiederaufblühens) zog sich immer dann gerne nach Caprera zurück, wenn er uneins war mit König Viktor Emanuel II. und dem Parlament – was gegen Ende seines Lebens immer häufiger geschah. Die viertgrößte, leicht hügelige Insel des Archipels, die Isola di Santo Stefano, liegt im Süden von La Maddalena. Vielerorts verstecken sich Militäranlagen in den unübersichtlichen Granitblöcken und Tafoni-Felsen. Von 1972 bis 2008 war sie zudem Stützpunkt der Amerikanischen Marine, die hier jahrelang Atom-U-Boote und eine wichtige Abteilung ihrer Mittelmeerflotte stationierte. Heute wird das Eiland, das 1773 auch von Napoleon Bonaparte als Standort für seinen Angriff auf La Maddalena ausersehen war, nur noch von Touristen besucht.

Strände in Rosa und Weiß

Zu den Höhepunkten des Archipels gehört die Isola Budelli mit der berühmten korallenfarbenen Spiaggia Rosa, die heute nicht mehr für die Öffentlichkeit zugänglich ist. Malerisch eingebettet zwischen Granitfelsen und ausgedehnter Macchia-Vegetation strahlt die kleine sichelförmige Bucht etwas Paradiesisches aus. Ihre ungewöhnliche Farbe haben ihr winzige Bruchstücke der Skelette von rosa Moostierchen gegeben. Mit macchiagesäumten, blütenweißen Stränden an einem smaragdfarbenen Meer locken aber auch die Buchten an der Ostseite der Isola Spargi: Cala Corsara, Cala Connari und Cala Granara gehören zu den beeindruckendsten Strandperlen des Archipels. Die Isola di Razzoli besticht hingegen durch ihre imposante Küste und die bizarr geformten Felsen, die den abstrakten Skulpturen des englischen Bildhauers Henry Moore ähneln. Stimmungsvoll und imposant wirkt auch der Leuchtturm, der über die Straße von Bonifacio herrscht. Auf der Isola Santa Maria steht noch ein altes Kloster, in dem im Mittelalter Benediktinermönche aus Bonifacio Zuflucht fanden. Zudem besitzt die Insel einen der größten Strände des Archipels, die wunderschöne Spi-

aggia Cala Santa Maria. An diesem Ort der Ruhe und Entspannung hat der aus Cagliari stammende Schriftsteller, Drehbuchautor und Filmemacher Franco Solinas viele Seiten der wichtigsten Streifen des engagierten italienischen Films verfasst.

Die faszinierendste Landschaft des Archipels ist zweifelsohne der Porto Madonna, eine smaragdfarbene Lagune zwischen den Inseln Budelli, Razzoli und Santa Maria. Dieses kleine Paradies auf Erden mit glasklarem Wasser, Sonne und leichter Meeresbrise zieht viele Schnorchler an und ist wie geschaffen, um abzuschalten und die Seele baumeln zu lassen. Die Gewässer vor Budelli und der Isola Santa Maria zählen zudem zu den besten Spots der Delfinbeobachtung. Neben Großen Tümmlern lassen sich auch Seeschildkröten und ungefährliche, planktonfiltrierende Riesenhaie blicken.

La Maddalena – fast ein Klein-Paris

Das knapp 1200 Einwohner zählende Städtchen mit seinem geschäftigen Hafen Cala Gavetta, den engen Gassen, steilen Treppen, Palazzi aus dem 18. Jahrhundert, schönen Cafés und typisch mediterranem Flair wurde 1770 im Süden der gleichnamigen Hauptinsel des Archipels gegründet. Nicht nur ihrer Reize wegen, sondern auch wegen ihrer strategisch günstigen Lage zwischen Sardinien und dem italienischen Festland zählte die schmucke Hafenstadt schon in sehr früher Zeit zu den bedeutendsten Orten im Mittelmeer. Das ist wahrscheinlich auch der Grund dafür, dass La Maddalena den Beinamen »Klein Paris« erhielt. Seit der damalige König von Sardinien-Piemont, Viktor Amadeus III., 1767 beschloss, hier einen Stützpunkt der königlich-sardischen Marine zu errichten, waren La Maddalena und die Inseln des Archipels immer wieder in Kriegshandlungen verwickelt. Aus dieser Zeit stammt die Befestigungsanlage San Vittorio, auch Guardia Vecchia genannt, die auf dem höchsten Punkt der Insel thront. Eine solche Position zog natürlich immer auch bedeutende Persönlichkeiten an, darunter Feldherren, Admirale, Patrioten oder Freiheitskämpfer. Mit La Maddalena sind viele berühmte Namen verbunden, Persönlichkeiten, die hier kämpften und lebten. Allen voran Napoleon Bonaparte, der 1793 versuchte, die Insel zu erobern, Admiral Lord Nelson, der sich 1804, vor der Seeschlacht am Kap Trafalgar, im Archipel aufhielt, um die französischen Mittelmeerflotten zu kontrollieren, oder Giuseppe Garibaldi, der sich auf Caprera niederließ und dort starb.

GARIBALDI-HAUS AUF CAPRERA

Caprera war schon nach dem Tod seiner geliebten Ehefrau Anita und dem Zerfall der nur etwa fünf Monate bestehenden Römischen Republik für Giuseppe Garibaldi zum Rückzugsort geworden. Doch erst 1856 errichtete er in Meeresnähe mit dem Geld aus einer Erbschaft ein schlichtes Landhaus. Mit seinen Möbeln und Erinnerungsstücken vermittelt das weitgehend original erhaltene Gutshaus, in dem Garibaldi bis zu seinem Tod 1882 lebte, ein lebendiges Bild dieser Zeit. Das Gut besteht aus Wohnhaus, Stall und Wirtschaftsgebäude. Ein Rundgang zeigt den berühmten Vorkämpfer für die Einheit Italiens in vielen Facetten seines Lebens und Wirkens. Neben dem ehelichen Schlafzimmer kann man die Räume seiner Kinder Manilo und Clelia, das Wohnzimmer, die Küche und das Totenzimmer mit Blick auf die Nachbarinsel Korsika besichtigen. Über dem Türsturz zeigen die Zeiger der Uhr noch immer auf 18.20, seinen Todeszeitpunkt.

WEITERE INFORMATIONEN

www.lamaddalenapark.it,
www.compendiogaribaldino.it

34 Einsam, sanft, idyllisch – Isola di Budelli

Ein bedrohtes Paradies

Der die Abgeschiedenheit liebende Schriftsteller Henry David Thoreau hätte sich hier wohlgefühlt. Keine luxuriösen Errungenschaften, kein Mensch weit und breit, nur unberührte Natur auf der klitzekleinen Isola di Budelli im Maddalena-Archipel. Jahrelang war das Eiland mit dem berühmten rosa Strand in privater Hand. Heute befindet sich das unter Naturschutz stehende Atoll wieder in Staatsbesitz.

Für Budelli gilt ein absolutes Betretungsverbot. Wer schon vor 30 Jahren auf dem Eiland war, erkennt, dass der Strand heute deutlich weniger pink als früher ist (unten). Mauro Morandi mit kleinem Besucher am Strand. Der Wächter von Budelli hat einen der einsamsten Jobs der Welt (rechts oben). Ausflugsboot im Maddalena-Archipel (unten rechts).

Das Inselparadies mit nur einem Einwohner, der zugleich Hüter dieses Paradieses ist, bietet zerklüftete Granitklippen, kleine felsige Buchten, niedrige Macchiasträucher, sacht fließende Bächlein und einen der schönsten korallenfarbigen Strände Sardiniens. Mit knapp 1,6 Quadratkilometern ist Budelli das sechstgrößte Eiland des Maddalena-Archipels. Am höchsten Punkt, dem Monte Budello, ragt es gerade einmal 88 Meter aus dem Wasser. Das Meer ist Heimat einer unglaublichen Vielfalt an Meeresbewohnern. Außerhalb der Saison gehen hier auch immer bedrohte braune Zackenbarsche, Meerraben, unechte Karettschildkröten, große Tümmler, Finn- und Pottwale schwimmen.

Beinahe ein Garten Eden

Lange schien dieses Naturwunder vergessen, doch im Paradies bleibt niemand ewig allein. Seit Starregisseur Michelangelo Antonioni 1964 den pinkfarbenen Sandstrand mit seinem Film »Die rote Wüste« aus dem Dornröschenschlaf erweckte, boomten in den 1980er-Jahren die Ausflugstouren. Tausende von Touristen besuchten jedes Jahr den rosa Traumstrand an der Südostseite der Insel. Doch die ausufernden Besucherzahlen bedrohten das empfindliche Ökosystem der Seegraswiesen vor der Cala del Roto. Hier leben die winzigen Moostierchen, deren klitzekleinen Schalenreste dem Sand seine rosa Färbung geben. Die Region wappnete sich und stellte das

Einsam, sanft, idyllisch – Isola di Budelli

Areal Anfang der 1990er-Jahre unter Naturschutz. Später wurde die gesamte Insel in das Schutzgebiet mit einbezogen. Im Oktober 2013 ist Budelli für drei Millionen Euro versteigert worden. Ein neuseeländischer Banker hatte sich die Insel als perfektes Hideaway ausgesucht. Bauen wollte er dort nicht, im Gegenteil! Er versprach, den unberührten Charme der Insel zu erhalten. Geworden ist daraus allerdings nichts, denn im Januar 2014 erwirkte der italienische Staat ein Vorkaufsrecht. Heute bietet die zauberhafte Spiaggia Rosa wieder Idylle pur, denn der Einzige, der sie betreten darf, ist der Wächter von Budelli.

Vom Lehrer zum Aussteiger

Er heißt Mauro Morandi, ist 80 Jahre alt und der einzige Bewohner dieser Trauminsel. Es war kein Schiffbruch, der den modernen Robinson Crusoe aus Modena auf der Isola di Budelli an Land gespült hat, sondern eine wohlüberlegte Entscheidung. Dass er ausgerechnet hier gestrandet ist, war allerdings purer Zufall. Wie so viele, wollte auch er Ende der 1980er-Jahre sein Leben ändern – wollte die Welt per Katamaran erkunden und nach Polynesien übersiedeln. Bei einer Segeltour mit Freunden entdeckte er die Insel Budelli und ließ sich hier nieder. Ein Aussteiger war Mauro nicht immer. Früher unterrichtete er Sport an einem Kunstgymnasium in der norditalienischen Universitätsstadt. Seit 30 Jahren hat der weißhaarige Pädagoge sich am malerisch zwischen Porphyr- und Granitfelsen eingebetteten rosa Sandstrand häuslich eingerichtet: in einer ehemaligen, kleinen Kaserne aus dem Zweiten Weltkrieg mit überdachter Terrasse, sieben Katzen und mehreren Hühnern. Ringsherum gedeiht eine ausgedehnte, immergrüne Macchia-Vegetation. Auf die Errungenschaften der Moderne will Mauro nicht verzichten: Schlauchboot, Laptop und Handy müssen sein – genauso wie Solarpaneele, Fernseher, Kühlschrank, gute Bücher, Zigaretten und Kaffee. Dinge, die er sich alle paar Wochen auf der schräg gegenüberliegenden Insel La Maddalena holt. Mauro ist heute eine kleine Berühmtheit. Das war nicht immer so. Am Anfang arbeitete er als Wächter für die wechselnden Inselbesitzer. Heute jedoch hat er eine viel tiefere Verbindung zum Eiland und kämpft nicht nur gegen den im Winter lang anhaltenden, heftigen Mistral, sondern vor allem gegen all diejenigen, die das Eiland vermarkten oder deren zerbrechliches Ökosystem in Gefahr bringen wollen.

BOOTSTOUR IM MADDALENA-ARCHIPEL

Ideal für alle, die nicht nur am Strand liegen wollen, ist eine gemütliche Tagestour mit dem Segel- oder Ausflugsboot inklusive Badestopps und Mittagessen an Bord. Von Juni bis September warten täglich Motorjachten, Schlauch-, Segel- und Ausflugsboote (mit unterschiedlich vielen Sitzplätzen) im Hafen von La Maddalena oder Palau, um verschiedene Touren zu den meist unbewohnten Eilanden zu unternehmen. Eine führt frühmorgens zur Insel Spargi, zur Cala Corsara und hält in der windgeschützten Cala Conneri. Das türkisblaue Wasser, die golden schimmernden Felsen und der schneeweiße Sandstrand bilden einen starken Kontrast zu den grünen Wacholderbüschen. Nach dem Mittagessen geht die Fahrt vorbei an der menschenleeren Spiaggia Rosa und der dünn besiedelten Insel Santa Maria zur fjordähnlichen Felsenbucht Porto Massimo. Nach einem Cappuccino-Halt und vorbei an Caprera laufen die Boote gegen 18 Uhr wieder im Hafen ein.

WEITERE INFORMATIONEN

www.lamaddalenapark.it

Die durch große Granitfelsen zweigeteilte Bucht von Capriccioli ist wunderschön und windgeschützt (oben); Poltu Liccia: ideal für alle, die Einsamkeit und Ruhe zwischen Felsen und duftender Macchia suchen (rechts).

35 Die exklusive Küste – Costa Smeralda

Oase der internationalen High Society

In dem unwegsamen Landstrich Monti di Mola lebten einst nur wenige Menschen. Dafür tummelten sich an der Smaragdküste umso mehr Kühe, Turmfalken und Kormorane. Bis eine Clique aus Bankern, Industriellen und einem Prinzen Anfang der 1960er-Jahre aus dieser unbedeutenden Ecke die Heimat des internationalen Jetsets machte, die im Sommer noch heute Milliardäre, Prominente und Filmsternchen anzieht.

Das Ende Sardiniens lag einst in den Monti di Mola, den sogenannten Mühlstein-Bergen. Wer in dieses einsame und unwegsame Gebiet im Nordosten der Insel vordrang, musste gute Gründe haben, denn der Weg führte entweder über das Wasser oder über unbefestigtes Gelände. Bis Anfang der 1960er-Jahre verschlug es an den von wenigen Bauern bewohnten, ausgedörrten Küstenstrich bestenfalls eine Handvoll Ziegenhirten und ein paar Rinderzüchter. Neben den grasenden Tieren gab es dort vor allem helle Granitfelsen, duftende Macchiasträucher und sichelförmige, weiße Sandbuchten an einem glasklaren, smaragdfarbenen Meer. Ein Paradies für Schildkröten, Wildschweine, Füchse, Hasen und Vögel. 1958 entdeckte John Duncan Miller den mit Wacholder und Ginster bewachsenen Küstenstreifen. Der englische Banker war überwältigt von so viel Schönheit und ließ sich inspirieren. Zusammen mit finanzkräftigen Freunden wie dem irischen Industriellen Patrick Guinness, dem Schriftsteller René Podbielski und dem geistigen Oberhaupt der Ismailiten, Prinz Karim Aga Khan IV., gründete er am 14. März 1962 die »Interessengemeinschaft Costa Smeralda« und erwarb das gewinnversprechende Gebiet zwischen Liscia di Vacca und Cala Razza di Junco für wenig Geld. Schon bald wurden auf der 3500 Hektar großen Fläche Wege und Straßen gebaut, Trinkwasser- und Stromleitungen gelegt.

Luxuriöse Großbaustelle

Die wilde Smaragdküste glich schon bald einer exklusiven Großbaustelle, auf der Luxusvillen,

Norden & Nordosten

Pfarrkirche an der zentralen Piazza in San Pantaleo (unten); faszinierende, alte Autos: an der Costa Smeralda findet man sie am häufigsten (ganz unten); wunderbarer Blick vom Hotel auf die unberührte Küstenlandschaft an der Cala di Volpe (rechts).

Jachthäfen, Partyclubs und einer der schönsten Golfplätze der Welt entstanden. Gebaut wurde nach detaillierten Vorschriften: Die Häuser mussten sich harmonisch in die Landschaft einfügen und durften maximal dreigeschossig sein. Auch die Baumaterialien waren festgelegt. Verkleidungen und Kunststoff waren verpönt. Türen und Fenster mussten aus Holz sein, die Mauern aus Naturstein oder nur blass gestrichen. Meist hellgelb oder lachsfarben, um die Tönung des Granitsteins wieder aufzunehmen. All diese Kriterien, Finessen und Künste galten auch für die öffentlichen Gebäude und Plätze. So entstand mit den verbindlichen Normen eine neue architektonische Stilrichtung, die von unterschiedlichen mediterranen Elementen wie Treppen, Terrassen und Türmchen geprägt wurde. Das beste Beispiel dafür ist das Luxushotel Cala di Volpe, das der französische Architekt Jacques Couëlle im Stil eines alten sardischen Fischerortes entwarf. Die Kapitalsicherheit Aga Khans und der landschaftliche Zauber lockten den internationalen Jetset an. Die bis dahin unbedeutende Smaragdküste entwickelte sich in rasantem Tempo zum exklusiven Tummelplatz der Mächtigen, Schönen und Reichen. Mondäne Fünfsternehotels und prunkvolle Apartmenthäuser schossen wie Pilze aus dem Boden und gaben dem Küstenstrich ein rustikal-vornehmes Ambiente. Der damalige Ölminister Saudi-Arabiens, Ahmed Zaki Yamani, war ein ebenso oft gesehener Gast wie Prinzessin Margaret, Countess of Snowdon, der ehemalige spanische König Juan Carlos I., der italienische Industrielle Gianni Agnelli, Jacqueline Kennedy Onassis und zahlreiche andere Persönlichkeiten aus Politik, Wirtschaft und Kultur. Hier traf man sich insbesondere während der Sommermonate, um die feinen weißen, zuweilen rosa getönten Sandbuchten und das glasklare Meer zu genießen, um Kontakte zu pflegen und neue zu knüpfen. 1963 gründete Prinz Karim sogar seine eigene Fluggesellschaft, um eine schnellere Anbindung an das Festland zu gewährleisten. Die ursprünglich mit achtsitzigen Flugzeugen vom Typ Beechcraft C-45 ins Leben gerufene »Alisarda« hat in den Jahren darauf im Charter- als auch im Liniengeschäft kräftig zugelegt.

Die »geraubte Küste«

Das Land, das das Konsortium unter der Führung des reichen Prinzen billig erworben hatte, gehörte armen Bauern. Mit der Aussicht, pro

Hektar 550 000 Lire, umgerechnet knapp 284 Euro, zu verdienen, ließen viele von ihnen sich einst dazu verleiten, die als mehr oder weniger nutzlos erachteten Küstengebiete zu verkaufen. Dann kam der Bauboom, und die ehemaligen Herren der Ländereien starrten verbittert auf die florierende Erschließung der Smaragdküste. Sie fühlten sich übervorteilt. Schon bald machte das böse Wort von der costa rubata, der »geraubten Küste«, die Runde, und es regte sich erstmals Widerstand gegen den geplanten Ausbau der Flächen. Man wollte eine Abschottung der Küste nicht zulassen und befürchtete, dass die eigenen Rechte nicht gebührend geschützt wurden. Die mondäne Spielwiese der Stars und Sternchen galt plötzlich als »Störenfried«, den es in Schach zu halten galt. Hinzu kam, dass ein Großteil des erwirtschafteten Geldes von der Insel abfloss. Andererseits vermochte kein Sarde die landschaftlichen Reichtümer der Insel in solch einen unfassbaren wirtschaftlichen Aufschwung umzumünzen wie die internationale Investmentgruppe um den Ismailiten-Prinzen. Und auch wenn viele Sarden die exklusive Smaragdküste nicht für das »echte« Sardinien halten, so ist dieser faszinierende Küstenstrich an landschaftlicher Schönheit nur schwer zu überbieten.

Wo der bekannteste Spion der Welt baden ging: Drehort Costa Smeralda

Ein Autofahrer kommt von der Landungsbrücke ab und stürzt mit seinem Wagen ins Meer. Ein Hubschrauber verfolgt das Fahrzeug und kreist suchend über dem Wasser. Es sind spannungsgeladene und hochdramatische Szenen, die sich im Sommer 1976 am Bootssteg des Hotels »Pitrizza« bei Liscia di Vacca abspielten: Vor 39 Jahren nutzte der britische Regisseur Lewis Gilbert die atemberaubende Landschaft der Smaragdküste als Kulisse für einige Szenen seines großen Kinofilms »Der Spion, der mich liebte«. Der hochgerüstete Bond-Lotus war natürlich wasserdicht und konnte dank ausfahrbarer Propeller wieder wohlbehalten am schneeweißen Strand von Capriccioli auftauchen. Die Macher des zehnten »007«-Films, in dem Roger Moore (James Bond) und Barbara Bach (Anya Amasova) gegen Curd Jürgens als Bösewicht Karl Stromberg kämpfen, hatten zuvor die Insel erkundet und mehrere Drehorte ausgewählt.

Auf den Kinostart im Juli 1977 (in Deutschland im August) freuten sich nicht nur Fans von James-Bond-Filmen, sondern auch die ausländischen Geldanleger, denn der Kinoerfolg brachte der Smaragdküste einen weiteren weltweiten Werbeeffekt.

ABSTECHER NACH SAN PANTALEO

Beschaulicher geht es im 14 Kilometer von der Costa Smeralda entfernten San Pantaleo zu. Eingebettet zwischen den Gipfeln des Monte Cugnana lockt das Dorf mit engen Gassen, Granitsteinhäusern und hübschem Blumenschmuck. Ateliers, Galerien und Boutiquen offerieren Keramik, Schmiedekunst, Holzarbeiten und Antiquitäten. Blühende Oleanderbäume spenden Schatten, hell läuten die Glocken der Pfarrkirche an der Piazza della Chiesa. In den 1960er-Jahren entdeckten die ersten Urlauber den verschlafenen Weiler. Angezogen von den besonderen Farben und dem Licht machten bald immer mehr Künstler Station in San Pantaleo. Heute drängeln sich im Sommer Promis, Kunstfreunde und Touristen in den schmalen Straßen und auf dem Kunsthandwerkermarkt am Donnerstagmorgen. Müßiggänger genießen abends einen Aperitif mit sardischem Carasau, Pecorino und Oliven im »Caffé Nina«.

WEITERE INFORMATIONEN

www.consorziocostasmeralda.com,
www.olbiaturismo.it/San_Pantaleo.html

Mauerkunst

Wandbilder hellen die Häuser vieler Dörfer auf

Unter dem Eindruck der staatlichen Ausbeutung, massiver Steuerlast, großer Armut, starker Militärpräsenz, Arbeitslosigkeit und öffentlicher Gewaltausbrüche verwandelten ein Kunstlehrer und seine Schüler Mitte der 1970er-Jahre die Häuser Orgosolos in eine Leinwand. Doch auch in San Sperate und anderen Dörfern haben Maler die Fassaden mit Pinsel und Farbroller bearbeitet.

Straßenkunstprojekt in Cagliari (oben). Auch in San Gavino Monreale verewigen sich seit einigen Jahren Street-Art-Künstler (rechts oben). In der Via Eleonora d'Arborea organisieren Nachbarschaftsgruppen die Bemalung von ganzen Straßenzügen (unten). Rätselhaft, wie das Leonardo-da-Vinci-Porträt, wirkt dieses Wandbild in Orgosolo (rechts unten).

Ein alter Mann sitzt mit beiden Händen auf einen Stock gestützt. Er trägt eine Schiebermütze und den klassischen Hirtenschuh. Sein Blick ist stolz und durchdringend. Im Hintergrund zeigen Zerstörung und ein verletzter Soldat das Ausmaß des Krieges. Darüber steht ein Brecht-Zitat geschrieben: »Unglücklich das Land, das keine Helden hat.« »Unglücklich das Land, das Helden nötig hat.« Das berührende Wandbild ist eines von über hundert Murales in Orgosolo, die Militäraktionen, Perspektivlosigkeit und das Misstrauen gegenüber der politischen Elite des Landes thematisieren.

Bunte Bilder statt grauer Fassaden

Nirgendwo sonst auf der Insel ist die Kunstform des Muralismus so häufig zu finden wie in Orgosolo und San Sperate.
Wer seine Augen offen hält, entdeckt im kleinen Bergdorf der Barbagia und im nördlich der Inselhauptstadt liegenden Museumsdorf zahlreiche kleine und großformatige Mauerkunstwerke.
In hellen Farben mit plakativen Bildern bunt bemalt geben die Gebäudefassaden, von denen einige ihre besten Tage schon hinter sich haben, ein hervorragendes Fotomotiv ab.

Atelier im Freien

Der Initiator des sardischen Muralismus war Pinuccio Sciola (S. 38–39). Seine ersten Mauerbilder entstanden 1968 in seinem Heimatdorf San Sperate als zaghafte Versuche von Selbstdarstellung und Selbstbehauptung. Wie kaum ein anderer Künstler Sardiniens begeisterte sich Sciola für das Dorf als lebendigen Aktionsraum. Es ging ihm bei seinem Vorhaben nicht um Denkmäler auf den Plätzen, sondern um Kunstwerke mit partizipativen Elementen. Die Bilder an den Fassaden zeigen, dass die Sarden über eine große Kultur und alte Bräuche verfügen. Sie erzählen von der Geschichte Sardiniens und den Lebensbedingungen der Bauern. Heute sind die etwa 320 Murales aber auch ein Beweis dafür, dass Sciola langfristig etwas erreichen konnte – so ist z. B. San Sperate mit den Jahren zum größten Freilichtmuseum der Insel avanciert.

Protest aus dem Farbeimer

Von bäuerlichen Motiven war auf den ersten Murales in Orgosolo Mitte der 1970er-Jahre kaum etwas zu sehen. Dort hieß die Botschaft Protest. Protest gegen den Kapitalismus, gegen die Kolonisierung durch den italienischen Staat, gegen das Wettrüsten der Supermächte, den Hunger in Afrika und die Apartheid in Südafrika. Darüber hinaus zeigen die großen, farbigen Wandbilder im Dorf die Geschichte der Insel und die Beschwernisse der Hirtenwelt: die ewig Ausgebeuteten, die wegen der Transhumanz oft monatelang von ihren Familien getrennt lebten, das Ausgeliefertsein an Großgrundbesitzer und Familienfehden, an Dürre und Viehdiebstähle. Durch die Motive der verschiedenen Künstler – es gibt kaum eine Fassade im Zentrum, die nicht bemalt wurde – erhielt der sonst eher schlichte Weiler ein neues Gesicht. Es war ein buntes und an vielen Stellen aufbegehrendes Gesicht. Seit Ende der 1990er-Jahre drücken die Murales nur noch vereinzelt das gegenwärtige Dilemma der Bewohner aus. Obwohl Nine-Eleven oder die Hinrichtung Saddam Husseins einige Künstler inspirierten, treten heute doch immer mehr volkstümliche Themen in den Vordergrund.

Heile Welten

Die Welt der Murales im 440-Seelen-Dorf Flussio und im benachbarten Tinurra hat kaum etwas mit den Wandbildern zu tun, die einem in Orgosolo begegnen. Sie zeigen ausnahmslos eine heile Welt. So sieht man Männer vor ihren Haustüren sitzen, Korbmacherinnen bei der Arbeit, Hirten bei der Schafschur, die Feier zum Palmsonntag und andere Szenen aus dem alltäglichen Leben. Oft verschmelzen Wandgemälde und Architektur zu einem Gesamtkunstwerk.

Norden & Nordosten

36 Hip, schick und nobel – Porto Cervo

Sardiniens edelster Badeort und größter Jachthafen

Im Sommer mutiert der Hauptort der Costa Smeralda zum Treffpunkt von Milliardären, Fußballern, Models und Filmstars. Der Jachthafen nimmt dann den gleichen Rang ein wie die Marinas von Monte Carlo und Saint-Tropez. Die 700 Liegeplätze sind vor allem während der Segelwettkämpfe heiß begehrt und lange im Voraus ausgebucht. Wer kein eigenes Boot besitzt, kann an der Hafenpromenade Stars gucken!

Der alte Hafen in Porto Cervo ist das Herz des Badeortes: Schicke Jachten dümpeln in der Sonne (unten); Schornsteine im typischen Costa-Smeralda-Stil (oben rechts); Der Hafen in Porto Rotondo (rechts unten/oben); an der Spiaggia Ira: Hier tummelten sich schon Claudia Cardinale und Königin Paola von Belgien (rechts unten/unten).

Wer nach Porto Cervo will, muss im Sommer kommen. Sonst gibt es hier nichts zu sehen. Von Anfang Juli bis Ende August wird der exklusivste Badeort der Insel zum Zentrum des internationalen Jetsets. Privatjets aus Arabien, Russland und den USA landen am Aeroporto Olbia Costa Smeralda. Helikopter fliegen reiche Kundschaft von einem Ort zum anderen. Luxusschiffe machen im Jachthafen an Plätzen fest, die mit Geld kaum zu bezahlen sind. Wer es sich leisten kann, bringt seinen Lamborghini oder Ferrari mit. Oder mietet sich wenigstens seine Edelkarosse oder seinen PS-starken Sportwagen im knapp 400 Einwohner zählenden Badeort, der es im Sommer auf etwa 40 000 Bewohner bringt.

Mittelpunkt der Costa Smeralda

Hier trifft man sich, weil das Meer mit unglaublich schönen Wasserfarben und die Küste mit prächtigen, puderzuckerfeinen Sandstränden locken. Weil in der wärmsten Zeit des Jahres viel Rummel ist und es vom Edeljuwelier Cartier bis zu den Prachtboutiquen von Bulgari, Prada, Versace und Trussardi in der Via del Porto Vecchio alles gibt, was schön und teuer ist. Doch man trifft sich auch, weil Porto Cervo mit seinen engen Gassen, Treppchen, Fenstern, Balkonen, kleinen Plätzen und der Flaniermeile im alten Ortskern einfach zauberhaft ist. Westlich des alten Hafens baut sich auf einer Anhöhe die schneeweiße Chiesa di Stella Maris mit ihren gerundeten und elegant ge-

Hip, schick und nobel – Porto Cervo

schwungenen Formen vor dem Besucher auf. Auch das Innere des kleinen Gotteshauses bringt den Eintretenden zum Staunen. Neben zwei kostbaren Kruzifixen aus Deutschland und einer wertvollen Pfeifenorgel besitzt die Kirche ein Meisterwerk aus dem Atelier des griechischen Künstlers Dominikos Theotokopulus, besser bekannt als El Greco: die *Mater Dolorosa*. Ein Höhepunkt ist auch der Blick vom Hügel auf den Jachthafen und das glasklare Meer. Abends, wenn die brütend heiße Sonne im Mar di Sardegna versunken ist, flaniert man zur Piazzetta delle Chiacchiere oder lustwandelt auf der Promenade du Port. Die Bars und Restaurants sind voll mit gut gelaunten Menschen. Anschließend zieht es Nachtschwärmer in die Umgebung, denn die spektakulären Partys in den schicken Nightclubs und Edeldiscos wie »Ritual«, »Sottovento«, »Billionaire« oder »El Peyote« steigen alle außerhalb von Porto Cervo.

Erste Adresse für Segelregatten

Porto Cervo Marina ist der größte Jachthafen der Insel und zugleich einer der bestausgestatteten des Mittelmeers. Hier ankern Luxusboote und Megajachten, die zwei oder drei Tage herumkreuzen. Dazwischen liegen schnittige Sportboote und rasante Katamarane von Freizeitskippern, die zu anspruchsvollen Törns in See stechen. Im Sommer kämpfen hier auch große Jachten um einen Platz auf dem Treppchen, denn das überschaubare und gut geschützte Revier wird für Segelevents und als Austragungsort für zahlreiche Regatten genutzt. Im Juni und September ist es in Porto Cervo nahezu unmöglich, nicht Zeuge einer Wettfahrt zu werden. Das erste große Bootsrennen ist die Loro Piana Superjacht Regatta Anfang Juni, bei der sich 30 schnittige Segelschiffe einen packenden Wettkampf rund um die Inseln des Maddalena-Archipels liefern. Spektakulär sind auch die Rennen der mehr als 40 Meter langen Perini-Navi-Cup-Jachten. Doch das größte Segelereignis in Porto Cervo ist der Maxi Jacht Rolex Cup im September. Wer dann im Jachthafen festmachen will, muss auf sein Glück vertrauen, denn die Liegeplätze sind lange im Voraus ausgebucht. Doch auch mit festem Boden unter den Füßen lohnt ein Ausflug zur Marina von Porto Cervo, wo man einen herrlichen Blick auf die schweren Luxusliner und exklusiven Jacht-Neuheiten genießen kann.

ENTSPANNEN IN PORTO ROTONDO

Der edle Jachthafen südlich des mondänen Porto Cervo war bis 1964 ein weißer Fleck auf der Landkarte. Erst Mitte der 1960er-Jahre gründeten Graf Nicolò Donà dalle Rose und sein Bruder Luigi das exklusive Feriendomizil für High-Class-Künstler und aristokratische Intellektuelle an der kreisrunden Bucht zwischen dem Golfo di Cugnana und dem Golfo di Marinella. Um dem Jachthafen zu Popularität und Image zu verhelfen, holten sie Ira von Fürstenberg als Markenbotschafterin mit ins Boot und schenkten ihr vor 51 Jahren ein kleines Stück Land, das noch heute nach der Society-Lady benannt ist. Während die Brüder aus Venedig sich mit berühmten Bildhauern und Architekten der Gestaltung der öffentlichen Räume wie den Hafen, die Piazza San Marco, die Vecchia Darsena, die Chiesa di San Lorenzo widmeten, machte die Prinzessin den Ort zum Szenetreff für Adelige, Reiche und Schöne.

WEITERE INFORMATIONEN

www.consorziocostasmeralda.com,
www.marinadiportocervo.it, www.yccs.it

Am Strand von Capriccioli kommen alle auf ihre Kosten: Die kleine Bucht ist umringt von Mastixsträuchern, Zistrosen, Pinien und wilden Olivenbäumen.

Herrliche Aussicht von der Cala Brandinchi auf die weißgrauen Kalkwände der Isola di Tavolara (oben); ein weiterer Strand mit atemberaubendem Blick auf Tavolara ist die Spiaggia di Porto Taverna (unten rechts); das Tyrrhenische Meer ist nicht wie das Rote Meer, es bedarf ein wenig Basiswissen, damit der Tauchgang zum Erlebnis wird (oben rechts).

37 Insel für Individualisten – Tavolara

Hideaway im Mittelmeer

Sie ist sechs Kilometer lang, einen Kilometer breit und misst an ihrem höchsten Punkt 565 Meter: Die nordöstlich von Porto San Paolo aus dem Wasser ragende Kalksteininsel Tavolara ist nicht nur das Revier wild lebender Ziegen und Seevögel; auch Individualisten, die wie Robinson Crusoe leben möchten, zieht es hierher. Früher bewohnten Piraten, Langustenfischer und selbst ernannte Monarchen das Eiland.

Wie ein mythischer Saurier thront die gewaltige Kalksteinerhebung über dem Golf von Olbia. Fährt man die Ostküste südlich der Hafenstadt entlang, wirkt die Insel aus der Ferne wie ein schlafender Drache, dessen gezackte Rückenschuppen in die Luft ragen. Tavolara ist gerade einmal 5,9 Quadratkilometer groß, doch ihr Bergrücken ragt bis zu 565 Meter in die Höhe. Mehrere Hundert Meter fallen die weißgrauen Kalkwände hier senkrecht in die Tiefe ab. Ihr höchster Gipfel ist die Punta Cannone, die man auf einer knapp fünfstündigen geführten Wanderung erklimmen kann. Die dem Land zugewandte Westflanke läuft hingegen in eine flache Landzunge mit einsamen Buchten und herrlichen Stränden mit feinen rosa Schattierungen aus. Fast stündlich, zur Hochsaison sogar halbstündlich, legen die Ausflugsboote voller Touristen im Hafen von Porto San Paolo ab.

Einsamkeit und eine atemberaubende Naturkulisse

Die Fahrt ins Reich der Wildziegen, Krähenscharben und Mittelmeer-Sturmtaucher dauert nur 20 Minuten, dann ist die Strecke durch die blauen Fluten des Meeres geschafft, und die kleinen Schiffe legen an der Landzunge Spalmatore di Terra an. Im Mittelalter machten von hier aus Piraten die Meere unsicher. Im 18. Jahrhundert besiedelten Genueser und Langustenfischer aus Ponza die Insel. Bis 1927 war das Eiland im Besitz der Familie Bertoleoni; seither gebietet die Adelsfamilie Marzano über Häuserruinen, Gipfel und duftende Macchia. Allerdings nicht im Norden – an der Punta Timone –, denn hier betreibt die NATO seit den 1960er-Jahren eine Horchstation. Heute leben auf Tavolara nur noch einige Nachfahren der Bertoleoni … und etliche Ziegen. Dazu Zwergseeschwalben, Korallenmöwen, Wanderfalken und ein paar Königsadler, die majestätisch über den Felswänden kreisen. Der Weg zur Westspitze oder an die Ostseite bietet immer wieder herrliche Ausblicke auf die Küste, den Kalksteinberg und das Meer. Der zarte Duft von Flockenblumen und Forsythien begleitet Spaziergänger auf ihren Streifzügen. Sieht man von einigen Macchiagewächsen ab, ist die Vegetation der Insel recht karg; es wachsen vor allem Mastixbäume, Steinkräuter und Kornblumen.

Kleinstes Königreich Europas

Seit 1836 gibt es auf Sardinien ein eigenes Königreich. An der Spitze steht die Familie Bertoleoni, die sich selbst zu Monarchen gekrönt hat. Und das kam so: 1807 zog Giuseppe Bertoleoni mit seinen Angehörigen im Schlepptau von der französischen Mittelmeerinsel Korsika nach Tavolara. Als der ursprünglich aus Genua stammende Korse das damals von Menschenhand unberührte Eiland erblickte, muss er geblendet worden sein vom weißen Sand der Landzunge und vom üppigen Grün der Macchiawälder. Intuitiv beschloss er, sich hier niederzulassen und baute sich mit eigenen Mitteln ein Haus. 1836 kam Karl Albert, König von Sardinien und Herzog von Savoyen, nach Olbia und wollte Tavolara als Jagdrevier nutzen. Als Seine Majestät auf der Insel an Land ging, soll Giuseppes Sohn Paolo ihn mit »Der König von Tavolara begrüßt den König von Italien« entgegengetreten sein. Karl Albert fand den Scherz amüsant, freundete sich mit Paolo an und schenkte ihm die Insel. Bertoleoni ließ sich die Schenkung schriftlich bestätigen und nutzte die Gelegenheit, um Tavolara zum Königreich auszurufen. Auf dem Friedhof der Insel kann man die Gräber, in denen der »König der Tavolara« und seine Nachfahren zur letzten Ruhe gebettet wurden, besuchen. Von dem angeblichen Schenkungsbrief fehlt bis heute jedoch jede Spur. Und im offiziellen Adelsbuch des Königreichs Italien ist die Familie Bertoleoni auch nicht verzeichnet.

MEERESSCHUTZGEBIET TAVOLARA PUNTA CODA CAVALLO

Das knapp 40 Kilometer lange Küstengebiet zwischen dem Capo Ceraso und San Teodoro besitzt eine einzigartige Flora und Fauna. Mit den Eilanden Tavolara, Molara, Molarotto und Isola Rossa gehört der Landstrich zum Marine-Protected-Areas-Netzwerk, das die hier herrschende Artenvielfalt schützt. In dem 1997 aus der Taufe gehobenen Meeresschutzgebiet erlebt man noch unverbaute Natur. Rund um die Landzunge Capo Coda Cavallo begeistert die rosa Granitfelsküste mit wunderschönen Buchten. Naturliebhaber sind an den Stränden Cala Coda Cavallo, Baia Salinedda, Salina Bamba und Cala Brandinchi gut aufgehoben. Die ganze Pracht des Schutzgebietes offenbart sich jedoch erst von oben. Deshalb ist ein Besuch des 102 Meter hohen Monte Coda Cavallo ein Muss. Von hier reicht der Blick bei klarer Sicht über das azurblaue Meer von der Isola Molara über den zackigen Bergkamm der Insel Tavolara bis nach Golfo Aranci.

WEITERE INFORMATIONEN

www.amptavolara.com

Innenhof eines alten und herrschaftlichen Dorfhauses (oben); die Chiesa di Santa Croce aus dem 17. Jahrhundert: Das Kirchlein steht auf dem einstigen Friedhofsgelände der Chiesa di San Giacomo Maggiore, von der man den Glockenturm sieht (rechts).

38 Kirchen, Palazzi und Piazza – Orosei

Hauptort der historischen Region Baronia

Die Baronia hat jede Menge sardische Postkartenidylle zu bieten: herrliche Dünenstrände und malerische Buchten, gewaltige Felslandschaften, weinschwere Täler und ein türkis- bis tiefblaues Meer. Im Süden dieses Landstrichs, an der Mündung des Flusses Cedrino, liegt das Städtchen Orosei mit seinen pittoresken Palästen, hübschen Kirchen und lauschigen Plätzen.

Schlichte Kapellen und schmucke Barockkirchen, teils grob verputzte Bruchsteinhäuser und prächtige Paläste, friedvolle Plätze und schmale, verwinkelte Gassen. Der Altstadtkern von Orosei ist eine Mischung zweier Kulturen, eine Synthese aus pisanischem Kolonialgeist und sardischem Lebensgefühl. Im Hochmittelalter war das Städtchen im Süden der heutigen Baronia Sitz der Kurie des Kleinkönigtums Gallura und entwickelte sich zum florierenden Handelsplatz. Die entscheidende Triebkraft für das Aufblühen war das kaufmännische Geschick der Pisaner, die im 13. Jahrhundert die Herrschaft über die Nordostküste an sich rissen. Damals hieß dieser Küstenstrich allerdings noch Gallura, getauft nach dem kleinsten Judikat Sardiniens. Umbenannt wurde das Gebiet erst nach der Eroberung durch die Krone Aragóns Mitte des 14. Jahrhunderts, als das Kleinkönigtum in verschiedene Verwaltungseinheiten aufgeteilt wurde und der südliche Herrschaftsbereich wenige Jahre später an zwei zu Freiherren geadelte Dons namens Salvatore Guiso und Nicolò Carroz verkauft wurde. Baron Guiso erwarb Ländereien am Golfo von Orosei und baute das Städtchen in der Mündungsebene des Cedrino zum Zentrum der südlichen Baronia aus.

Durch das Gassengewirr der Altstadt

Den kleinen Altstadtkern erkundet man am besten zu Fuß. Ein guter Ausgangspunkt für einen Spaziergang durch die engen, gepflasterten Straßen ist die Piazza del Popolo. Vom lauschigen Platz geht es über eine Freitreppe hoch zur blendend weißen, barocken Chiesa

Norden & Nordosten

Die Chiesa del Rosario wurde Ende des 17. Jahrhunderts gebaut und dient heute als Oratorium (unten); blumengeschmücktes Fischerboot bei der Festa di Santa Maria del Mare (ganz unten); Dutzende Ruderboote schippern das Standbild der Madonna über den Cedrino zur Flussmündung, wo die pisanische Wallfahrtskirche steht (rechts oben).

di San Giacomo Maggiore, deren Geschichte sicher aber in viel frühere Zeit zurückreicht. Ihr heutiges Aussehen hat sie bei Renovierungs- und Erweiterungsarbeiten während des 17. und 18. Jahrhunderts erhalten. Gleich nebenan befindet sich die Kapelle Santa Croce aus dem 17. Jahrhundert – eines von drei Oratorien, die für die Stadtentwicklung und das Leben bestimmend waren. Gegenüber der Piazza kann man die beiden anderen Kapellen, zunächst das kleine barocke Oratorio del Rosario aus dem 17. Jahrhundert und – an der Piazza Sas Animas – das gleichnamige Oratorio aus dem 18. Jahrhundert, bewundern. Hier steht auch das mittelalterliche Kastell Sa Preione Vezza, oder besser gesagt, was davon übrig blieb: nämlich sein 15 Meter hoher Turm, der ab dem 16. bis ins 19. Jahrhundert als Gefängnis diente. Ein Schmuckstück ist auch die schlichte Bruchsteinkirche Sant'Antonio Abate aus dem 15. Jahrhundert. Das kleine Gotteshaus, von dem ebenfalls anzunehmen ist, dass es schon viel früher, vermutlich im 13. Jahrhundert errichtet wurde, besitzt nur ein Kirchenschiff und ist im Stil der Wallfahrtskirchen gebaut. Im Innenraum sind einzelne Fresken zu sehen, die Szenen aus dem Leben Jesu zeigen. Auf dem Kirchplatz stehen ein Brunnen und ein pisanischer Wachturm. In der Einfriedung liegen mehrere Pilgerhütten. Auf dem Weg zur Kirche passiert man eine Reihe liebevoll restaurierter, prachtvoller Herrenhäuser wie den Adelspalazzo Musio, das ehemalige Lehrerhaus Palazzo Rettorale und die Caserma Vezza, in der heute das Museo Guiso untergebracht ist. Im städtischen Museum stößt man auf Spuren des Puppenspiels. Ein Geschenk von Don Giovanni Guiso an seinen Heimatort. Neben Gemälden, kostbaren Büchern, Trachten, Kleidern und anderen Kunstobjekten kann man hier eine Sammlung von Miniatur-Theatern aus dem 18. bis 21. Jahrhundert bestaunen.

Sightseeingtrip inklusive Strand und Meer

Wer in Orosei schwimmen, sonnenbaden oder chillen will, ist hier goldrichtig, denn bei einem Besuch des Städtchens lassen sich Kirchen, Palazzi und Shopping mit entspanntem Strandleben kombinieren. Nur ein paar Autominuten entfernt beginnt der mehrere Kilometer lange und in diverse Abschnitte unterteilte Hausstrand von Orosei. Am Wochenende tummeln sich auf den goldgelben Sandstreifen Santa Maria, Su Barone, Su Petrosu und Cala Osalla

zahlreiche Sonnenanbeter und Wasserratten. Wer den Radweg an der Via del Mare entlangfährt oder joggt, ist in weniger als 20 Minuten in Santa Maria an der Flussmündung des Cedrino. Doch auch viele weitere Strände locken Urlauber nach Orosei. Der berühmte etwa zwölf Kilometer nordöstlich liegende Ortsteil Cala Liberotto besticht mit weißem Sand, smaragdblauem Wasser, rosa schimmernden Granitfelsen und geschützten Buchten, von denen Sas Linnas Siccas die schönste ist. Im warmen Licht der Abendsonne glänzen die aus dem Wasser ragenden Felsen, als wären sie in Gold getaucht. Einen herrlichen Sandstrand mit rosa Klippen und seichtem Wasser gibt es auch in der Cala Ginepro, etwa zwei Kilometer von Cala Liberotto entfernt. Teilweise versteckt hinter knorrigen Wacholderbäumen und einer dichten Pineta ist die Bucht ein Magnet für Surfer und Schnorchler. Ein guter Tipp für Baderatten ist der Lagunensee Sa Curcurica. Er liegt etwas nördlich der Bai inmitten einer atemberaubenden, von grüner Macchia überzogenen Hügellandschaft aus rotem Granit.

Tutta vista – alles im Blick

Wer nach Orosei reist, kommt meist weniger wegen der Berge als wegen der fantastischen Sandstrände und paradiesischen Buchten, denn Baden ist die Beschäftigung Nummer eins am Golf. Den schönsten Blick auf das Städtchen, den Cedrino-Fluss und das Meer hat man jedoch vom Gipfel des Monte Tuttavista mit seinem bizarren Felsentor. Auf dem 806 Meter hohen Kalkmassiv westlich von Orosei findet man unberührte Natur und atemberaubende Aussichtspunkte. Der Weg dorthin ist einfach: Über eine kurvige, geteerte Straße geht es vorbei an Steineichen, Wacholder und Erdbeerbäumen. Auf halber Strecke zur Bergspitze weist ein Schild zur Attraktion des Hügels. Die Pedra Istampada, der »durchbohrte Fels«, ist in nur wenigen Gehminuten vom Parkplatz aus zu erreichen. In jahrhundertelanger Arbeit haben Wind und Wetter hier ein fast 30 Meter hohes Felsentor in den porösen Kalkstein gehauen – mit einmaliger Aussicht auf die fruchtbaren Täler. Doch nicht nur der Felsbogen macht den Monte Tuttavista für Spaziergänger interessant. Auf dem Gipfel warten ein gekreuzigter Christus und natürlich ein umwerfender 360-Grad-Panoramablick auf Dorgali und den Monte Irveri im Süden, die Dörfer Galtellì, Loculi und Irgoli, die Gebirgskette des Monte Albo im Nordwesten, den Golf von Orosei im Osten und die Ruinen des Castello di Pontes aus dem 11. Jahrhundert im Vordergrund.

BOOTSPROZESSION SANTA MARIA'E MARE

Am letzten Sonntag im Mai lädt Orosei alljährlich zu einem farbenfrohen Umzug zu Ehren der Madonna der Schifffahrt ein. Den Auftakt der Marien-Prozession bildet das Schmücken der Boote. Für Floristen und Fischer ein großer Aufwand, denn sie beginnen traditionell erst um 9 Uhr damit, *Sa Mutatura*, die Dekoration aus Palmenblättern und Blumen zu binden. Gegen 17 Uhr ist es so weit: Applaus brandet auf, und der festliche Korso mit den hübsch geschmückten Booten und dem Standbild der Madonna del Mare startet von der Pfarrkirche San Giacomo Maggiore. Angeführt von Priestern werden die bunten Kutter durch die Straßen in Richtung Cedrino gezogen. Hier rudern die Fischer die Heiligenfigur über den Fluss zur nur wenige Kilometer entfernten Wallfahrtskirche Santa Maria'e Mare. Nach der feierlichen Messe mit Chorgesang gibt es leckeren Thunfisch mit Brot und Wein.

WEITERE INFORMATIONEN

www.oroseiturismo.it

39 Im Reich der Zikaden und Flamingos – Oasi di Biderosa

Naturparadies mit begrenztem Zutritt

Nur 13 Kilometer von Orosei entfernt liegt die von Menschen unbewohnte Naturoase von Biderosa – besiedelt nur von zirpenden Zikaden, glitzernden Eidechsen, stakenden Flamingos und bunten Bienenfressern. Wer an einem der feinsandigen weißen Strände baden möchte, muss sich früh einfinden, denn pro Tag darf nur eine begrenzte Anzahl von Badegästen den Park betreten.

Steineichen und Wacholderbäume, rosa schimmernde Granitfelsen und sandige Dünen, tiefblaue Lagunen und immer wieder das azurblaue Meer: Der Naturpark Biderosa verzaubert mit seiner makellosen Schönheit. Im Westen säumen Badebuchten und Dünenlandschaften die 532 Hektar große Parkanlage. Hinter den Stränden erheben sich Zwergpalmen, Korkeichen, Phönizischer Wacholder, alte Pinien und Aleppokiefern. Zählt man die Astansätze oder hinterlassenen Narben an den Nadelbäumen, kommt man bei einigen auf 50 Jahre und mehr. Die beiden Lagunenseen Sa Curcurica und Biderosa sind ein Paradies für verschiedene Vogelarten, darunter Bienenfresser, rosa Flamingos, Seiden-, Grau- und Fischreiher. Viele von ihnen haben hier ihre Brutstätte, ein Durchzugs- oder Winterquartier. Das war nicht immer so. 1978 verwüstete ein verheerender Waldbrand in diesem Gebiet ein mehrere Hundert Hektar großes Stück Land. Das Feuer vernichtete einen ausgedehnten Hain mit prächtigen alten Pinien. Im Jahr darauf brach ein neues Inferno über den Landstrich herein. Die Flammen fraßen sich durch weitere 150 Hektar Wald. Den Feuerwehrleuten bot sich ein einziges Bild der Zerstörung – das Gelände mit seinem üppigen Bewuchs von

Naturbelassener Strand mit feinem weißem Sand und azurblauem Wasser in Biderosa (unten und rechts oben); hier kann man nicht nur baden, sondern auch wandern, Vögel zwitschern hören und dabei die Seele baumeln lassen (rechts unten).

Im Reich der Zikaden und Flamingos – Oasi di Biderosa

Nadelbaum- und Steineichenwäldern hatte sich in eine trostlose, grauschwarze Mondlandschaft verwandelt. Nur wenige Tiere überlebten, viele waren ausgeschwärmt.

Heute, nach einer großzügigen Aufforstung, ist es wieder überall grün, und es gedeihen Pflanzenarten, die sonst nur selten zu finden sind. Kräftige Bäume und endemische Gewächse geben der Küste Schatten, Eidechsen huschen durch das Gebüsch. Aus dem Dickicht der Macchia erheben sich Granitfelsen, vom weichen Abendlicht in schmeichelnde Pastelltöne gehüllt. Das Kreischen der Kormorane durchbricht die Stille, in der Lagune waten Stelzenläufer durch das Wasser. Eine grandiose Wildnis unter dem Schutz der Forstbehörde. Um diese Oase zu bewahren, steht das Gebiet seit den Bränden unter strengem Naturschutz. So dürfen Personen die Parkanlage nur von Mai bis Oktober betreten. Und selbst in diesem Zeitraum ist der Zugang durch genaue Vorschriften geregelt. Massentourismus existiert hier nicht: Pro Tag gibt es nur insgesamt 140 Pkw- und 30 Motorradplätze. »Wer zuerst kommt, mahlt zuerst«, sagt der Volksmund, und so ist es auch in Biderosa. Wer sich früh einfindet, erhält einen Platz. Um die Mittagszeit ist meist schon alles besetzt. Wer am Morgen nicht aus den Federn kommt, kann telefonisch vorbestellen und am nächsten Tag gemütlich in Richtung Biderosa fahren.

Ein besonderes Fleckchen Erde

Diese Schutzvorkehrungen haben der Natur aber gutgetan. Wasser, Strände, Salzseen, Macchiawälder und die mit Strandlilien bewachsenen Dünen sind intakt und ziehen jährlich zahlreiche Naturfreunde, Wassersportler und Badegäste an. An fünf naturbelassenen Bilderbuchbuchten wähnt man sich wie einst Robinson Crusoe. Keine Strandpromenade stört die Idylle. Einzig eine kleine Strandbar lässt erkennen, dass die Zivilisation doch Einzug gehalten hat. Leise plätschert das glasklare Meer an die durchnummerierten feinsandigen Küstenstreifen. Der Sand ist leuchtend weiß und weich wie Puder. Pinien und knorrige Wacholderbäume bilden natürliche Schattenplätze. Wie hingewürfelt muten ein paar rosafarbene Felsen im türkisfarbenen Wasser an. Die Luft schmeckt salzig, und außer dem Zirpen der Zikaden und dem leichten Wellengang dringt kaum ein Geräusch ans Ohr. Dieser paradiesischen Oase sollte man möglichst im Juni oder im September/Oktober einen Besuch abstatten, wenn es nicht so heiß ist.

HERRLICHE AUSSICHTEN IM NATURSCHUTZGEBIET

Auf rund fünf Quadratkilometern zeigt das Naturschutzgebiet Biderosa dem entdeckungsfreudigen Aktivurlauber auch andere Facetten als einsame Strände und Traumbuchten: Wer will, kann die unberührte Parkanlage auch zu Fuß oder mit dem Fahrrad erkunden. Im Inneren gibt sich die Oase hügelig: Durch Wald und Macchiagestrüpp, vorbei an den Überresten alter Schafställe ziehen sich breite Schotterwege die Anhöhen hinauf. Eine vorzügliche Aussichtsplattform in 125 Metern Höhe ist der Monte Urcatu. Von hier schweift der Blick von der zauberhaften Cala Ginepro im Süden über die Lagunenseen und weißen Sandstrände von Biderosa bis hin zum Strand von Berchida im Norden. Ein weiterer Panoramaplatz mit Traumblick ist die windumtoste Janna Ventosa, eine natürliche Terrasse am nördlichen Ende des Naturparks. Mitte Oktober lassen sich hier atemberaubende Sonnenaufgänge erleben.

WEITERE INFORMATIONEN

http://oasibiderosa.com,
www.oroseiturismo.it

Osten & Südosten

Steile Küsten, Fjorde und versteckte Paradiese

Parco Nazionale del Golfo di Orosei e del Gennargentu: Das Gebiet wurde erst Anfang der 1990er-Jahre zu einem geschützten Landstrich (links); die idyllische Cala Luna kann man von Cala Gonone zu Fuß erreichen (oben); Selvaggio Blu: Der schöne Trek führt an der Cala Biriola vorbei (unten).

Nur mit dem Boot zu erreichen: die einsame Cala dei Gabbiani hinter dem Capo Monte Santo (oben); eingerahmt von glasklarem Wasser ragt die Perda Longa bei Baunei aus dem Meer (rechts).

40 Wilde Schönheit – Golfo di Orosei

Grandiose Steilküste

Manche Traumziele rühmen sich märchenhafter Sandstrände, andere trumpfen mit grandiosen Felslandschaften auf. Der Golf von Orosei hat beides. Schmale Pfade führen zu luftigen Panoramaplätzen hoch über dem Meer, aus dem die gewaltigste Steilküste des Mittelmeerraums ragt. Oder sie dringen durch tiefe Schluchten zu bildschönen Sandbuchten vor, die sonst nur über das Wasser zu erreichen sind.

Nirgendwo sonst auf Sardinien als am Golfo di Orosei gehen Wildheit und Schönheit eine derart atemberaubende Verbindung ein: von Macchia überzogene, zerklüftete Felswände, enge Schluchten und bezaubernde kleine Sandbuchten. Der Meerbusen erstreckt sich über eine Länge von gut 40 Kilometern, von der Punta Nera nordöstlich von Orosei bis zum Capo di Monte Santu nordöstlich von Baunei. Nach Olbia im Norden sind es anderthalb Stunden, nach Cagliari im Süden etwa drei Stunden. Der Golf sieht aus, als ob ein Riese turmhohe Felswände ins Meer gewuchtet hätte. In Wirklichkeit haben die mächtigen Ausläufer des Supramonte hier ihre tonnenschwere Steinfracht in den Golf ergossen. Mit ihren hellen Kalksteintafeln, die bis zu 400 Meter aus dem glasklaren, blaugrünen Wasser ragen, ihren gewaltigen Höhlungen, tiefen Fjorden und fantastischen Panoramen hat die Landschaft fast unwirkliche Züge. In Jahrmillionen haben tosende Flüsse und rauschende Bäche tiefe, ins Meer mündende Schluchten in den Kalkstein gefräst. Zwischen den Felsen verborgen liegen winzige, verschwiegene Buchten, die nur bei einer Wanderung oder mit dem Boot zu erreichen sind. Würden zur Saison nicht die Ausflugsschiffe regelmäßig ihre Bahnen im Blau des Mittelmeers ziehen, könnte man meinen, dieser Küstenstrich sei menschenleer und unberührt.

Makellose Idylle

Bis heute ist das Gebiet die Heimat von Eleonorenfalken, Mäusebussarden, Mufflons und Wildziegen. Wildschweine, Füchse, Marder

Die beeindruckende Tropfsteinhöhle Grotta del Fico birgt noch viele Geheimnisse (unten); der malerische natürliche Felsbogen Arco Lupiru liegt 320 Meter über dem Meer (rechts oben); aufregende Bootstour zu den herrlichen Buchten im Golf von Orosei (rechts unten).

und Wiesel streunen durch die Macchia und leben in friedlicher Eintracht mit der Natur. Mit dem Tourismus kamen vor einigen Jahrzehnten auch die Menschen – zu Fuß quer über die Küste oder mit Booten. Wo die abweisende Steilküste durch Einschnitte unterbrochen wird, ankerten sie in paradiesischen Buchten. Doch im Gegensatz zu den Inselgebieten, in denen Milliardäre seit den 1960er-Jahren Resorts und Jachthäfen gründeten, fand sich hier kein Zoll Land zum Urbarmachen. Einzig mit der ehemals verschlafenen Cala Gonone ließ sich Geld verdienen. Wo einmal eine ärmliche Ansammlung windschiefer Fischerhütten stand, dominieren heute Hotelbauten, Reihenhäuser und ein künstlich aufgeschütteter Sandstrand. Seinen plötzlichen Aufschwung verdankt der Ferienort ausschließlich der heute unter Naturschutz stehenden gigantischen Steilküste und ihren märchenhaften Buchten mit den paradiesischen Farben.

Naturbelassen und in makellosem Weiß liegt die abgeschiedene Cala dei Gabbiani der felsigen Küste zu Füßen. Das Wasser leuchtet in hellem Blau und Türkis und ist so glasklar, dass man bis auf den Meeresboden blicken kann. Sogar die Flossen und Kiemen der sich im Wasser tummelnden Fische sind bis ins kleinste Detail erkennbar. In die traumhafte Cala Sisine verirren sich außer Bootstouristen auch gelegentlich Wanderer, denn die einsame Bucht kann man ebenfalls auf Schusters Rappen erreichen. Der holprige Weg, der immer am Bach Codula di Sisine entlangführt, ist kaum zu verfehlen. Die Luft duftet nach Wacholder und Oleander. Durch enge Schluchten und vorbei an riesigen Felsbrocken, die das Rinnsal nach starken Regenfällen talwärts schiebt, endet der unbefestigte Pfad schließlich in der malerischen Bucht. Obwohl dieses herrliche Fleckchen Erde im Sommer oft überlaufen ist, lädt der breite Kieselstrand zu anderen Jahreszeiten dazu ein, sich in aller Ruhe von den Wanderstrapazen zu erholen. Ein weiteres Postkartenmotiv ist die Cala Mariolu. Sie zählt zu den schönsten Stränden der Steilküste und macht der Cala Goloritzè und der »Mondbucht« Konkurrenz. Der Legende nach verdankt die Bucht ihren Namen einer diebischen Mönchsrobbe: Ohne zu wissen, dass dieser Küstenstrich ein Rückzugsort der seltenen Meeressäuger war, stellte ein Fischer aus der Gegend von Neapel früher seinen Fang vorübergehend in einer kleinen Höhle in Strandnähe ab. Für die Robbe war die Grotte dage-

Wilde Schönheit – Golfo di Orosei

gen eine Art Selbstbedienungsladen. Sie zeigte wenig Scheu und ließ es sich schmecken, was den Neapolitaner zu dem Ausruf veranlasste: Acca cestà Mariolu (»Hier gibt es einen Dieb«).

Einblicke in die Unterwelt

Ob man den Golfo di Orosei am besten von Norden oder von Süden aus erkundet, bleibt jedem selbst überlassen. Für Cala Gonone als Ausgangspunkt spricht die Nähe zur unvorstellbar schönen Felsenküste, zu deren Reizen die Traumbuchten Cala Fuili und Cala Luna sowie die nur vom Wasser zu erreichende Grotta del Bue Marino gehören. Die Klippen, in der sich die Grotte befindet, ist Teil der Steilküste, in die sich vor Millionen Jahren ein Fluss sein Bett gegraben hat. In früheren Zeiten bewohnten Meerochsen, die mit Mönchsrobben identisch sind, die Tropfsteinhöhle südlich der Cala Gonone. Doch schon seit Jahren wurde keines dieser Raubtiere, die zu den seltensten Meeressäugern Europas zählen, mehr gesichtet. Das liegt zum einen daran, dass die Robben bei den Fischern wenig beliebt waren. Schließlich zerbissen sie unter Wasser die teuren Netze, um den Fisch zu stehlen, woraufhin sich die Fischer rächten. Zum anderen aber auch daran, dass der von den vielen Ausflugsbooten verursachte Lärm die auf ihr Gehör angewiesenen Säugetiere beeinträchtigt und schließlich aus dem Gebiet vertrieben hat.

Es schmeckt nach Weite

Von Süden her ist die Anfahrt zum Golf eine einzige Augenweide. Die Landschaft vor dem Capo di Monte Santu ist lieblicher als an der schroffen Steilküste. Die Felsen fallen nicht ganz so senkrecht ins Wasser hinab, und das Grün der Macchia verliert sich im Blau des Sommerhimmels. Kurz vor Baunei geht es in Serpentinen schroff bergab zum etwa 128 Meter hohen Kalkmonolithen Perda Longa, der wie ein Turm aus dem Wasser ragt. Wenige Kilometer nördlich führen die stark ansteigenden Kurven vorbei an üppigen Steineichen und Olivenbäumen auf die Hochebene Su Golgo. Auf dem zerklüfteten, ungebändigten Kalksteinplateau hat sich im Jura ein großes Karstloch aufgetan. Doch das Plateau ist auch eine obligatorische Anlaufstelle für Wanderfans, um von hier aus zu Fuß zur berühmten Cala Goloritzè zu laufen. Vor allem im Frühling schmeckt es an diesem Ort nach Weite, Wind, endlosem Himmel und salziger Luft.

BOOTSTOUR IM NATIONALPARK GOLFO DI OROSEI

Bevor der Trubel der Hochsaison beginnt, sollte man von der Cala Gonone, Santa Maria Navarrese und Arbatax mit dem Ausflugsboot den Golf von Orosei entlangschippern. Schon im Mai und bis in den Oktober hinein ziehen die Ausflugsschiffe täglich am Vormittag mit acht bis zwölf Stundenkilometern an der schroffen Steilküste vorbei. Für Badepausen und Schnappschüsse an der Cala Luna, Cala Goloritzè, Cala Biriola und Cala Oddoana bleibt ausreichend Zeit. Zur Mittagszeit werden an Bord Meeresfrüchte und frittierter Fisch aufgetischt. Nach einem Espresso brummelt der Motor wieder willig los. Der Kapitän bugsiert das Boot abermals ins Fahrwasser und ankert zur Freude der bunten Reisegesellschaft bald in einer neuen Bucht. Nach acht Stunden auf dem Wasser mit Badestopps an den schönsten Stränden der Insel und Entdeckungstouren in Fjorden und Höhlen kehren alle müde, aber glücklich von diesem Tagesausflug zurück.

WEITERE INFORMATIONEN

www.enjoydorgali.it,
www.turismobaunei.eu

Wer auf den Spuren von Berühmtheiten und Freaks wandeln will, kann das tun. Im Sommer flitzen Ausflugsboote ab Cala Gonone und Santa Maria Navarrese zur Cala Luna. Dementsprechend voll ist es in der Hauptsaison.

41 Verstecktes Strandparadies – Cala Luna

Filmreife Bucht an atemberaubender Felsküste

Mariangela Melato, Giancarlo Giannini und Popdiva Madonna, sie alle standen schon in der fantastischen Mondbucht vor der Kamera. 1974 und 2002 war der Strand einer der Schauplätze für die Kinofilme »Hingerissen von einem ungewöhnlichen Schicksal im azurblauen Meer im August« und das Remake »Stürmische Liebe – Swept Away«.

Die italienische Filmregisseurin Lina Wertmüller wählte die wunderschöne, von Oleander und Wacholder gesäumte Bucht Cala Luna Mitte der 1970er-Jahre als Location für ihre Schiffsbruch- und Klassenkonfliktromanze mit den preisgekrönten italienischen Schauspielern Mariangela Melato und Giancarlo Giannini in den Hauptrollen. Der Drehort einiger Filmszenen, die die Geschichte eines ungleichen, auf einer verlassenen Insel gestrandeten Pärchens erzählen, ist bildschön. Das gilt vor allem für den blütenweißen Sand, der sich zwischen einen grünen Bach und die kobaltblauen Meeresfluten drängt. Doch auch für die von Wind und Wellen in Jahrtausenden in die steil aufragenden Felswände gegrabenen Grotten am nördlichen Ausläufer des Strandes, der nur mit dem Boot oder per pedes zu erreichen ist. Vielleicht war das auch einer der Gründe, warum sich der britische Regisseur Guy Ritchie 2002 dazu hinreißen ließ, in der Cala Luna ein Remake von Wertmüllers Liebesabenteuer mit seiner damaligen Ehefrau, der Sängerin Madonna, zu drehen. Auch wenn der Streifen floppte, an der einmaligen Mondbucht lag das gewiss nicht.

Mekka der alternativen Szene

Der flach ins Wasser abfallende Sandstrand mit Strandbar im Hintergrund gehört zu den schönsten im Golf von Orosei. Sein Flair wusste schon die alternative Szene zu schätzen. Für eine bunte Mischung aus Hippies, Künstlern und Backpackern war die Traumbucht in den 1970er-Jahren ein Mekka der Alternativkultur. Von Cala Gonone aus führt ein mittelschwerer Wanderweg zur Cala Luna.
INFO: www.turismobaunei.eu

42 Meisterwerk der Natur – Cala Goloritzè

Paradiesischer geht es kaum

Wer zur berühmten Cala Goloritzè im Golf von Orosei will, muss anderthalb Stunden Fußmarsch in Kauf nehmen. Durch Kork- und Steineichenwälder, über weiße Geröllfelder, vorbei an alten Schafställen und mit atemberaubenden Ausblicken auf das Meer. Oder man kommt mit dem Paddelboot übers Wasser.

Die idyllische Bucht liegt vor allem in der Nebensaison einsam da. Nur ein paar Eidechsen huschen über die Felsen, und außerdem dem heiseren Kreischen der Möwen und Eleonorenfalken, die hier noch in den Felsspalten nisten, dringt kein Laut ans Ohr.

Die Mühe lohnt sich, denn die kleine Bucht zu Füßen der gigantischen Karstklippen im Golf von Orosei zählt zu den schönsten auf Sardinien. Ihre Attribute: strahlend weißer Kieselsand, türkisblaues Wasser und unverfälschte Natur. Seine ganze Schönheit und Stille offenbart dieser Küstenstrich auf einer Wanderung, denn die Cala Goloritzè ist nicht mit dem Auto zu erreichen. Der Fußweg beginnt auf der Hochebene Su Golgo und führt in knapp zwei Stunden an blühender Macchia, an weißen Geröllhängen, an felsigen Öffnungen und gigantischen Panoramaplätzen vorbei. Die Landschaft ist wild und karg, nur Mastixsträucher, Zistrosen, wilde Olivenbäume und vereinzelt Steineichen trotzen dem Gestein. Den richtigen Weg, der nicht zu verfehlen ist, weist eine durch den Windschliff entstandene steil aufragende Felsnadel.

Wunderwerke der Natur

Am Fuße des Kalkmonolithen angekommen, fällt der Blick auf die traumhafte Cala Goloritzè: Links und rechts von Felsen eingerahmt, schmiegt sich der herrliche Kiesstrand an die schroffe Steilküste. Leise plätschert das kristallklare Meer, die klitzekleinen Kiesel leuchten schneeweiß. Ein kleiner von Wind und Wellen geformter Steinbogen ziert den rechten Felsvorsprung – ein weiteres Wunderwerk der Natur. Nicht immer war es hier so friedlich: In den 1990er-Jahren spuckten Ausflugsboote im Sommer Scharen von Urlaubern an Land. Das wilde Ankern zerstörte aber bald die Natur. Vor einigen Jahren wurde deshalb das An- und Ablegen von Motorbooten verboten. Wer den Strand vom Wasser her ansteuern will, muss die letzten 300 Meter schwimmen oder rudern.
INFO: www.turismobaunei.eu

Route entlang der Ostküste

190 Kilometer, die man nicht so einfach vergisst

Wo sich Wassersportler, Wanderer, aber auch Kraxler tummeln und gewundene Serpentinen in kleine Dörfer hineinführen, lässt es sich auch prima Auto fahren. Wer die Ostküste entlang der SS 125 abfährt, erlebt eine Art »Best of« dessen, was allgemein als Sardinien wahrgenommen wird: unglaublich viele bildschöne Sandstrände, grandiose Ausblicke, idyllische Hafenorte und eine einzigartige Steilküste.

Mit dem Boot gelangt man zu den schönsten Stränden.

Ein paar Tage Zeit und ein voller Tank reichen aus, um zumindest einen Teil der Ostküste zu erkunden. Das Erlebnis beginnt im Golf von Orosei. Wer kurz hinter Dorgali die SS 125 verlässt und die Abzweigung nach links auf die SP 26 nimmt, genießt schon bald spektakuläre Ausblicke auf das Meer. Knapp sechs Kilometer geht es auf der kurvigen Landstraße bis nach Cala Gonone. Immer wieder erhascht man Blicke auf das blaue Wasser, während man durch die grüne Macchia fährt und sich rechts die zerklüftete Steilküste erhebt. Mit oder ohne Segel tuckern die Ausflugsboote ab dem Ferienort zu den Buchten des Golfes. Wer mag, fährt gleich rechts zur winzigen Kieselbucht Cala Fuili. Wer hingegen zur Mondbucht wandern möchte, sollte kurz links zum Hafen hinunterfahren und sich Rückfahrttickets für das Bootsshuttle von Cala Luna nach Cala Gonone besorgen, denn egal ob mit oder ohne erholsame Pausen – der Rückweg auf Schusters Rappen ist eine anstrengende Angelegenheit.

Serpentinen, Panoramablicke und Traumstrände lauten die Höhepunkte

Tags darauf geht es von Cala Gonone wieder hinauf, weiter auf der Staatsstraße 125 abwechselnd über lange Geraden und enge Serpentinen nach Baunei und zur Perda Longa. Wer die gigantische Felsnadel bereits kennt, hat die Möglichkeit, Su Golgo einen Besuch abzustatten. Die naturbelassene Hochebene erreicht man über eine Abzweigung in Baunei. Und ja, auf dem Plateau startet der Wanderweg, der in anderthalb Stunden zur berühmten Kieselbucht Cala Goloritzè führt.

Wieder auf der Panoramastraße SS 125 geht es in schmalen Kehren an den Berghängen entlang nach Santa Maria Navarrese und Arbatax. Dort herrscht Touristikstimmung pur, was schon die vielen Tische der Eisdielen, Cafés und Restaurants an der Strandpromenade anzeigen. Die Strände liegen hübsch an schattigen Pinienwäldern oder an brackigen Lagunen. Es gibt alte Sarazenentürme, rote Porphyrklippen, aber auch stille Spazierwege ringsum. Zum Dolce-Vita-Schnuppern sind die kleinen Hafenorte der Ogliastra ideal, für einen erfrischenden Sprung ins glasklare Wasser oder ein Sonnenbad am hellen Sandstrand sowieso.

An welchem Strand das Handtuch ausbreiten, das ist hier die Frage

Vom ehemaligen Fischerdorf mit den roten Felsen geht es noch einmal eineinviertel Stunden weiter nach Süden, bis an die Costa Rei und nach Villasimius. Die beiden Ferienorte sind die touristischen Trendziele in der Region des Sarrabus. Wer überall anhält und an jedem Strand dieses Küstenstrichs sein Handtuch ausbreitet, braucht dafür eine Woche. Wenn der Reiseplan aber nur einen oder zwei Tage zulässt, sollte man wenigstens ein paar Stopps fest einplanen: Der Scoglio di Peppino ist ein Muss, das Wasser an der Punta Molentis leuchtet azurblauer als es ein Maler je hinbekäme, und der Aufstieg zum Torre di Porto Giunco, der den Schriftsteller Ernst Jünger zu *Am Sarazenenturm* inspirierte, gehört auch dazu.

INFOS & ADRESSEN

Bootsfahrt zu den Stränden

Cala Luna, Cala Sisine, Cala Mariolu und Cala dei Gabbiani: Die atemberaubenden Strände am Golfo di Orosei entzücken Einheimische und Urlauber gleichermaßen. Am bequemsten erobert man die Prachtbuchten per Boot ab Arbatax, Santa Maria Navarrese oder Cala Gonone. Auch wer sich den Stränden von Villasimius vom Wasser her nähert, den erwarten unvergleichliche Ausblicke. Die Matilda II schippert zum Beispiel rund um das Capo Carbonara – Ausflug auf die Isola dei Cavoli, Schwimmstopp vor Porto Giunco und Landgang an der Punta Molentis inklusive. Nur wenn der Wind zu heftig bläst, fährt sie nicht raus. Das passiert in der Saison (April–September) aber nur selten.

WEITERE INFORMATIONEN

Fremdenverkehrsamt in Dorgali und Cala Gonone: www.enjoydorgali.it
Bootsausflug oder Shuttle im Golf von Orosei ab Cala Gonone:
www.calagononecrociere.it
Bootsausflug im Golf von Orosei ab Arbatax: www.heliosturismo.com
Bootsausflug am Capo Carbonara ab Villasimius: www.mabymare.com,
www.matildacharter.com

Osten & Südosten

43 Hafenort mit Flair – Arbatax

Roter Fels und Kap mit Aussicht

Das ehemalige Fischerdorf ist ein Ortsteil von Tortolì und bildet das Eingangstor zur Ogliastra. Mediterranes Ambiente, grandiose Ausblicke und fantastische Strände bestimmen das Ortsbild. Nach wie vor ist die Fischerei eine wichtige Einnahmequelle der Arbataxini. Doch der größte Besuchermagnet sind die zerklüfteten Porphyrklippen neben dem Hafen.

Ein bekannter Besuchermagnet: die Rocce Rosse von Arbatax (unten); der Bahnhof der Schmalspurbahn an der Hafenmole des Städtchens (oben rechts); Blick auf das Kap im Norden von Cea Marina (unten rechts).

Der kleine Hafenort mit dem pittoresken Sarazenenturm wurde von Hummerfischern aus Ponza gegründet, die sich zu Füßen des vorspringenden, geschützten Capo Bellavista niederließen. Sein fremdartig klingender Name lässt sich allerdings bis in das Morgenland zurückverfolgen, denn Arbatax soll von *arba'ata 'ashar* abgeleitet sein, was im Arabischen 14 bedeutet. Vielleicht eine Orientierungshilfe der Sarazenen, die sich auf diese Weise markante Punkte, wie einen der vielen wuchtigen Wehrtürme, in der Landschaft merkten? Gesichert ist es freilich nicht, dass der 14. Turm ein Wegweiser nach Arbatax war. Nichtsdestotrotz ragt am Hafen, an der von großen Pinien gesäumten Promenade, ein alter Wehrturm auf. Die stumpfkegelige Torre San Miguel, die im 16. Jahrhundert als Wachturm gegen einfallende Piraten gebaut wurde, diente auch als Munitionslager für alle anderen Warten der Region Ogliastra. Von hier hat man einen spektakulären Blick über den Hafen hinweg bis zu den Bergen. Doch die eigentliche Sensation sind die Rocce Rosse zu Füßen des Capo Bellavista. Seit Jahrmillionen trotzt das Wahrzeichen von Arbatax der Gewalt des Meeres.

Rote Porphyrfelsen

Von der Aussichtsterrasse lässt sich ein atemberaubendes Farbenspiel der Natur bestaunen: das leuchtend blaue Meer, die schäumende, weiße Gischt und das satte Rot der zerklüfteten Porphyrfelsen. Mit waghalsigen Sprüngen stürzen sich im Sommer hier die Jugendlichen

Hafenort mit Flair – Arbatax

von den Klippen in die blauen Fluten. Besonders stimmungsvoll ist es, wenn die untergehende Sonne die bizarr geformten Felsen in ein goldenes Licht taucht. Weithin sichtbar erhebt sich auf dem Capo Bellavista ein zweistöckiger Leuchtturm mit schmuckem Türmchen. Die Aussicht von der Hügelspitze ist grandios: Der Blick schweift weit übers Meer, die Sandbuchten und das seichte Wasser der Lagune. Bis weit ins Hinterland sind die Berghänge der Weiler von Lanusei, Villagrande und Talana zu sehen.

Erst ins Umland, dann zum Baden

Einen Trip in die Bergdörfer können echte Eisenbahnfreunde mit dem *Trenino Verde* (siehe Seite 115) zurücklegen. Am Eingang zum Fährhafen liegt der nostalgische Bahnhof der sardischen Schmalspurbahn, denn Arbatax ist nicht nur Ziel- und Abfahrtsort der Schiffe, die das italienische Festland mit der Insel verbinden. Der Ort war einst auch ein wichtiger Bahnhof der »grünen« Eisenbahn, die den Hafen mit Mandas in der Provinz von Cagliari verband und die Beförderung der landwirtschaftlichen Güter aus der unzugänglichen Ogliastra sicherte. Von einer elektrischen Lok gezogen, rattern die schlichten Waggons von Mitte Juni bis Mitte September auf einer teilweise schwindelerregenden Serpentinenstrecke durch atemberaubende Landschaft, die man so zu Fuß oder gar mit dem Auto niemals erreichen würde: Tiefe Täler, steil aufragende Felswände, dichte Steineichenwälder. Dazwischen muntere Bäche. Zweieinhalb Stunden dauert die 62 Kilometer lange Fahrt nach Gairo, die nicht nur für Bahnfans ein unvergessliches Erlebnis ist. Eine weitere Attraktion sind Arbatax' lange, feine Sandstrände – Porto Frailis, San Gemiliano und Basaura –, die nur in den Sommermonaten Juli und August stark frequentiert sind. Hinreißend ist der helle Sandstreifen zwischen Meer und Lagune mit grandiosem Blick auf die nördlich von Santa Maria Navarrese beginnende Steilküste. Der flache, 289 Hektar große Salzsee ist indes bekannt für die Zucht von Seebarschen, Goldbrassen und Muscheln. Nach alter Tradition ziehen die Fischer dort aber auch Meeräschen, Aale und Venusmuscheln in Netzen an Land.

CEA: DER SCHNORCHEL MUSS MIT!

Porphyrfelsen gibt es auch südlich von Arbatax, beispielsweise an der bildschönen Spiaggia di Cea, die zu den beliebtesten Stränden der Ogliastra zählt. Populär macht diese Bucht vor allem das farbliche Zusammenspiel von üppig-grüner Macchia, weißem Sandstrand und rotem Gestein. Die beiden nadelförmigen bis zu 40 Meter aus dem Meer ragenden Scoglius Arrubius (rote Felsen) sehen aus, als ob jemand sie ins Meer geschleudert hätte. Das dunklere Blau um das Wahrzeichen Ceas verrät, dass das Wasser um die Porphyrfelsen etwas tiefer ist und sich daher bestens zum Schnorcheln eignet. Der nördliche Ausläufer der Bucht sorgt hier für eine ruhige Wasserlage und sichere Badebedingungen. Also Kopf unter Wasser und einfach gleiten lassen – ein berauschendes Gefühl! Nichtschwimmer haben von der kleinen Bar auf den Dünen den besten Blick auf die roten Felsen und das bunte Treiben am Strand.

WEITERE INFORMATIONEN

www.comuneditortoli.it,
www.ogliastraontheweb.it

Am Strand von Santa Giusta. Im Wasser der Scoglio di Peppino, der die Form einer Schildkröte hat (oben); ungestörtes Plätzchen am südlichen Ausläufer der Cala Pira. Hier ist der feine Sand mit Steinen belegt (unten rechts); Teil eines geschmückten bäuerlichen Gespanns auf dem Fest Sagra degli Agrumi in Muravera (oben rechts).

44 Eldorado für Baderatten – Costa Rei

Oase aus Meer und Strand

Vor einem halben Jahrhundert war die Costa Rei noch ein kaum beachteter, makelloser Sandstreifen, eingehüllt von einer grünen Hügellandschaft. Heute zählt der spektakuläre Küstenstrich zu den beliebtesten Zielen der Insel. Seinen besonderen Reiz macht die Verbindung von Einsamkeit, endlosem Strand und türkisblauem Meer aus – vorausgesetzt, man kommt nicht zur Hochsaison.

Bogenförmig zieht sich der circa zehn Kilometer lange, weiße Bilderbuchstrand von der abgeschiedenen Landzunge Porto Pirastu bis zum bizarr geformten und vom Meer glatt gewaschenen Scoglio di Peppino. Im Norden schwappen die Wellen gegen die felsige Küste, auf der sich zum Wochenende Petrijünger mit ihren Angeln gemütlich niederlassen. Im Süden beginnt der nur gelegentlich von kleinen Felsen unterbrochene Sandstreifen mit seichtem, klarem Wasser und Wacholderbüschen im Hintergrund.

Die Küste im Wandel der Zeit

Bis Anfang der 1960er-Jahre herrschte an dem Küstenstrich noch absolute Abgeschiedenheit. Nur Tiere folgten den staubigen Pfaden durch die Macchia bis an den Strand. Dann kamen die Belgier und entdeckten das Ferienparadies am Monte Nai für sich. Seitdem ist die Zeit, in der Kuhherden sich am weißen Sandstrand die Hufe vertraten, vorbei. Die Investoren machten Kapital locker und ließen die ersten Straßen und Häuser errichten. Heute ist Costa Rei ein moderner Ferienort mit Plätzen, Cafés, Restaurants und Supermärkten, der im August beinahe aus allen Nähten platzt. Hier haben viele Italiener ihr Ferienhaus, das sie im Sommer mit Familie und Freunden bevölkern. Und doch kann es hier auch herrlich einsam sein: nämlich außerhalb der Hochsaison, wenn die Costa Rei ihren Dornröschenschlaf hält. Dann liegt der Ort verlassen da. Nicht mehr als eine Handvoll Menschen verirren sich an den kilometerlangen Traumstrand. Restaurants und Bars öffnen nur noch am Wochenende, oder

Eldorado für Baderatten – Costa Rei

sie bleiben gleich ganz geschlossen. Und auch an der Tankstelle ist von der obligatorischen sommerlichen Warteschlange so gut wie nichts mehr zu sehen.

Gezwitscher, Fernblick und Taucherbrille

Abgesehen von dem außergewöhnlich schönen Strand lockt die Landschaft auch mit wichtigen Feuchtgebieten. Nördlich der Costa Rei liegen die Lagunenseen Stagno di Feraxi und Stagno di Colostrai, die zu den wichtigsten Biotopen der Südostküste zählen. Wenn die Hitze des Sommers aus dem Flusstal gewichen ist, kommen die Vögel. Dann tummeln sich Flamingos, Krähenscharben, Zwergdommeln, Weißstörche, Löffler, Rohrweihen, Nacht-, Rallen-, Silber- und Seidenreiher in dem rund 200 Hektar großen, sensiblen Ökosystem an der Mündung des Rio Picocca. Der ideale Zeitpunkt, um zu Fuß, per Rad oder zu Pferd auf Vogelbeobachtung zu gehen.

Wer südlich des Stagno di Feraxi wandert, kann zwischen Macchia und bizarr geformten Felsen auf den Gipfel des 289 Meter hohen Monte Ferru steigen. Von oben reicht der Blick bei schönem Wetter vom Capo Carbonara im Süden bis nach Porto Corallo im Norden. Nach dem Abstieg kann man westlich des Hügels in einer der schönsten Buchten dieses Küstenstrichs, der Cala Sa Figu, ein Bad im blauen Meer nehmen. Nicht weniger eindrucksvoll ist das einsame, markante Capo Ferrato. Das zerklüftete Kap, das die Grenze zwischen den dunkleren Basaltstränden im Norden und den elfenbeinfarbenen Granitsandbändern der Costa Rei darstellt, gilt als Eldorado für Taucher. Das Gewässer wimmelt nur so vor Brassen, Mönchsfischen, Goldbarschen, Meerraben, Bärenkrebsen und Langusten. In den unberührten Seewiesen aus Neptungras verstecken sich Salpen, große Steckmuscheln und junge Bernsteinmakrelen. Senffarben und in kräftigem Rot leuchten Gorgonien, gelbe Hornkorallen und Krustenanemonen. Die Sicht ist fantastisch, selbst Fische in mehreren Metern Entfernung kann man noch klar erkennen. Dieses Naturschauspiel und die atemlose Stille über dem Wasser sind es, die Ruhesuchende, Taucher und Schnorchler gleichermaßen in den Bann ziehen.

SAGRA DEGLI AGRUMI: FEST IN ORANGE UND GELB

Alljährlich zieht ein fröhliches Zitrusfrüchtefest Tausende Besucher ins Städtchen Muravera, das durch eine Hügelkette geschützt im fruchtbaren Tal des Flusses Flumendosa liegt. Die duftenden Apfelsinen, Mandarinen und Zitronen gedeihen in diesem von der Sonne verwöhnten Landstrich besonders gut und begründeten einst den Wohlstand der Kleinstadt. So zelebriert Muravera jedes Jahr im April ein drei Tage dauerndes Agrumen-Fest. Besonders stimmungsvoll ist der prächtige Umzug am Sonntagmorgen. Neben den süß-sauren Erzeugnissen kommen beim festlichen Aufmarsch auch Tradition und Folklore nicht zu kurz: Prachtvoll geschmückte Wagen stellen das bäuerliche Leben dar, Launedda- und Akkordeonspieler ziehen musizierend durch die Straßen, zudem sind bunte Reitergruppen, alte sardische Karnevalsmasken und Folkloregruppen aus ganz Sardinien zu bewundern.

WEITERE INFORMATIONEN

www.aptcostarei.com,
www.sagradegliagrumi.it

Exotisches Paradies: Die bogenförmige Cala Pira mit gleichnamigem spanischen Küstenturm im Gemeindegebiet von Castiadas.

45 Trendiges Sommerziel – Sarrabus

Der perfekte Ort für einen abwechslungsreichen Strandurlaub

Das Sarrabus ist bekannt für seine wildromantische Natur. Der einsame Landstrich fasziniert mit langen, weißen Sandstränden, traumhaften Buchten und einer von duftender Macchia und knorrigen Eichenwäldern überzogenen Bergwelt, die fast ein wenig verwunschen anmutet. Einen ganz eigenen Charme in dieser Einöde verströmt das beschauliche Küstenstädtchen Villasimius.

Als der deutsche Schriftsteller Ernst Jünger Mitte der 1950er-Jahre zum ersten Mal nach Villasimius reiste, gelangte er mitten ins Nirgendwo: an einen Ort am Ende der Welt – einsam gelegen an fantastischen Stränden irgendwo zwischen Cagliari und der Strafkolonie von Castiadas – der aber gerade daraus seinen Zauber bezog. In das abgeschiedene Dorf hatte ihn seine Suche nach dem einfachen Leben verschlagen – eine Geschichte, die er in seinem Reisebericht *Am Sarazenenturm* aus dem Jahr 1955 beschrieb.

Weltflucht nach Villasimius

Der Schriftsteller mietete sich im Dorfzentrum bei der Wirtin des »Stella d'Oro« ein und zelebrierte seinen Rückzug in eine entlegene Gegend. Gastfreundschaft, Sonne und Meer veränderten schon bald seine anfangs eher düstere Stimmung und veranlassten ihn auch in den folgenden Jahren zu weiteren Aufenthalten auf Sardinien.

Im Gegensatz zu früher ist Villasimius heute kein Fleckchen im Nirgendwo mehr, sondern ein viel besuchtes Ausflugsziel. Der im Winter nur wenige Seelen zählende ruhige Weiler avanciert im Sommer zum Trendziel von Urlaubern aus aller Welt. Schicke Motor- und Segeljachten ankern dann im kleinen Hafenbecken, auf den Liegen am Strand räkeln sich die Sommerfrischler, und im Wasser tummeln sich Baderatten mit und ohne Schnorchel und Flos-

Die Punta Molentis bei Villasimius darf sich mit ihrem azurblauen glasklaren Wasser, dem feinen weißen Sand und den glitzernden Granitblöcken im Hintergrund zu den besten der Insel zählen (unten); azurblaues Meer und weißer Sand: fantastische Aussicht von der Torre di Porto Giunco (oben rechts).

sen. Am Abend flaniert man über die quirligen Straßen Via Umberto und Via del Mare, eine Fußgängerzone mit kleinen Läden, Restaurants, Eisdielen, Cafés und Bars, die zum Besuch einladen.

Die Qual der Wahl

Die meisten Touristen kommen wegen der traumhaften Strände her: Porto Sa Ruxi, Cala Caterina und Timi Ama. Mehrere Kilometer vor den Toren der Stadt erstreckt sich der Simius-Strand – ideal zum Schwimmen, Schnorcheln oder einfach nur zum Sonnenbaden. Auch Kultur und Ambiente sind nicht weit: Am modernen Jachthafen bildet eine trutzige Burg aus dem 14. Jahrhundert die Strandkulisse, am Strand von Porto Giunco ein alter Sarazenenturm, und an der Spiaggia di Notteri lockt ein flacher Lagunensee. Der Favorit bei den Einheimischen ist der paradiesische schneeweiße Sandstrand von Notteri, der sich halbmondförmig ausbreitet. Dahinter befindet sich ein Lagunensee in Himmelblau, in dem vereinzelt Flamingos durch das brackige Wasser stöckeln.

Erst Steinbruch, dann Bilderbuchstrand

Auch die nur wenige Hundert Meter lange Sandzunge Punta Molentis, die das Festland mit einem klitzekleinen Eiland verbindet, ist ein besonderes Kleinod und besticht mit weißem puderfeinem Sand, glitzernden Granitbrocken, kristallklarem Wasser und der grandiosen Silhouette unbebauter grüner Hügel im Hintergrund. Die Luft ist geschwängert vom starken Duft von Wacholder, Mastixstrauch und Zistrose. In früheren Zeiten legten an der Ostseite der sichelförmigen Bucht große Schiffe an. Sie transportierten Granit, der hier als Werkstein für Bauzwecke abgebaut wurde. Als der Betrieb Ende der 1950er-Jahre eingestellt wurde, blieben nur eine kleine Mole und ein Arbeiterhäuschen erhalten. Hinter dem alten Gebäude, in dem im Sommer eine Strandbar eingerichtet wird, erstreckt sich eine bizarr erodierte Granitfelslandschaft. Ein Spaziergang lohnt sich vor allem wegen der traumhaften Sicht über die Bucht und das hügelige Hinterland. Auch der Name des Bilderbuchstrandes verrät, dass hier früher Lasten bewegt wurden: *Su Molenti*, das ist der Esel, der von den Steinmetzen für den Transport der Blöcke benötigt wurde. Damit die Traumbucht mit dem flachen, sandigen Meeresboden auch weiterhin ein schönes Plätzchen bleibt und die Interessen des Naturschutzes gewahrt werden, ist der Zugang in den Sommermonaten begrenzt. Wer die Punta Molentis zur Hauptreisezeit entdecken will, sollte sich frühzeitig einstellen. Von ihrer schönsten Seite zeigt sich die Bucht aber im Frühjahr, wenn der Strand nahezu menschenleer ist und sich der Duft der Macchia mit der salzigen Seeluft mischt.

GRANDIOSE AUSSICHTEN VON DER TORRE DI PORTO GIUNCO

Der Sarazenenturm aus dem 16. Jahrhundert, der Ernst Jüngers Büchlein seinen Namen gab, lädt auf der Ostseite des Capo Carbonara zu einem sonnigen Panoramaspaziergang ein. Der Anstieg beginnt am malerischen Strand von Porto Giunco. Auf einem schmalen, aber leichten Trampelpfad durch die duftende Macchia geht es bergauf, immer den Küstenturm im Blickfeld. Nach den letzten steileren Metern ist die alles überragende, etwa neun Meter hohe und 50 Meter über dem Wasser thronende spanische Torre di Porto Giunco mit herrlicher Aussicht auf das azurblaue Meer erreicht. Und dann wird man für die Mühe des Anstiegs reichlich belohnt: Denn von oben schweift der Blick über die Isola dei Cavoli und Isola di Serpentara, im Westen bis zum kleinen Jachthafen und nach Campulongu. Im Osten gleitet das Auge über die im Sonnenlicht weiß schimmernden, flachen Sandstrände und den brackigen Lagunensee im Hintergrund. Ein Blick von unbeschreiblicher Schönheit!

WEITERE INFORMATIONEN

http://villasimiusturismo.it

So kocht Sardinien

Glückliche Schafe, fangfrischer Fisch, aromatischer Käse und ein Gläschen Wein bringen sardische Zungen zum Schnalzen

Die Küche Sardiniens ist wie die Insel: abwechslungsreich. Es gibt Fisch und Fleisch in Hülle und Fülle, reichlich Käse und Wurst, massig Obst und Gemüse, viel Getreide und Hülsenfrüchte, literweise Olivenöl und dazu das, was ein Potpourri verschiedener Kulturen beigesteuert hat. An erster Stelle eine Prise arabischer Gewürze, ein Quäntchen katalanischer Aromen und ein Hauch Geschmack aus Genua.

Käse kauft man am besten auf dem Markt (oben). Die kugeligen Fladen des »Pane carasau« werden bei ca. 220–240 Grad gebacken (rechts oben). Auf sardische Köstlichkeiten spezialisiert: L'Osteria di Castello in Cagliari (unten). Das rote Gold Sardiniens: Ein klassischer »Risotto allo Zaffanero« (rechts unten).

Lust auf Fleisch

Porceddu arrustu heißt übersetzt so viel wie Milchschweinchen am Spieß. Das am offenen Holzfeuer gegarte Spanferkel gilt als so etwas wie das »Nationalgericht« der Sarden, was bei einer Insel, die ringsum von Meer umgeben ist, erstaunt. Und doch ist es so. Die Sarden essen besonders gerne Fleisch; Lamm, Zicklein und Schaf, die gegrillt, gekocht oder geschmort aufbereitet werden, gebratenes Pferdefleisch, Kaninchen, Wildschwein, Drosseln und Wachteln, die aber nur noch sehr eingeschränkt gejagt werden dürfen. Die aus Hartweizengrieß hergestellten *Malloreddus* auch *gnocchi sardi* werden mit einer herzhaften Wurst-Tomaten-Soße serviert. Und dann wären da noch *cordula* und *trattalia*, Eingeweide von Lamm und Zicklein, die besonders an Feiertagen zu schmackhaften Gerichten verarbeitet werden.

Das schmeckt nach Meer

Die Lagunen und das Meer vor Sardinien sind reich an Muscheln, Tintenfischen, Meeräschen, Marmor-, Gold- und Zahnbrassen. An den Küsten tischen die Köche deshalb vor allem Meeresfrüchte und Fisch auf: Es gibt Seeigel, Purpurschnecken, Miesmuschelsüppchen, frittierte Sardinien, Katzenhai in Nuss-Essig-Soße und Spaghetti mit Venusmuscheln, meist mit *Bottarga di muggine*, dem luftgetrockneten und geräucherten Rogen der Meeräsche, bestreut. Aber auch arabische und spanische Spezialitäten, wie das *Cascà tabarchino* aus Carloforte und die *Aragosta alla catalana* aus Alghero kommen auf den Tisch. Während das Fisch-Gemüse-Couscous aus Tunesien stammt, ist die gekochte Languste mit fein geschnittenen Zwiebeln und Tomaten als Garnitur auf den Einfluss der Katalanen zurückzuführen.

Großmeister des Brotes
Knuspriges *Pane carasau*, das wegen seiner Dünne auch *carta da musica*, Notenpapier, genannt wird, kunstvoll verzierte *Coccoi* – sardische Backwaren könnten nicht vielfältiger sein. Da gibt es runde und rechteckige Brote mit knackiger Kruste, softe Fladen und Riesenlaibe. Weitverbreitet sind neben *Pane carasau* und *Coccoi* der *Civraxu*-Laib aus Hartweizen, das krosse *Pane pistoccu*, das mit Olivenöl und Salz aromatisierte *Pane guttiau* und die *Spianata*, eine Art Tortilla. Gerne gegessen wird die *Fainè*, ein Pfannkuchen aus Kichererbsenmehl, der ursprünglich aus Genua kommt. Ein berühmtes Brotgericht ist das *Pane frattau*, bei dem abwechselnd »Notenpapier«, Tomatensoße und Schafskäse geschichtet und die letzte Schicht mit einem pochierten Ei garniert wird.

Frisch, gereift oder madig
Ob vom Schaf, von der Ziege oder von der Kuh, Käse gibt es auf der Insel in den unterschiedlichsten Sorten und Reifestufen. Auf der perfekten Käseplatte sollten der berühmte *Pecorino sardo*, der *Caprino*, die gesalzene *Ricotta*, der *Casu axedu* (auf halber Strecke zwischen Käse und Joghurt) und der *Casizolu* (von der Kuh) nicht fehlen. Beim Käse scheuen die Sarden auch das Verdorbene nicht. Das kann jeder bestätigen, der einmal in ein mit *Casu marzu* bestrichenes Brot gebissen hat. Der Madenkäse wird nur unter der Hand verkauft und hat schon das Herz von so manchem Gourmet höherschlagen lassen.

Weinselige Aufbruchstimmung
Vino aus Sardinien galt früher als billig und nicht besonders gut gemacht. Seit einigen Jahren keltern die sardischen Winzer jedoch eine beeindruckende Vielfalt an exzellenten Weinen. Unter den hervorragenden Tropfen fallen z. B. der weiße Vermentino »Funtanaliras Oro« aus Monti oder der rote Cannonau »Carros« aus Oliena auf. Bei den Desserts weicht der Sarde auf einen Vernaccia älteren Jahrgangs oder einen Moscato aus. Den Abschluss zum Espresso bilden *Mirto*, ein Myrtenlikör, oder *Filu 'e ferru* (Aquavit).

Der 120 Meter über dem Wasser hockende Leuchtturm von Capo Carbonara wirft sein Licht alle 7,5 Sekunden über Meer und Land (oben); feine Dünen und bizarre Felsformationen auf dem Eiland an der Punta Molentis (rechts unten); Leinen los, Segel hissen und Kurs aufnehmen, heißt es auf der Fahrt mit dem Segelboot »Matilda II« (rechts oben).

46 Area Marina Protetta (AMP) Capo Carbonara

Paradies für Naturfreunde

Traumhafte Strände, lauschige Buchten, bizarre Granitformationen, einsame Eilande und viel Natur, die den Krähenscharben, Rotrückenwürgern, Seeschwalben und Flamingos gehört. Der Naturpark Capo Carbonara zwischen dem Capo Boi im Westen und der Isola di Serpentara im Osten ist ein Paradies mit azur- bis tiefblauen Meeresfluten – ein echter Geheimtipp für Entdecker.

Wilder Wacholder und duftende Myrte, Brachpieper, Wanderfalken und manchmal auch Delfine: Das Meeresschutzgebiet Capo Carbonara am Südrand von Villasimius ist ein Naturparadies der Superlative. Seit seiner Gründung im Jahr 1998 erstreckt es sich auf 14 360 Hektar Wasserfläche und 47 900 Meter Küstenlinie zwischen dem Capo Boi und der Isola di Serpentara. An das glasklare Meer grenzen atemberaubende Strände und ein Lagunensee, wo Flamingos, Seeschwalben und andere Vögel rasten. Kleine Sandbänke, Felswände und ein Wrack laden zum Tauchen ein. Unbewohnte Inseln bieten einen Lebensraum für Pflanzen, die sonst nur noch selten vorkommen. Seinen Namen verdankt der Park dem kilometerweit ins Meer hinausragenden Capo Carbonara. Mit Carbone ist die Holzkohle gemeint, die in dieser Gegend bis Mitte des 19. Jahrhunderts besonders intensiv gewonnen wurde. Westlich und östlich des schmalen Kaps aus hartem Granitfels haben die Meeresströmungen gleich eine ganze Reihe großer und kleiner, weißer Strände mit Karibikflair angeschwemmt. Sie liegen eingebettet zwischen felsigen Landzungen, den Ausläufern des Sette-Fratelli-Massivs. Der Naturpark zählt zu den Meeresschutzgebieten der Insel, denen es zu verdanken ist, dass die Feriensiedlungen in den jeweiligen Gebieten überschaubar geblieben sind. Vielerorts waren die Pläne für einen größeren touristischen Ausbau schon geschmiedet, doch die Parkgründung hat diese Landschaften so erhalten, wie sie Einheimische und Urlauber lieben – Natur in Reinform.

Area Marina Protetta (AMP) Capo Carbonara

Einsame Eilande

Vor dem langen Kap erstreckt sich die unbewohnte Isola dei Cavoli. Ihren Namen hat sie von der seltenen *Brassica insularis*, einer krautigen Kohlpflanze mit zwittrigen Blüten, die hier in Massen wächst.

Der kleine Strand und die zerklüfteten Buchten des felsigen Eilands können zwar nicht mit dem Charme der anderen Strände im Naturpark mithalten, doch darf die Isola dei Cavoli sich zu den ursprünglichsten Inseln des Schutzgebietes zählen. Statt Sand, der fein wie Puderzucker ist, trumpft sie mit unberührter Natur auf. Von ihren Felsen magisch angezogen wird der majestätische Wanderfalke, der mit über 300 Stundenkilometern im freien Fall das schnellste Lebewesen der Welt ist. Doch auch Kormorane, Sturmtaucher und Möwen, deren Geschrei man vor allem im Frühjahr rund um das Eiland hört, kommen zur Brutzeit hierher. Auf dem höchsten Punkt der Insel thront ein knapp 40 Meter hoher Leuchtturm aus dem Jahr 1856, dessen Lichtstrahlen noch in 23 Seemeilen Entfernung eine unübersehbare Orientierungsmarke für Seefahrer bilden.

Blick über die Engelsbucht

Der Blick von dort oben schweift über die gesamte »Engelsbucht« von Cagliari. Eine weitere felsige, unbewohnte Insel des Parks, auf der man eine unverfälschte Naturidylle erlebt, ist die Isola di Serpentara. Auf der gesamten »Schlangeninsel« wuchern Macchiagewächse wie der Sardische Wacholder. Die Büsche scheinen direkt aus den Felsen zu wachsen. Der Name des Eilands wirkt abschreckend auf Besucher, denen Reptilien nicht geheuer sind. Da ist es gut zu wissen, dass es auf der Insel weder Nattern noch Vipern gibt. Vielmehr rührt der Name von dem länglichen Umriss der Insel her, der ein wenig einer Schlange ähnelt. Am häufigsten anzutreffen sind Wildkaninchen oder Korallenmöwen und Krähenscharben; Letztere verbringen den Großteil des Tages zwischen den Felsen im Wasser, auf der Jagd nach kleinen Fischen. Ein Highlight ist die Ruine der Torre di San Luigi. Aus 54 Metern Höhe breitet sich die einzigartige Küstenlandschaft von Villasimius vor dem Besucher aus. Und mit etwas Glück kann man die heimischen Vogelarten bei ihren »Ausflügen« beobachten.

SEGELN IM NATURPARK CAPO CARBONARA

Die Krönung eines jeden Naturpark-Besuchs ist eine Bootstour im Meeresschutzgebiet. Mit seiner zweiköpfigen Crew sticht Kapitän Longoni Tag für Tag am Capo Carbonara in See. Seine 22-Meter-Segeljacht »Matilda II« gleicht einem historischen Schoner: viel Holz, zwei Masten und große Rahsegel. Sie ist gut in Schuss, auch wenn sie schon einige Jahre auf dem Buckel hat. Mehr als 40 Gäste haben Platz, dazu kommen der Bootsführer, ein Matrose und ein Koch, der das leichte Bordmenü zubereitet. Von Ende April bis Ende September segelt sie von 10.30 bis 16.30 Uhr durch den fischreichen Naturpark. Den Tag im Segelrevier verbringt man vorwiegend an Bord oder beim Schnorcheln im glasklaren Wasser. Nur zweimal geht es an Land: um die unbewohnte Isola dei Cavoli zu erkunden und, um an einem der schönsten Strände von Villasimius, der Punta Molentis, eine Badepause einzulegen oder in der Strandbar ein erfrischendes Getränk zu genießen.

WEITERE INFORMATIONEN

www.ampcapocarbonara.it

Inland

Gigantische Bergkulissen, Wildpferde und Sardiniens einziges Welterbe

Wandern im Gennargentu: auf dem Weg zur Punta La Marmora, dem Dach der Insel (links). Ostersonntag in Oliena: die Volkstanz- und Trachtengruppe lädt zum Fest ein. Im Hintergrund der Monte Corrasi (oben). Deftiges aus der Bergregion: die luftgetrocknete Sartizza Siccada ist DIE sardische Wurstspezialität (unten).

Eine der atemberaubendsten Bergregionen der Insel: der Supramonte bietet tolle Strecken für Wanderbegeisterte und Naturfans (oben); Blick von der Punta La Marmora auf die Gebirgskette des Gennargentu bei Sonnenaufgang (rechts).

47 Abgeschiedene Bergwelt – Gennargentu und Supramonte

Willkommen in der Wildnis

Das einsame Gennargentu-Gebirge lockt mit kargen Bergweiden, nackten Felswänden, blühendem Ginster und duftender Immortelle. Das Supramonte-Massiv ist dünn besiedelt, voller unauffindbarer Schlupfwinkel und von spröder Schönheit. Das passende Revier für Mufflons, Steinadler, Laubfrösche, Siebenschläfer, aber auch umsichtige Wanderer, die diese ausgestorbene Wildnis zu schätzen wissen.

Mufflons sind sehr scheue Tiere und in einsamen, gebirgigen Landschaften heimisch, wo Böcke, Weibchen und Lämmer weitgehend ihre Ruhe haben. Auf den kargen Bergrücken des Gennargentu springen sie noch schnell und behende die nackten Felshänge hinauf. Das überwiegend aus Granit, Kalk und Glimmerschiefer bestehende Gebirgsmassiv liegt südlich von Fonni, zwischen den Regionen Barbagia und Ogliastra. In den tieferen Lagen, in den immergrünen Hainen mit ihren nadelförmigen Eiben, herzblättrigen Erlen, Eichen und Stechpalmen leben Wildschweine, Rotfüchse, Wildkatzen, Marder, Wiesel und Siebenschläfer. Aus dem dichten Gebüsch tönen die Rufe der Stieglitze und Buchfinken. Salamander, Kröten und Frösche hingegen bevorzugen die Wasserquellen des Massivs. Hier ist auch der Sardische Gebirgsmolch beheimatet, ein kleiner im Wasser lebender Lurch, den es nur auf der Insel gibt. Hinter den Waldungen dehnen sich Wiesen, Schaf- und Kuhweiden aus, bedeckt mit wildem Thymian.

Wo die höchsten Berge der Insel in den Himmel ragen

Je höher man kommt, desto karger und spärlicher wird der Bewuchs. Kein Strauch oder Baum krallt sich in den Fels, keine Schäferhütte trotzt der Einsamkeit – die Landschaft hat sich in eine fast vegetationslose Wildnis verwandelt. Sperber, Steinadler und Turmfalken ziehen

Faszination Gennargentu: schier unendliche Weiten und unberührte Natur (oben).

über den Gipfeln ihre Kreise. Die kahlen Anhöhen wirken wie Felsen in der Brandung, über denen sich das Blau des Himmels türmt. Hier gedeihen nur noch die duftende Immortelle und der Ginster, der die Hänge in hellem Gelb erstrahlen lässt. An diesem Ort erheben sich die höchsten Berge Sardiniens. Mit seinen 1834 Metern Höhe überragt die Punta La Marmora alle anderen Gipfel der Insel. Benannt ist das Massiv nach dem piemontesischen General und Naturforscher Alberto Ferrero, Graf von La Marmora, der Sardinien im 19. Jahrhundert erkundet und vermessen hat. Die Sarden haben dem Berg den Namen Perdas Carpìas gegeben, was so viel wie »gespaltener Fels« bedeutet und sich vermutlich daraus ableitet, dass sich seine Schieferschichten stellenweise gebrochen oder zersplittert zeigen. Von der Spitze bietet sich ein herrlicher Blick über endlose Weiten aus Hügeln und Tälern. Der Bruncu Spina, der zweithöchste Gipfel des Gennargentu, ist nur unwesentlich niedriger als die Punta La Marmora. Er ist ein beliebtes Wintersport-Terrain, mit Pisten für Skifahrer und Snowboarder. Beinahe alpin wirken die schneebedeckten Gipfel der Berge im Winter, wenn die Eiskristalle wie Diamanten im hellen Sonnenlicht funkeln.

Das höchste Dorf

Der 1595 Meter über dem Meer liegende Monte Spada ist zwar nur der neuntgrößte Berg der Insel, doch an Sommer- wie Winterwochenenden bewegen sich ganze Familien durch die bergige Landschaft, um sich an der herrlichen Aussicht zu erfreuen. In der Gipfelregion ist auch das höchstgelegene Dorf Sardiniens zu finden: In exakt 1000 Metern Höhe thront Fonni am nördlichen Ausläufer des Gennargentu. Der einst eher nüchterne und harmlose Weiler hat sich in den letzten Jahren zum beschaulichen Bergdorf mit pittoreskem Stadtkern und hübschen Wandbildern gemausert. Den besonderen Reiz des Gennargentu machen die Einsamkeit und die Weite der Landschaft aus. Bei guter Sicht kann man kilome-

Abgeschiedene Bergwelt – Gennargentu und Supramonte

terweit in alle Himmelsrichtungen blicken, ohne irgendwelche menschlichen Spuren zu entdecken. Eine spröde, einsame Landschaft, in der Wanderer vollkommene Ruhe und Stille genießen. Nur gelegentlich taucht am Horizont ein verlassener Steinhaufen auf. Ein Zeichen von Zivilisation ist die Nuraghe Ruinas, die im Gebiet von Arzana idyllisch zu Füßen des Gebirgsmassivs liegt. Der urgeschichtliche Turmbau ist der höchstgelegene der Insel. Die Nuraghe hat Stürme, Sonnenglut und frostige Nächte überstanden und hockt seit mehr als 3000 Jahren in 1197 Metern Höhe auf dem Dach Sardiniens. Ein dreitürmiger Riese aus hellen Gesteinsblöcken, rundherum verstreut sind etwa 200 Rundhütten und zwei Gigantengräber zu sehen. Nicht viel kündet heute noch von der bronzezeitlichen Siedlung, deren Bewohner wahrscheinlich durch eine verheerende Seuche ausgestorben sind. Einsam stehen vor dem aufgegebenen Rundbau noch ein vier Meter hoher Tholos und ein kleiner Innenhof in der kargen Berglandschaft.

Filmreife Szenerie

Eine filmreife Berglandschaft mit herrlichen Impressionen dominiert auch südlich des Flumendosa. Malerisch, zwischen sanften Bergrücken eingekeilt, sammelt sich das Wasser des künstlich aufgestauten Flusses in der Schlucht von Bau Muggeris zu einem sechs Kilometer langen See. Südwestlich davon steht eine grandiose Felsformation aus der Zeit des Jura wie eine Hürde im Weg. Schroff und kahl erhebt sich der Perda 'e Liana am Südausläufer des Gennargentu in 1293 Metern über dem Meeresspiegel. Ein eindrucksvoller, 50 Meter hoher und 100 Meter breiter, abgeschiedener Felsbrocken, der aus einem stumpfkegeligen Plateau ragt und noch aus großer Entfernung sichtbar ist. Der Weg hinauf ist mäßig steil, gut ausgetreten und noch besser markiert, denn der blockabsatzähnliche Felsen ist ein guter Anhaltspunkt, um bei einer Wanderung den Weg zu finden. Vor allem am frühen Morgen, wenn die Sonne aufsteigt, kann man hier mit viel Glück und Geduld Mufflons in freier Wildbahn antreffen.

Von bestechend wilder Schönheit

Schwer zugänglich, wild und kaum bekannt: Das Supramonte-Massiv nordöstlich des Gennargentu ist ein weiteres faszinierendes Aus-

Der höchste Berg Sardiniens ist fast erreicht: Wegweiser zur Punta La Marmora in 1659 Metern Höhe (unten); Kletterpartie im Monte Tiscali. Das frühzeitliche Nuraghendorf liegt gut versteckt (ganz unten).

Inland

Fast wie echt: wunderschönes Wandbild in der Altstadt von Fonni (unten); Sa Sedda 'e Sos Carros: Das wertvollste und archäologisch wichtigste Fundstück der Nuraghenanlage ist das Brunnenheiligtum mit den wasserspeienden Widderköpfen (oben rechts); die kleine Korallen-Pfingstrose ist genügsam und kann auch in voller Sonne gedeihen (unten rechts)

flugsziel. Steil wie eine Wand türmt es sich südöstlich von Nuoro auf. Die Landschaft ist geprägt von weißen Granitfelsen und rassigen Graten, riesigen Grotten und breiten Dolinen, tiefen Schluchten und grünen Tälern, sprudelnden Quellen und weitläufigen Steineichenwäldern in den unteren Lagen. Etwas mehr als ein Dutzend Kilometer südwestlich von Dorgali hat sich einer der tiefsten Canyons Europas in die Erdkruste gefräst. Die Gola di Gorropu ist eine riesige Furche, die sich durch das karstige Gestein des Monte Oddeu zieht. Sie ist 1,5 Kilometer lang, bis zu 500 Meter tief und an manchen Stellen fast zehn Meter breit. Gegraben wurde sie vor Millionen von Jahren von dem südwärts fließenden Rio Flumineddu. Nördlich der Schlucht, in der kahlen Gebirgslandschaft von Oliena, rauscht die Sorgente Su Gologone. Die größte Karstquelle der Insel entspringt aus einem porösen und brüchigen Kalkfelsen, der in sich stark verwittert und zerklüftet ist. Im Inneren des 1463 Meter hohen Monte Corrasi, des höchsten Bergs des Supramonte, sind weitverzweigte Höhlensysteme entstanden, die je nach Wasserspiegel unterirdische Flüsse führen oder trocken sind. Hinter dem Berg beginnt das unzugängliche Tal Valle di Lanaittu. Jäh weicht die asphaltierte Straße hier einer Schotterpiste. Stein- und Korkeichen erheben sich an beiden Seiten des menschenleeren, grünen Hochtals. Kein Wunder, dass sich in dieser abgeschiedenen Natur einst Banditen versteckt hielten. Das umliegende Felsmassiv steckt voller düsterer Grotten mit einem reichen Innenleben: filigranen Stalaktiten, mächtigen Säulen, skurrilen Steinformationen und unterirdischen Seen.

In den Grotten Sa Oche und Su Bentu dringen manchmal unheimliche heulende Geräusche aus den Tiefen des Höhlenlabyrinths. Es ist der Wind, wenn er über die Oberfläche des Wassers und die Canyons fegt. Am berühmtesten ist die 130 Meter lange Grotta Corbeddu, in der sich Mitte des 19. Jahrhunderts der Räuber Giovanni Corbeddu vor der Polizei versteckte. Sie liegt am Ende des Tals und besteht aus drei Sälen. Im Inneren des Palastes wurden ein menschliches Schläfenbein und ein Kieferknochen aus der Altsteinzeit gefunden. Ganz in der Nähe lagen Werkzeuge aus Stein und Knochen. Anthropologen schätzen das Alter der fossilen Knochen auf 20 000 Jahre. Demzufolge müsste es sich um die bislang ältesten Überreste des *Homo sapiens* auf Sardinien handeln.

Abgeschiedene Bergwelt – Gennargentu und Supramonte

Nuraghendorf im Berg

Nicht nur in der Tiefe, auch über der Erde beeindruckt die Karstlandschaft des Supramonte. Im Süden der Valle di Lanaittu erhebt sich der bizarr erodierte Monte Tiscali mit den eindrucksvollen Überresten eines Nuraghendorfes. Zu Fuß geht es vom grünen Tal auf den 518 Meter hohen Berggipfel, dessen Decke über Jahrmillionen immer dünner wurde, bis die Erdoberfläche brach. Späht man über den Rand der trichterförmigen Vertiefung, scheint das riesige Loch zunächst eine ganz normale Doline zu sein. Doch beim Abstieg entdeckt man, eng an die hohen Wände der Senke geschmiegt, eine urgeschichtliche Hütte nach der anderen. Archäologen gehen inzwischen von mindestens 40 dieser ehemals runden und rechteckigen Behausungen aus. Im Karsttrichter kann man erahnen, wie die Bewohner sich gefühlt haben müssen. Hier unten, im schwer zugänglichen Berginneren, war man vor unliebsamen Eindringlingen sicher. Lange Zeit hielt die Unwegsamkeit des Geländes auch Wissenschaftler und Historiker davon ab, den Siedlungsresten aus der Bronzezeit weiter nachzuspüren. Außer Plünderern interessierte sich kaum jemand für die halb im Berg vergrabenen Überreste der Nuraghenkultur. Heute ist die Ausgrabungsstätte, die Italiens Telekommunikationskonzern seinen Namen gegeben hat, vor dem Verfall und vor Souvenirjägern geschützt.

Auch in der weitaus besser erhaltenen Nuraghenanlage Sa Sedda 'e Sos Carros freuten sich die Altertumsforscher über ein besonders schönes Kunstwerk aus der Bronzezeit: Widderköpfe, aus denen einmal Wasser sprudelte, ein zentrales Bassin und mehrere Sitzgelegenheiten. Ringsherum bröckeln steinerne Rundhütten und Werkstätten vor sich hin. Der »heilige Brunnen« gehört zu einer Siedlung aus dem 13. Jahrhundert v. Chr. und gleicht einem urzeitlichen Whirlpool mit Panoramablick auf das Lanaittu-Tal. Noch heute gruppieren sich die Kalk- und Basaltblöcke mit eingelassener Sitzbank um ein Wasserbecken. Der Innenraum ist kreisrund, und die Häupter der Schafböcke müssen einst kräftige Wasserstrahlen erzeugt haben. Doch der Kultplatz diente nicht dazu, steife Glieder zu lockern, vielmehr war er Treffpunkt der Gemeinschaft und Ort der Begegnung mit dem Heiligtum. Um seine Spiritualität zu erhalten, darf man das Kleinod nur noch im Rahmen einer Führung besichtigen.

S'INCONTRU – RUSTIKALER OSTERBRAUCH IN OLIENA

Hunde und Katzen verkriechen sich in den hintersten Winkel des Dorfes: In Oliena ist die Feier der Auferstehung eine lautstarke Angelegenheit. Jeden Ostersonntag peitschen Gewehr- und Pistolenschüsse durch die Straßen und Plätze des kleinen Weilers im Supramonte. Das Schießen während S'Incontru, der Begegnung zwischen Maria Magdalena und dem auferstandenen Heiland, ist Teil einer Tradition, die bis ins Mittelalter zurückreicht. Wenn um 10.30 Uhr die Statue der Madonna aus der Kirche San Francesco di Paola getragen wird, drängen sich die Menschen in den Gassen des Ortes. Nur ein paar Hundert Meter weiter wird in einer zweiten feierlichen Prozession die Jesus-Figur aus der Chiesa di Santa Croce getragen. Dann drängen beide zum Kirchplatz von Santa Maria. Dort, wo der Auferstandene und die Jungfrau vorbeikommen, krachen Schüsse und es regnet leere Patronenhülsen. Mit den Böllern wird der Sieg des Lebens über den Tod dargestellt.

WEITERE INFORMATIONEN

www.parcogennargentu.it

Inland

48 Einsame Dörfer, fröhliche Feste – Barbagia

Streifzug durch das wildromantische Herz Sardiniens

Kahle Steilhänge, versteckte Höhlen, dichte Eichenwälder: Im unwegsamen Bergland, weit entfernt von den herrlichen Gestaden der Insel, trieben einst die Rächer der Entrechteten ihr Unwesen. Auch heute noch raubt die Barbagia einem den Atem – das liegt allerdings nicht mehr an den Banditen, sondern an der großen Gastfreundschaft und den vielen ausgelassenen Festen.

Herbstfest in Lollove bei Nuoro (unten); Is Mamutzones: Karnevalskostüm aus Samugheo. Es besteht aus Ziegenfellen und einer Kopfbedeckung aus Kork, auf der riesige Hörner befestigt sind (oben rechts); Su Bundu: typische Karnevalsmaske aus Orani. Die Maske ist aus Kork gefertigt und zuweilen rot bepinselt (rechts unten).

Wer die Seele der Insel kennenlernen will, muss sich auf eine Reise in die Barbagia begeben, einem entlegenen Landstrich, unwegsam und voll archaischer Wucht. Ein Gebiet, das wie der Hort der unbesiegbaren Gallier schon den Römern auf ihrem Eroberungszug durch die Insel im 3. Jahrhundert v. Chr. Widerstand leistete. Immer wieder geriet das stolze Hirtenvolk mit wechselnden Besetzern aneinander. Doch selbst Byzantiner, Spanier und Italiener schafften es nicht, die von den Bürgern Roms abschätzig als Barbarenland benannte unbezwingbare Gebirgsregion zu beherrschen. Die prägenden Landschaften dieses entlegenen Winkels, der im Osten und Westen das gewaltige Gennargentu-Massiv umschließt, reichen von der zerklüfteten Barbagia Mandrolisai über die waldreiche Barbagia di Belvì, die steil aufragenden Kalksteinplateaus der Barbagia di Seulo bis hin zur granitischen Barbagia di Ollolai.

Das Archaische lockt

Nirgendwo sonst auf der Insel gab es eine größere Konzentration an Inhaftierten und Flüchtigen. War es soziale Rebellion oder kriminelles Banditentum? Die Auflehnung gegen die Fremdherrschaft in Form von organisierten Raubüberfällen hatte sich in der von einem archaischen Weltbild geprägten Barbagia früh entwickelt. Ungerechte Eigentumsverhältnisse und Armut waren ein guter Nährboden für das

Einsame Dörfer, fröhliche Feste – Barbagia

Banditentum. Im allgemeinen Klima des Misstrauens gegen die Obrigkeit und die Polizei galten viele Gesetzlose als Freiheitskämpfer gegen eine als ungerecht und bedrohlich empfundene bestehende politische, rechtliche und soziale Ordnung. Als im 20. Jahrhundert das Übel der Faida, der Blutrache, die Bergdörfer mit einer unberechenbaren Flut mörderischer Wellen überschwemmte, hatten sich die Banditen allerdings längst von ihren eigenen archaischen Regeln entfernt und den wildromantischen Ruf als soziale Rebellen verloren.

Neue Perspektiven und bunte Traditionen

Heute sind es vor allem die atemberaubenden engen Serpentinen, die zerklüfteten Berggipfel, die endlosen Kork- und Flaumeichenwälder, die bimmelnden Glöckchen der Schafherden auf den Weiden, die von Tradition und Brauchtum geprägten Feste und die vielen kulinarischen Köstlichkeiten, die das Blut eines Barbagia-Reisenden in Wallung bringen. Die raue Landschaft wird immer wieder durch kleine verwitterte Bergdörfer unterbrochen, in denen Gastfreundschaft als eine der edelsten Tugenden angesehen wird. Wenn die fünfte Jahreszeit beginnt, steigen hier die berühmtesten Karnevalspartys der Insel. Von Orotelli über Ottana und Mamoiada bis Fonni stürmen schaurige Gestalten wie Thurpos, Boes, Merdules, Mamuthones, Issohadores, Urthus und Buttudos die Plätze und setzen mit ihren Furcht einflößenden Masken und Zottelfellen die herrschende Ordnung außer Kraft. Weniger wild und ungezähmt ist das Nougatfest in Tonara, auf dem sich alljährlich am Ostermontag alles um Honig, Eiklar, Mandeln, Hasel- und Walnüsse dreht. Wenn der Sommer sich dem Ende zuneigt und die Tage kürzer werden, beginnt in der Barbagia die Saison der Herbstfeste. Mehr als 30 Bergdörfer laden von September bis Dezember, jeweils am Wochenende, zum Ausflug ins Inselinnere. Zu diesem Anlass öffnen zahlreiche historische Häuser ihre Türen. Ausstellungen, alte Bräuche, Handwerkstechniken, antike Berufe, Tanz- und Gesangsvorstellungen werben um die Gunst der Besucher. So verschieden wie die Überlieferungen sind auch die Spezialitäten: vom schweren Cannonau-Wein bis hin zum deftigen Schinken, reifen Schafskäse, samtigen Olivenöl, krossen *Pane carasau*, süßen *Pane'e Saba* und hochprozentigen Schnaps ist für jeden Geschmack etwas dabei.

MASKEN AUS MAMOIADA

In Mamoiada gibt es noch Maskenbauer, die den Mamuthones ihre Maske auf das Gesicht schnitzen. Ob stumpfe Nase, breite Wangenknochen, starke Augenbrauen oder starre Augenhöhlen: Mal sehen die Masken aus wie die Fratze eines Raubtiers, wie ein Dämon oder ein Urzeitwesen. Immer grotesk und unheimlich, schließlich charakterisiert die Maske die jeweilige Figur. Die dunklen, zottigen Mamuthones zeichnen sich durch hervorstehende Backenknochen, schwülstige Lippen und starke Nasen aus. Die Maske wird aus einem leichten Holz gefertigt. Zunächst werden die Gesichtspartien vermessen, dann Nase, Augen oder Kinn aus dem Holz geschnitzt. Danach wird die Maske bemalt. Nun kann sie mit anderen Kostümteilen kombiniert werden, etwa dem dunklen Schaffell und den zahlreichen Schellen. Diese Masken sind so persönlich, dass sie meist nicht einmal innerhalb der Familie vererbt werden.

WEITERE INFORMATIONEN

www.cuoredellasardegna.it/autunnoinbarbagia, www.mascheremameli.com

Route durch das Inland

Hier macht Fahren, Feiern und Forschen Spaß

Tiefe Schluchten, sprudelnde Quellen, bronzezeitliche Nuraghen, wild lebende Pferde und zahllose Serpentinen. Die Natur scheint unberührt und die Einwohner sind feierfreudig. Kein Wunder, dass das Inland Sardiniens Spritztourenfahrer anzieht. Vor allem in der Barbagia folgen nach kurzen Geraden immer wieder Haarnadelkurven, die Auto und Insassen sanft im Rhythmus wiegen.

Ab ins Inland – das sagt sich so leicht. Denn wer an der Küste Urlaub macht, muss dazu erst einmal mehrere Kehren und Haarnadelkurven überwinden. Jedenfalls wenn es in den Gennargentu und nicht nur auf die Giara di Gesturi gehen soll. Die Highlights des Inlands lassen sich am besten auf zwei separaten Touren von Arbatax und Cagliari aus erleben. Wer gelegentlich einen Stopp einlegt, ein wenig in den Dörfern verweilen oder gar einen Spaziergang in der Natur machen möchte, ist mit ein oder zwei Übernachtungen während der Inlandstour gut beraten.

Mitten ins Herz

Um das Verlangen nach Abenteuer zu befriedigen, gibt es kaum etwas Besseres als eine Spritzfahrt in die Barbagia. Die Region im Herzen der Insel lockt nicht nur im Herbst mit kleinen kulinarischen Festen, sondern ganzjährig mit unzähligen Serpentinen und einer grandiosen Natur. Besonders spürt man dies im Gennargentu. Um das wilde Bergland zu erkunden, startet man am besten in Arbatax. Der kleine Hafenort an der Ostküste ist ein guter Ausgangspunkt für eine Spritzfahrt auf das »Dach der Insel«. Wer hoch hinaus will, fährt auf der SS 198 erst einmal Richtung Westen. Auf dem Weg mit herrlicher Sicht auf das Tal des Rio Pardu lässt sich der Geisterort Gairo Vecchio bestaunen. Von hier kurvt man gemütlich nach Ussassai und Seui. Hat man das Kartoffelravioli-Dorf Sadali erreicht, beginnt auf der SP 8 die Fahrt in das einsame Gennargentu-Gebirge. Über Seulo und Gadoni führt die Straße nach Aritzo. Das von Haselnuss- und Kastanienwäldern umgebene Bergdorf hat eine schöne Pfarrkirche, ein altes Gefängnis und einiges an Wanderwegen zu bieten. Wer noch etwas höher hinaus will, braust weiter nach Fonni. Das 4000-Seelen-Dorf thront in 1000 Meter Höhe am nördlichen Ausläufer des Gebirgsmassivs und lockt mit gepflasterten Gassen, hübsch restaurierten alten Häusern, bunten Wandmalereien, einem kleinen Bauernmuseum und atemberaubenden Ausblicken auf den mächtigen Monte Spada.

Auszeit zwischen Hügeln, Nuraghen und Wildpferdchen

In der Marmilla südwestlich der Barbagia fährt man hingegen stundenlang durch eine sanfte Hügellandschaft, die im Frühling in Hunderten von Grün- und im Sommer in einer breiten Palette von Brauntönen schimmert. Für viele Besucher spielt allerdings nicht die herrliche Natur die Hauptrolle, sondern das verschlafene Barumini, in das man in einer knappen Autostunde ab Cagliari über die SS 131 und die SS 197 gelangt. Hier wurde die Nuraghe Su Nuraxi aus der Bronzezeit entdeckt, die die UNESCO 1997 in ihre begehrte Weltkulturerbeliste aufgenommen hat. Wer hier gestaunt und sich ein bisschen beim Klettern vergnügt hat, ist bereit für weitere zehn Kilometer auf der SS 197. Die führen in Richtung Norden über Gesturi zum Hochplateau der Giara. Die 4500 Hektar große Hochebene mit erstaunlichen Mastix- und Eichenhainen ist nicht nur ein angenehmes Fleckchen, um im Frühling und Herbst spazieren zu gehen; man kann dort auch die Cavallini della Giara, die einzig verbliebenen Wildpferde Sardiniens, durch die Macchia streifen sehen. Wer mag, kann nach dem Marsch einen kleinen Abstecher nach Genoni einlegen. Hier lädt das kleine Museo del Cavallino della Giara zu einer Pause ein.

Diese Steineiche hat einen Felsen als Standort für ihr Wachstum bevorzugt

INFOS & ADRESSEN

Edel essen
Roberto Petza zählt zu den meistdekorierten Sterneköchen Sardiniens. Weitab von Trubel und Hektik eröffnete er 2010 das »S'Apposentu« im knapp 15 Kilometer südwestlich von Barumini liegenden Nudeldorf Siddi, weil er das Verhältnis zu Lebensmitteln und Konsum überdenken wollte. Seitdem pflegt Petza, dessen Restaurant seit Jahren immer wieder vom *Guide Michelin* ausgezeichnet wird, eine Küche im Einklang mit der Natur und dem Zyklus der Jahreszeiten, die ihm vorgeben, welche Produkte er verwendet. Der Genuss bleibt dabei nicht auf der Strecke – ganz im Gegenteil, die großartigen Produkte der Marmilla machen ihn gerade aus. Teuer, aber es lohnt sich!

WEITERE INFORMATIONEN

Restaurant »S'Apposentu«:
www.sapposentu.it, Zimmer gibt es im »Sa Domu de Tzia Ernesta«:
http://tziaernesta.sapposentu.it.
Herbstfeste in der Barbagia:
http://www.cuoredellasardegna.it/autunnoinbarbagia/en/stages-and-villages/index.html

Mit dem Eintrag in die UNESCO-Welterbeliste steht Su Nuraxi mit den Felsenzeichnungen im Val Camonica, Venedig und der Renaissancestadt Ferrara in einer Reihe (oben); Blick von der Nuraghe Su Nuraxi auf die Ruinen des Castello di Las Plassas. Die Burg aus dem 12. Jahrhundert gehörte einst zum Kleinkönigtum von Arborea (unten rechts). Im Inneren der Casa Zapata in Barumini (oben rechts).

49 Aus der Bronzezeit – Barumini

Weltkulturerbe aus Stein

Als der Archäologe Giovanni Lilliu 1940 auf einer sanft geschwungenen, baumlosen Hügelkuppe bei Barumini mit seinem ersten Spatenstich zur Tat schritt, wusste niemand genau, was er finden würde. Zutage kam der bislang größte freigelegte Festungskomplex aus der mittleren Bronzezeit, den Experten einhellig als hervorragendes Beispiel für die Bauwerke der Nuraghenkultur ansehen.

Tausende aus riesigen, tonnenschweren Steinblöcken errichtete Rundtürme erheben sich weithin sichtbar in der Landschaft Sardiniens. Der berühmteste von ihnen ist der gewaltige, einst mit zwölf Türmen ausgestattete Nuraghe Su Nuraxi. Als leitender Archäologe hatte der inzwischen verstorbene Wissenschaftler Giovanni Lilliu sowohl seine sensationelle Entdeckung in den 1940er-Jahren als auch seine Auszeichnung 1997 als Stätte der Menschheit miterlebt.

Verborgen unter einer Hügelkuppe

Die Ausgrabungen begannen am 14. Mai 1951 und dauerten bis zum 15. November 1956. Lilliu hatte jedoch schon Ende der 1930er-Jahre Interesse an einer Freilegung der kleinen Bergkuppe bei Barumini bekundet. Ihm war ein Brunnen, der die baumlose Hügelspitze markierte, aufgefallen. Da musste etwas darunter sein, vielleicht ein stratifiziertes Dorf. Und tatsächlich, nach dem ersten Spatenstich im Juli 1940 entdeckte der Forscher Reste uralter Werkzeuge aus Obsidian, dazu Mörser, Stößel, Kohlereste und Tierknochen. Doch die Finanzierung der archäologischen Grabungen durch das damalige Landesamt für Denkmalpflege und Archäologie ließ noch auf sich warten, sodass die Bergung der aus mehreren zyklopischen Rundtürmen bestehenden Nuraghenfestung erst elf Jahre später beginnen konnte.

In dem fünf Jahre dauernden Projekt untersuchte und legte Lilliu eine rund zwei Hektar große Fläche frei. Der älteste Baukörper stammt aus dem 15. Jahrhundert v. Chr. Es

Aus der Bronzezeit – Barumini

war die Blütezeit der Nuraghenkultur, in der die Inselbevölkerung riesige, mysteriöse Türme aus tonnenschweren Steinblöcken errichtete und dadurch die höchstentwickelten Megalithbauten des westlichen Mittelmeeres hervorbrachte. 200 bis 300 Jahre später wurde der Mittelturm um vier Seitentürme und eine Ringmauer erweitert. Dabei entstand ein Innenhof mit Brunnen. In einer dritten Bauphase wurde die Bastion mit einem weiteren Mauerring und sieben zusätzlichen, bis zu zehn Meter hohen, soliden Türmen umgeben. Das riesige Bauwerk stand zudem keineswegs allein in der Landschaft. Es war umgeben von einem Nuraghendorf mit mehr als 200 Rundhütten, die einst wahrscheinlich mit Zweigen und Blättern bedeckt waren. Im 7. bis 6. Jahrhundert v. Chr. verlor die Anlage ihre militärische Bedeutung aus bisher unbekannten Gründen weitgehend. Der äußere Mauerring wurde teilweise abgetragen, und die Hütten rückten näher an den alten Baukörper heran. Die Behausungen waren präzise organisiert, aus archäologischer Sicht lassen sich die Schlafplätze sehr genau von den Gemeinschaftsräumen, Innenhöfen und kultisch gebundenen Räumlichkeiten unterscheiden. Alles häusliche Treiben aber konzentrierte sich vermutlich in der Backstube, einem Raum mit Steinbecken, Rundbogen und fein bearbeiteter, steinerner Sitzbank. Im 5. Jahrhundert v. Chr. besiedelten die Punier Su Nuraxi und mischten Bauweisen und Gebrauchsgegenstände mit jenen der Nuragher, bevor im 2. Jahrhundert v. Chr. die neuen Herren aus Rom kamen und die Gebäude ihren eigenen Bedürfnissen anpassten. Im 3. Jahrhundert n. Chr. wurde die Nuraghenfestung, die einst zu den bedeutendsten und größten der Insel zählte, endgültig aufgegeben und verlassen. Von Einsamkeit und Leere kann heute keine Rede mehr sein: Aus dem Innenhof ist Stimmengewirr zu hören, Menschen laufen an den Sockelmauern vorbei, kriechen durch schmale Gänge und lassen sich alles über Nuraghen erzählen, denn seit 1997 zählt das berühmte Labyrinth aus Türmen, Mauerwerken, Innenhöfen und Steinblöcken zum UNESCO-Weltkulturerbe auf Sardinien und zieht jährlich Hunderttausende Besucher an.

CASA ZAPATA

Eine beeindruckende Stätte, die nicht nur den Nuraghen Su Nuraxi in den Vordergrund stellt, sondern auch das Leben der Adelsfamilie Zapata, ist das im Dorfzentrum gelegene Gutshaus der Dynastie aus Aragón. Das prächtige Herrenhaus im klassizistischen Stil wurde zwischen dem 16. und 17. Jahrhundert von Don Azor Zapata, Freiherr von Las Plassas, Barumini und Villanovafranca gebaut. Auf dem großen Anwesen befinden sich noch ein hübscher Garten, die Stallungen und eine im spätgotischen Stil erbaute Pfarrkirche. Besonderheit ist ein Nuraghe aus der späten Bronzezeit, auf den Bauarbeiter 1990 beim Umbau des Landgutes zum Museumskomplex gestoßen sind. Bei der Besichtigung begegnet man daher nicht nur Fundstücken aus der gigantischen Nuraghenfestung Su Nuraxi, sondern auch Steinblöcken und Objekten aus dem mehrtürmigen Su Nuraxi 'e Cresia. Im Lagerhaus und im Stall kann man überdies eine interessante ethnografische Sammlung bestaunen.

WEITERE INFORMATIONEN

www.fondazionebarumini.it

Der Nuraghe Su Nuraxi kann täglich besichtigt werden, allerdings ausschließlich im Rahmen einer Führung.

Langes Leben

»A chent'annos« – das Geheimnis der Hundertjährigen

Die Barbagia liegt im Herzen der Insel, die Ogliastra an der mittleren Ostküste. Die kleinen, abgelegenen Dörfer in den beiden Regionen würden nicht weiter auffallen, wenn da nicht diese rüstigen Alten wären. Die ungewöhnliche Konzentration von 90- und 100-Jährigen hat die Wissenschaftler Giovanni Pes und Michel Poulain auf den Plan gerufen, die diese Gegend »blaue Zone« nannten.

Das 490-Seelen-Dorf Tiana fügt sich in das Tal des Flusses Tino ein und ist von herrlich bewaldeten Bergen umgeben. Hier, in der unwegsamen Barbagia di Ollolai, wurde am 22. Januar 1889 der älteste Mann Italiens geboren. Es war Mitte der 90er-Jahre, als Wissenschaftler der Universität in Cagliari und Sassari mit ihrer Forschung über die Lebensweise von Antonio Todde begannen. Von Anfang an interessierten sie sich für die gesundheitliche Situation des hochbetagten Schäfers. Als Antonio Todde 2002 starb, war er 112 Jahre und 346 Tage alt. Bis heute hält er den italienischen Altersrekord. Und das, so sagen die Altersforscher, hat er nicht nur seiner biologischen Ausstattung, sondern wohl auch seinem Lebenswandel in einem kleinen Bergdorf, in dem er alle kannte, zu verdanken.

»Blaue Zone«: Hotspot der Langlebigkeit

Superalte wie Antonio Todde sind keine Einzelfälle auf Sardinien. Auf der Insel leben rund 468 Menschen, die bereits ihren 100. Geburtstag gefeiert haben. Bei einer Studie zur Langlebigkeit fand Professor Luca Deiana von der Universität in Sassari heraus, dass im letzten Jahrhundert sogar mehr als 3400 Sarden in ihr zweites Lebensjahrhundert eingetreten sind.

Die Älteren nehmen aktiv am sozialen Leben teil (oben). Weltweit gibt es neben Sardinien noch vier weitere »blaue Zonen«: Ikaria, Okinawa, Loma Linda und Nicoya (rechts oben). Wer soziale Kontakte unterhält, lebt anscheinend länger (unten). Auf Sardinien leben ungewöhnlich viele Hundertjährige (rechts unten).

Der Wissenschaftler Giovanni Pes und der Demograf Michel Poulain fokussierten ihre Arbeit hingegen auf jene Gebiete, in denen sie eine überproportional hohe Anzahl an »Supercentenari« der Altersgruppe 100plus ausfindig machen konnten. Pes markierte die Dörfer auf der Landkarte mit einem blauen Stift. Dabei entstand eine farbige Fläche, die den Regionen der Barbagia und der Ogliastra entspricht. Als sie ihre Daten im Fachblatt *Experimental Gerontology* veröffentlichten, nannten sie diese Gebiete, in denen die Chancen auf ein sehr langes Leben steigen, »blue zones«.

Wodurch so alt?
Noch heute sucht man an der Universität in Sassari nach den entscheidenden Zutaten für das lange Leben von Antonio Todde und den vielen anderen Methusalems aus Villagrande Strisaili, Arzana, Baunei, Ovodda, Gavoi, Fonni, Mamoiada oder Ollolai. Nunmehr weiß man, dass die gesunde Mittelmeerdiät und Bewegung die Lebenserwartung verlängern. Gemüse, Hülsenfrüchte, Mandeln, Olivenöl, Sauerteigbrot, ein Glas Cannonau und Schaf- oder Ziegenmilch dürften den Bewohnern der Barbagia und Ogliastra ein paar Lebensjahre geschenkt haben. Auch die Gene mögen dazu beigetragen haben. Aber die harten Arbeitsbedingungen und die vielen Entbehrungen? Eine Erklärung für das hohe Alter sind sie nicht. Die Altersforscher vermuten, dass ein komplexes Wechselspiel zwischen Genen, Verhalten und Umwelt für ein langes Leben sorgt. Faktoren wie Bewegung, die bei alltäglichen Tätigkeiten anfällt (Wanderweidewirtschaft zum Beispiel oder Feldarbeit), intensive soziale Kontakte, das Gefühl, gebraucht zu werden und eine ausgewogene Ernährung mit wenig rotem Fleisch und raffiniertem Zucker sind laut Deiana wichtiger als die Gene.

Länger und besser leben: Tipps aus der »blauen Zone«
Um das ganz persönliche Potenzial an guten, gesunden Lebensjahren auszuschöpfen, sollte man sich von den Geheimnissen der 100-Jährigen inspirieren lassen. So kann man die »Stars« der sardischen Blaue-Zone-Küche in einem Agriturismo in der Barbagia oder Ogliastra probieren, regionale »0 km«-Produkte direkt beim Bauern erstehen und die rüstigen Alten in ihrem Alltag auf der Piazza oder beim Tanzen auf dem Dorffest erleben. Wie die Superalten kann man zudem einen Gang zurückschalten und sich in die atemberaubende Natur begeben, um an Aussichtspunkten innezuhalten und den weiten Blick zu genießen oder dem fernen Gebimmel der Schafsglöckchen zu lauschen.

Von der Anhöhe der Giara di Gesturi genießt man herrliche Ausblicke auf die weite Ebene des Campidano bei Sonnenuntergang (oben); typische, alte Schäferhütte auf der Hochebene von Gesturi (rechts oben); nicht nur Weideland für Wildpferdchen, auch Ziegen fühlen sich auf dem Hochplateau wohl (rechts unten).

50 Im Reich der Wildpferdchen – Giara di Gesturi

Hochland mit Wildwest-Flair

Krumm gewachsene Kork- und Steineichen, kleine Tümpel und Seen, blühende Zistrosen und dichter Macchiabewuchs: Die Hochebene von Gesturi ist geprägt von einer unberührten Natur, in der nicht nur Rinder, Ziegen, Schafe und Wildschweine zu Hause sind, sondern auch die letzten 500 frei lebenden *Cavallini della Giara* durch die Wildnis streunen und galoppieren.

Die Hochebene liegt im glitzernden Sonnenlicht da wie hingegossen: eine grüne, basaltische Tafel, die abwechselnd aus großen Wiesen, kleinen Wäldchen, Garrigue und feuchtem Sumpfland besteht. Korkeichen, von unten bis auf halbe Höhe geschält, krümmen ihre Zweige, farbenfrohe Malven und der ausdauernde weiße Affodill wachsen auf dem fruchtbaren, vulkanischen Boden. Kleine Teiche und Tümpel schimmern im Morast. Das Wasser ist seicht und verschwindet im Sommer, hauptsächlich aufgrund der extremen Trockenheit.

Letzter wilder Rückzugsort

Das Plateau namens Giara di Gesturi liegt im Süden der Insel, an der Grenze der Gebiete Sarcidano und Marmilla. Auf der knapp 4000 Hektar großen Hochebene schleichen Wildkatzen durch die Mandel-, Mastix- und Eichenhaine. Wilde Zistrosen, Myrte, Thymian, Klee und Hahnenfuß stehen auf den Wiesen. Bienenfresser, Eichelhäher und Buntspechte brüten im Forst. Dicht an dicht streifen auch die *Cavallini della Giara*, die einzig verbliebenen Wildpferde auf der ganzen Insel, durch die immergrünen Korkeichenhaine der Hochebene. Diese Tiere, die das Plateau weit über Sardinien hinaus berühmt gemacht haben, sind klein und gedrungen. Flinke und widerstandsfähige Pferde mit braunem oder schwarzem Körper, buschiger Mähne und großen, mandelförmigen Augen, die seit undenklichen Zeiten die menschenleere Giara bevölkern. Und doch sind sie keine einheimische, alteingesessene Spezies. Um den Ursprung der Rasse

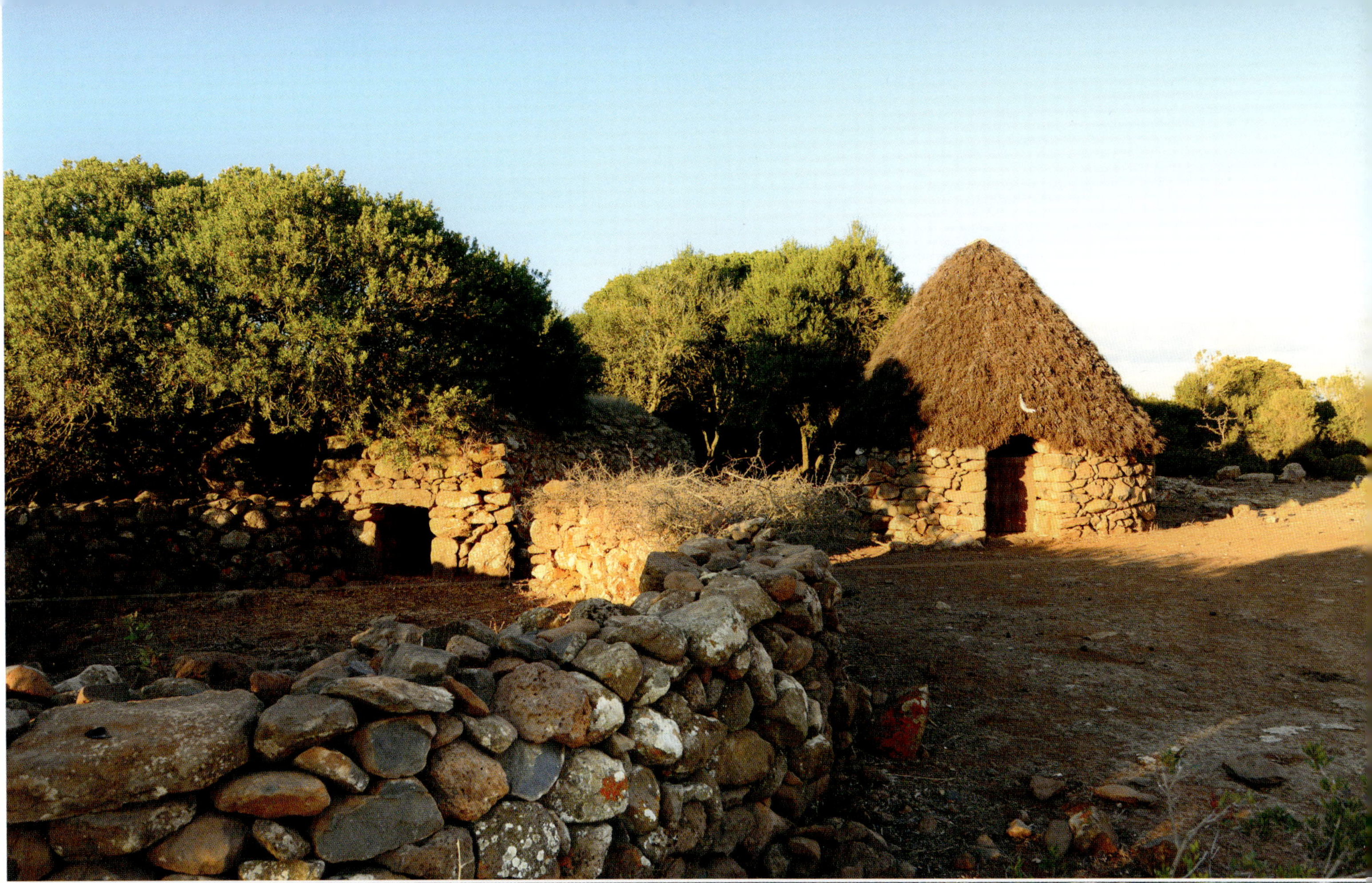

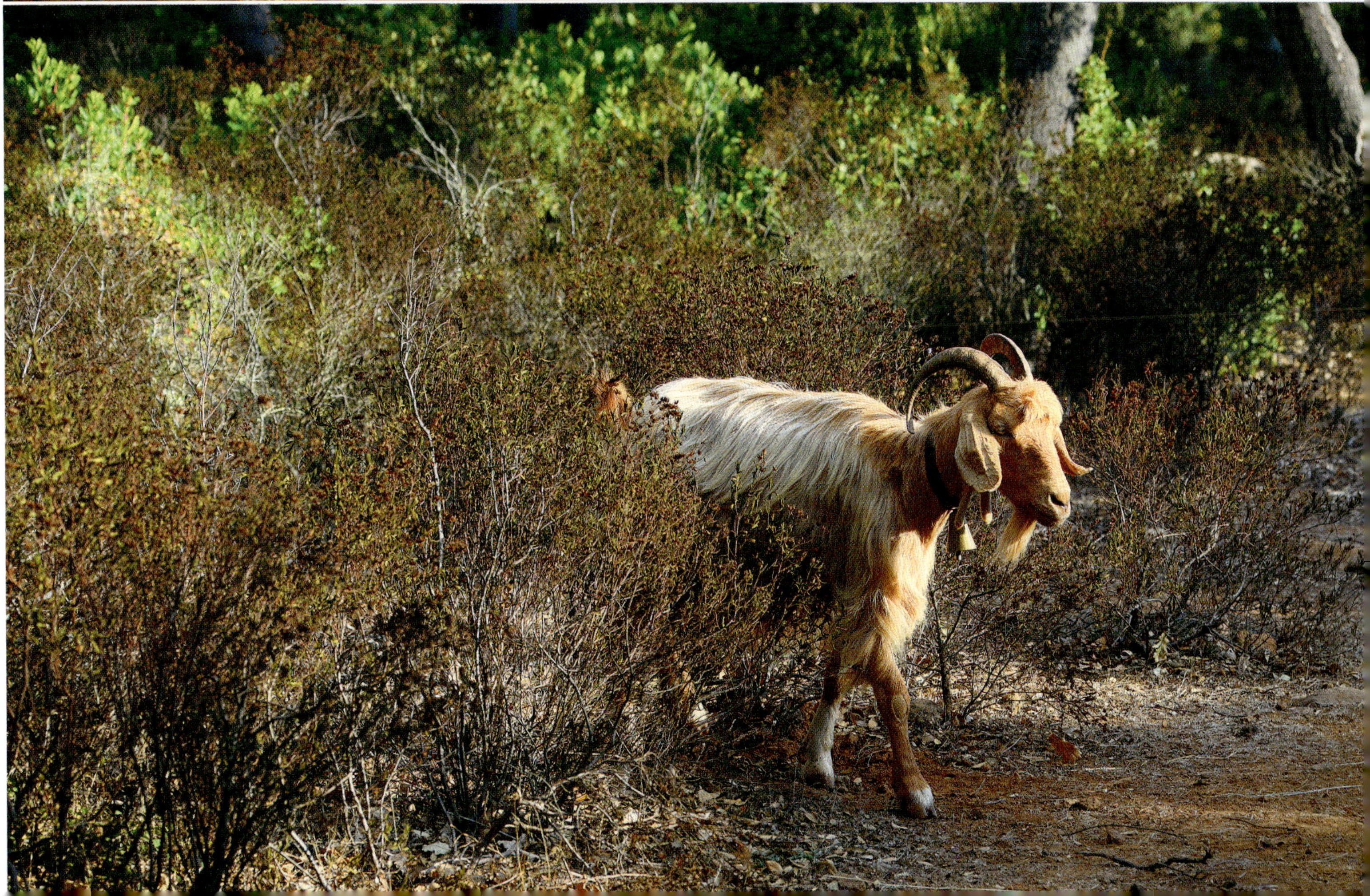

Ideal, um die Wildpferdchen zu beobachten, ist der Phul von Pauli Majori, wo sie täglich Wasser saufen (unten); angeblich eigneten sich die Pferde der Giara besonders gut zum Ausdreschen. Deshalb wurden die Tiere früher eingefangen und zum Dreschen vermietet (ganz unten); seit 2014 gibt es zum Schutz der Pferde keine Rodeos mehr (oben rechts).

zu erklären, gehen Wissenschaftler sogar bis ins 8. Jahrhundert v. Chr. zurück, als von phönizischen Kolonisten etliche Pferde eingeführt und auf der Insel ausgewildert wurden. Mit der fortschreitenden Besiedlung und Urbarmachung des Landes wurden die ungezähmten Tiere vermutlich im Mittelalter aus den eroberten Revieren auf die Giara di Gesturi gedrängt. Hier leben sie seitdem in kleinen Familienverbänden mit ausgeprägter Rangordnung unter freiem Himmel. Sich selbst überlassen, müssen sie mit der Witterung und dem Nahrungsangebot zurechtkommen. Widerstandsfähig genug, um andauernder Dürre im Sommer standzuhalten, sind die Pferde nicht. Seit Jahren verdursten oder verhungern auch immer wieder einige der wilden Huftiere. Wie viele *Cavallini* auf der Hochebene überhaupt noch leben, weiß niemand so genau. Experten schätzen die Zahl auf rund 500 und gehen davon aus, dass die Population seit den 1960er-Jahren um etwa ein Drittel geschrumpft ist.

Schwere Zeiten für Wildpferde

Die von dichten Macchiawäldern und wirren Felsbrocken durchsetzte Hochebene bot einst optimale Lebensbedingungen. Die Pferde fanden Rückzugsgebiete in den undurchdringlichen Eichenhainen, ausreichend Wasserplätze und das ganze Jahr hindurch Nahrung. Doch lang anhaltende Dürreperioden und die vermehrte Verbreitung von Schweinen und Rindern auf der Hochebene bedrohen den Bestand der Tiere. In der Tat scheint es so zu sein, dass das Verhältnis zwischen domestizierten Kühen, Ziegen, Allesfressern wie Wildschweinen, Wildpferden und Futter- sowie Wasserangebot nicht wirklich stimmt. Es leben zu viele Tiere auf der nur zwölf Kilometer langen und bis zu sechs Kilometer breiten Giara, die sich gegenseitig die Nahrung streitig machen. Wenn in der heißen Jahreszeit die umliegenden Tümpel und Teiche austrocknen und sich das junge Gras nicht entwickeln kann, kommt es zwangsläufig zu Opfern – meistens aufseiten der Wildpferdchen. Das hat vor einigen Jahren Tierschützer und Privatinitiativen auf den Plan gerufen, die in regenarmen Sommern die Tränken mit Wasser füllen und Heu zufüttern. Das soll die aktuelle Not lindern, doch vor allem helfen, die Cavallini und ihren Platz im Ökosystem der Giara di Gesturi zu erhalten. Denn als letzte echte Wildpferde der Insel sind die Tiere das große Aushängeschild dieser spektakulären, naturbelassenen Landschaft.

Schwieriges Pflaster für den Naturschutz

Mit seiner abgeschiedenen, ruhigen Lage und seinem Wechsel von Hainen, Wiesen, Weiden und Sümpfen gilt das knapp 560 Meter hohe basaltische Plateau von Gesturi schon lange als Geheimtipp für Naturliebhaber und Erholungssuchende. Seit 1989 steht die zweifelsohne größte Hochebene der Insel auch im Mittelpunkt von Naturschutzinteressen, die jedoch schwierig zu wahren sind. Das hängt damit zusammen, dass sich die Hochfläche einerseits im Besitz von vier Gemeinden befindet und sich andererseits auch über die Gemarkungen von zehn weiteren Kommunen erstreckt – kein einfaches Pflaster für den Naturschutz, der alle wirtschaftlichen und ökologischen Interessen unter einen Hut bringen muss. Es sind zwei große Aspekte, die miteinander harmonieren müssen, deren Bedingungen sich aber immer wieder widersprechen: die Giara als attraktiver Weideflächenlieferant für die Viehzucht auf der einen und als abgeschiedener Lebensraum für den Erhalt der Wildpferdchen auf der anderen Seite. Rechtliche Schwierigkeiten, unzureichende finanzielle Mittel und die wachsende Armut der Bevölkerung in der wenig erschlossenen ärmlichen Landschaft der Marmilla sorgen seit Jahren für Differenzen um die Nutzung der Hochebene. Forscher und Behörden haben erkannt, dass es nicht ausreicht, die Pferde nur zu schützen. Stattdessen müsse man auch die ökologischen Beziehungen auf der Giara und die wirtschaftlichen Bedingungen der Menschen berücksichtigen.

Wo Wildpferde und Fossilien ausgestellt sind

Das 850-Seelen-Dorf Genoni ist als eine der Heimatgemeinden der Wildpferdchen von Gesturi bekannt. Freunde der mandeläugigen Stuten und Hengste können die wild lebenden Tiere in den hübschen Räumlichkeiten der alten Casa Serra auf besondere Weise erleben: Im Museo del Cavallino della Giara wird die Geschichte der Pferde und des bäuerlichen Lebens bildreich und informativ dargestellt. Doch auch Hobbypaläontologen kommen hier auf ihre Kosten. In der Nähe von Genoni liegt die inselweit bekannte Fossilienfundstelle von Duidduru. Dabei handelt es sich um eine Grube aus der Zeit des Miozän, die vor mehreren Millionen Jahren entstand und vor allem wegen ihrer perfekt erhaltenen Versteinerungen, allen voran Muscheln, Seeigel und Turmschnecken, bekannt ist. Die schönsten und größten Exemplare sowie Abgüsse und Modelle sind im paläontologischen Dorfmuseum zu bewundern.

PALIO DEGLI ASINELLI: TREFFPUNKT DER LANGOHREN

Es ist ein Großanlass, wie ihn Genuri nur selten erlebt. Das ganze Dorf ist auf den Beinen. Und das nur wegen eines Tieres mit unverhältnismäßig langen Ohren, etwas zu kurzen Beinen und einem geduldigen Gemüt: Der Esel ist am Tag des »Palio degli Asinelli« in Genuri der Star. Einmal im Jahr lockt das Eselrennen die besten Reiter in den unterhalb der Giara di Gesturi liegenden 400-Seelen-Ort. Für die Cowboys und das Publikum bedeutet das Rennen vor allem eine Riesengaudi, denn nicht alle Langohren wollen sich reiten lassen. Mal stoppen die Vierbeiner abrupt ab, dann bocken sie und müssen wieder eingefangen werden. Doch die alljährlich stattfindende tierische Rennerei hat auch eine lieblich-deftige Note: Im Anschluss an das Esel-Derby lädt das Dorf zum kulinarischen »Pani casu e binu a rasu«-Fest. Brot, Käse und ein aromatischer, rubinroter Wein sorgen bei Sonnenuntergang für den kulinarischen Genuss.

WEITERE INFORMATIONEN

www.museocavallinodellagiara.it,
www.parcodellagiara.it,
http://prolocogenuri.it

Malerisch liegt der Ort Gesturi zu Füßen der Giara-Hochfläche im Inland Sardiniens.

Register

Abbasanta 77
Aggius 109
Alghero 75, 77, 82-85, 88, 91, 105, 159
Arbatax 15, 145, 149, 150-151, 173
Arbus 60, 63
Aritzo 173
Arzana 179
Asinara 55, 75, 95, 96

Badesi 109
Baia di Santa Reparata 112
Barbagia 12, 38, 126, 164, 170-171, 173, 178
Barbagia di Ollolai 38, 170, 178
Barbara Bach 125
Barumini 92, 93, 173, 174-175
Basaura 151
Bastione di Santa Croce 25
Baunei 149, 179
Biderosa 138, 139
Bortigali 92
Bosa 12, 75, 78-81
Bruncu Spina 166
Budelli 116, 120, 121

Budoni 109

Cabras 104
Cagliari 18, 20-25, 29, 31, 33, 34, 37, 38, 41, 43, 55, 75, 92, 102, 105, 126, 142, 156, 158, 173, 178
Cala Brandinchi 109
Cala Caterina 157
Cala Cipolla 45
Cala Connari 118
Cala Corsara 118
Cala del Morto 45
Cala della Barca 88, 89
Cala dei Gabbiani 142, 144, 149
Cala Domestica 33, 56, 58
Cala Fuili 149
Cala Goloritzè 15, 40, 41, 145, 147, 149
Cala Gonone 146, 149
Cala Granara 118
Cala Liberotto 136
Cala Luna 15, 40, 146, 149
Cala Lunga 33
Cala Mariolu 15, 144, 149
Cala Razza di Junco 122

Cala Sisine 149
Cala Spinosa 113
Calamosca 37
Calasetta 33, 50, 53
Campidano 33, 75
Campulongu 157
Capicciolu 112
Capo Caccia 75, 84, 88-89
Capo Carbonara 37, 149, 153, 160-161
Capo Comino 109
Capo d'Orso 114-115
Capo di Monte Santu 142, 145
Capo di Pula 42
Capo Falcone 94, 95
Capo Ferrato 153
Capo Malfatano 33
Capo Mannu 68, 71
Capo San Marco 68
Capo Sant'Elia 34, 35
Capo Testa 12, 15, 109, 110-113
Caprera 116-119
Capriccioli 15, 122, 125
Carloforte 33, 53, 159
Casa Zapata 175
Casteddu Ezzu 77
Castelsardo 95, 109, 100-101, 109
Castiadas 156
Cavalcata Sarda 104
Chia 14, 33, 41, 44-45
Coddu Vecchiu 93
Colle Montessu 49
Collegiata di Sant'Anna 28
Coracodes Limen 72
Corsa degli Scalzi 104

Costa Paradiso 109
Costa Rei 14, 149, 152-153
Costa Smeralda 14, 40, 115, 122-125, 128
Costa Verde 14, 33, 60-63
Cuglieri 72, 75, 77

Dorgali 149

Eleonora d'Arborea 75
Ernst Jünger 149, 157

Fertilia 84, 85
Flussio 127
Fonni 105, 164, 166, 168, 173, 179

Gadoni 173
Gairo Vecchio 173
Gavoi 179
Gennargentu 163, 164, 173
Gennargentu-Gebirge 14, 164, 166
Genoni 173, 183
Genua 158
Genuri 183
Gesturi 173
Ghetto degli Ebrei 25
Golf von Oristano 68
Golf von Orosei 15, 40, 137, 142-145, 147, 149
Golfo Aranci 12, 133
Golfo degli Angeli 20, 24, 37
Golfo dell'Asinara 94, 100
Golfo di Cugnana 129
Golfo di Marinella 129

Insel Santa Maria 121
Insel Tabarka 50, 53
Isabella I. von Kastilien 25
Isola dei Cavoli 149, 157, 161
Isola di Budelli 120-121
Isola di Figarolo 12
Isola di Mal di Ventre 77
Isola di Razzoli 118
Isola di Sant'Antioco 50
Isola di Santo Stefano 118
Isola di Serpentara 157, 160, 161
Isola Mal di Ventre 55
Isola Malu Entu 70
Isola Piana 89, 94, 95
Isola Rossa 49, 81, 106, 109
Isola San Pietro 33, 52
Isola Spargi 116, 118
Isola Su Cardolino 45

Kap Marargiu 55
Konstantin I., Kaiser 104

La Maddalena 15, 29, 41, 50, 109, 116-119
La Maddalena-Archipel 15, 41, 109
La Marina 20, 30
La Pelosa 15, 41, 75, 95
Lago Lamarmora 89,
Lagunensee Sa Curcurica 137
Lanusei 151
Leonardo da Vinci 126
Li Lolghi, Gigantengrab 93
Lora Piana Superjacht Regatta 129

Reiter bei der Sartiglia in Oristano; Segelboote im Maddalena-Archipel; Trachtenpaar bei der Sagra degli Agrumi in Muravera; die hübsche Chiesa di San Pietro in Zuri; diese Kultklassiker stehen in Porto Cervo zum Verkauf; gelber Stahlstern des Künstlers Gianfranco Pardi in Porto Frailis bei Tortolì (unten).

Cagliari bei Nacht. Blick vom Monte Sant'Elia

Lu Impostu 109
Luxushotel Cala di Volpe 124

Madau 93
Maladroxia 33
Mamoiada 104, 171, 179
Marghine 92
Marina Protetta Penisola del Sinis 55
Marmilla 173
Masua 16, 33, 56, 59
Maxentius 104
Maxi Yacht Rolex Cup 109
Monreale, San Gavino 33
Monte Albo 137
Monte Corrasi 163, 168
Monte d'Accoddi 97
Monte Ferru 76, 153
Monte Oddeu 168
Mont'e Prama 71, 92
Monte Santu Antine 92
Monte Spada 166, 173
Monte Tiscali 167, 169
Monte Tuttavista 137
Monte Urcatu 139
Monte Urpino 24, 35
Monte Urtigu 76
Monti 159
Montiferru 70, 76-77
Muravera 153

Naturpark Capo Carbonara 160, 161
Naturpark Molentargius-Saline 33, 34-35
Nebida 33, 56, 59

Nora 16, 29, 33, 42-43
Nuoro 23, 105, 168
Nuraghe Albucciu 92
Nuraghe Arrubiu 92
Nuraghe La Prisgiona 92
Nuraghe Losa 92
Nuraghe Orolo 92
Nuraghe Palmavera 90, 92
Nuraghe Piscu 92
Nuraghe Santu Antine 92
Nuraghe Su Nuraxi 92, 93, 173, 174, 176
Nurra 75

Oasi Biderosa 109
Ogliastra 149, 178
Olbia 109, 112, 128, 133, 142
Oliena 105, 159, 163, 169
Orgosolo 38, 126, 127
Oristano 14, 66-67, 75, 105
Orosei 109, 134-137
Orotelli 104, 171
Ottana 104, 171
Ovodda 179

Palau 109, 114, 115
Palazzo D'Albis 84
Pan di Zucchero 33
Parco della Giara di Gesturi 55
Parco Naturale Regionale Molentargius-Saline 55
Parco Nazionale dell'Arcipelago di La Maddalena 55
Parco Nazionale del Golfo di Orosei e del Gennargentu 55

Perda Longa 142, 145, 149
Perini-Navi-Cup 129
Piscinas 15, 60, 63
Planargia 73, 75
Poetto 33, 34, 35, 36-37
Portisco 109
Porto Alabe 75
Porto Cervo 109, 128-129
Porto Flavia 33
Porto Istana 109
Porto Ottiolu 109
Porto Pino 33
Porto Taverna 109
Porto Torres 75
Puntaldia 40
Punta Molentis 40, 149

Razzoli 116, 119
Rio Pardu 173
Riola Sardo 75
Riu Mannu 73
Rocce Rosse 150

S'Archittu 15, 72, 75
Sa Curcurica 137, 138
Sadali 173
Sa Domu 'e S'Orcu 93
Sa Sedda 'e sos Carros 169
Sa Testa 93
Sala della Reggia 89
San Gavino Monreale 126
San Gemiliano 151
San Giovanni di Sinis 68, 70
San Pantaleo 125
San Pietro 29, 33, 50, 53
San Sperate 38-39, 126, 127
San Teodoro 109
Sant'Anna Arresi 33

Sant'Antioco 19, 33, 48, 50, 53
Sant'Antonio di Santadi 33, 63
Santa Caterina di Pittinuri 75
Santa Cristina 93
Santa Giusta 75
Santa Maria 116
Santa Maria Navarrese 149
Santa Teresa di Gallura 109, 110, 113
Santa Vittoria 93
Santadi 16, 46, 49, 63
Santissima Trinità di Saccargia 12, 103
Santo Stefano 115, 116, 118
Santu Lussurgiu 77, 105
Sartiglia 104
Sas Linnas Siccas 137
Sassari 97, 102-103, 105, 109, 178
Scano di Montiferro 105
Scoglio di Peppino 149
Sedilo 105
Seui 173
Seulo 173
Siddi 173
Sinis-Halbinsel 68, 72, 75, 92
S'Ortu Mannu 54
Spargi 116, 119
Spiaggia di Is Arutas 41
Spiaggia di Lu Impostu 40
Spiaggia di Tuerredda 33
Spiaggia La Caletta 33 109
Spiaggia La Pelosa 41, 75
Stampace 20, 28-29

Stintino 15, 41, 75, 94-95
Su Golgo 149
Sulcis-Archipel 33
Sulcis-Iglesiente 33
Supramonte-Massiv 40, 164, 167
Su Tempiesu 93

Talana 151
Tavolara 109, 132-133
Tempio di Antas 59
Teulada 46, 48, 49
Tharros 75
Tiana 178
Tinurra 127
Tonara 171
Torre del Pozzo 75
Torre di Mariano 75
Torre di Porto Giunco 149, 157
Torregrande 67
Trenino Verde 115, 151
Tresnuraghes 73
Tuerredda 14, 45

Ussassai 173

Valle della Luna 12, 107, 110
Valledoria 109
Via del Porto Vecchio 128
Villagrande 151, 179
Villamassargia 54
Villaperuccio 49
Villasimius 14, 40, 41, 149, 156, 161

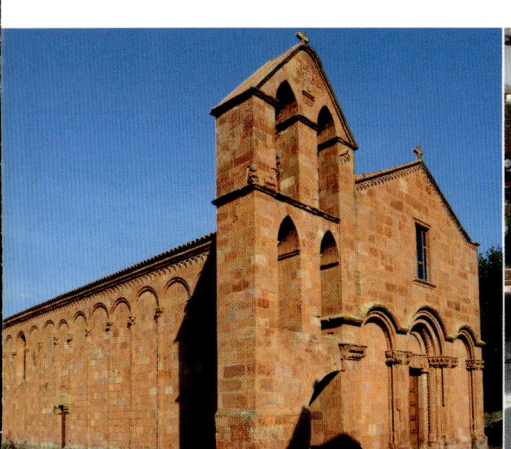

Impressum

Verantwortlich: Dr. Birgit Kneip, Elizabeth Bandulet
Lektorat: Rosemarie Elsner, München; Viola Siegemund, München
Layout: Rudi Stix, München
Umschlaggestaltung: Nina Andritzky
Korrektorat: Anke Höhne, München; Stefanie Hoppe, München
Repro: Repro Ludwig, Zell am See
Kartografie: Astrid Fischer-Leitl, München; Huber Kartographie, München
Herstellung: Bettina Schippel
Printed in Italy by Printer Trento

⭐⭐⭐⭐⭐

Sind Sie mit diesem Titel zufrieden? Dann würden wir uns über Ihre Weiterempfehlung freuen.
Erzählen Sie es im Freundeskreis, berichten Sie Ihrem Buchhändler, oder bewerten Sie bei Onlinekauf.
Und wenn Sie Kritik, Korrekturen Aktualisierungen haben, freuen wir uns über Ihre Nachricht an Bruckmann Verlag, Postfach 40 02 09, D-80702 München oder per E-Mail an lektorat@verlagshaus.de.

Unser komplettes Programm finden Sie unter

www.bruckmann.de

Alle Angaben dieses Werkes wurden von den Autoren sorgfältig recherchiert und auf den neuesten Stand gebracht sowie vom Verlag geprüft.
Für die Richtigkeit der Angaben kann jedoch keine Haftung übernommen werden.

Bildnachweis
Umschlagvorderseite:
Oben: Leuchtturm am Punta Faro in Palau: © huber-images.de / Christian Bäck
Unten: Blick vom Monte Ortobene auf Oliena: © huber-images.de / Christian Bäck
Umschlag hinten, oben: Capo Caccia Porto Conte bei Alghero; unten v.l.n.r.: Schloss San Michele bei Cagliari; sardische Hochzeit, Rocce Rosse bei Arbatax;
vordere Klappe: Bärenfels Roccia dell'Orso in Palau;
hintere Klappe: Frauen in Festtracht bei der Cavalcata sarda in Sassari.
Vorsatz: Sardiniens größtes Volksfest, die Sagra di Sant'Efisio
Innentitel: Traumstrand Cala Sinzias im Gemeindegebiet von Castiadas
Nachsatz: Insel S. Pietro, Capo Sandalo

Alle Bilder des Innenteils und des hinteren Umschlags stammen von Paolo Succo, bis auf S. 130/131: © mauritius images / Frank Lukasseck.

Die Deutsche Nationalbibliothek verzeichnet diese Publikation in der Deutschen Nationalbibliografie; detaillierte bibliografische Daten sind im Internet über http://dnb.d-nb.de abrufbar.

Aktualisierte Neuauflage
© 2019, 2015, Bruckmann Verlag GmbH, München

ISBN 978-3-7343-0332-6

Ebenfalls erschienen ...

ISBN 978-3-7343-1031-7

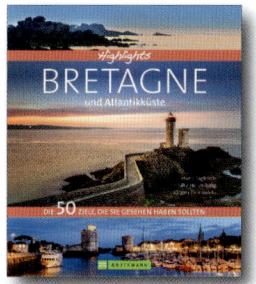

ISBN 978-3-7343-1032-4

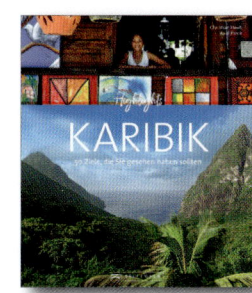

ISBN 978-3-7343-2394-2

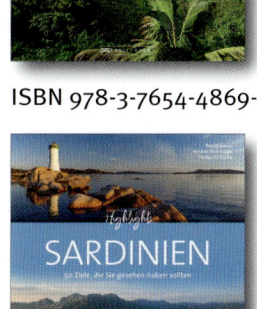

ISBN 978-3-7654-4869-0

ISBN 978-3-7654-8227-4

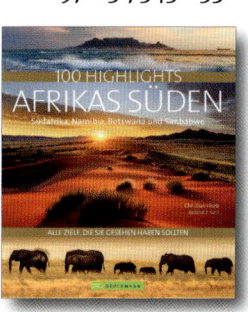

ISBN 978-3-7343-0332-6

ISBN 978-3-7343-1028-7

ISBN 978-3-7343-1033-1

100 Highlights Australien
978-3-7343-2391-1

100 Highlights Deutschland
978-3-73433-0147-6

100 Highlights Englands Süden
978-3-7343-0650-1

100 Highlights Europa
978-3-73433-0146-9

100 Highlights Kanada
978-3-7654-8780-4

100 Highlights New York
978-3-7343-0797-3

100 Highlights Skandinavien
978-3-7343-0652-5

100 Highlights Südamerika
978-3-7343-0651-80

100 Highlights Südostasien
978-3-7343-0659-4

100 Highlights Die Welt
978-3-7654-6120-0

Highlights Andalusien
978-3-7654-5599-5

Highlights Antarktis
978-3-7343-0857-4

Highlights Bali
978-3-7343-2393-5

Highlights Bayern
978-3-7654-6777-6

Highlights Burma
978-3-7343-0665-5

Highlights Chile · Argentinien
978-3-7654-6031-9

Highlights Costa Rica
978-3-7343-0858-1

Highlights Gardasee
978-3-7654-6772-1

Highlights Hurtigruten
978-3-7343-0616-7

Highlights Iran
978-3-7343-0663-1

Highlights Island
978-3-7654-6497-3

Highlights Israel
978-3-7654-5598-8

Highlights Japan
978-3-7654-6495-9

Highlights Kambodscha Laos
978-3-7343-0664-8

Highlights Kreta
978-3-7654-8374-5

Highlights Kuba
978-3-7654-5596-4

Highlights Madeira
978-3-7343-0927-4

Highlights Mallorca
978-3-7654-5465-3

Highlights Marokko
978-3-7654-8783-5

Highlights Namibia
978-3-7654-5143-0

Highlights Nordsee
978-3-7343-0649-5

Highlights Norwegen
978-3-7654-4827-0

Highlights Oman & Dubai
978-3-7654-6032-6

Highlights Peru
978-3-7654-5436-3

Highlights Portugal
978-3-7654-5533-9

Highlights Provence
978-3-7343-1030-0

Highlights Schottland
978-3-7654-8224-3

Highlights Sizilien
978-3-7654-5880-4

Highlights Sri Lanka
978-3-7343-0859-8

Highlights Südafrika
978-3-7654-6496-6

Highlights Südtirol
978-3-7654-6775-2

Highlights Thailand
978-3-7654-5863-7

Highlights Tibet
978-3-7343-2392-8

Highlights USA Der Westen
978-3-7654-5758-6

Highlights Vietnam
978-3-7654-5144-7

Welterbe – Deutschland, Österreich, Schweiz
978-3-7654-8402-5

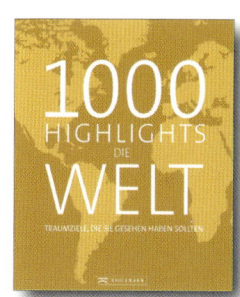

ISBN 978-3-7343-1089-8

www.bruckmann.de

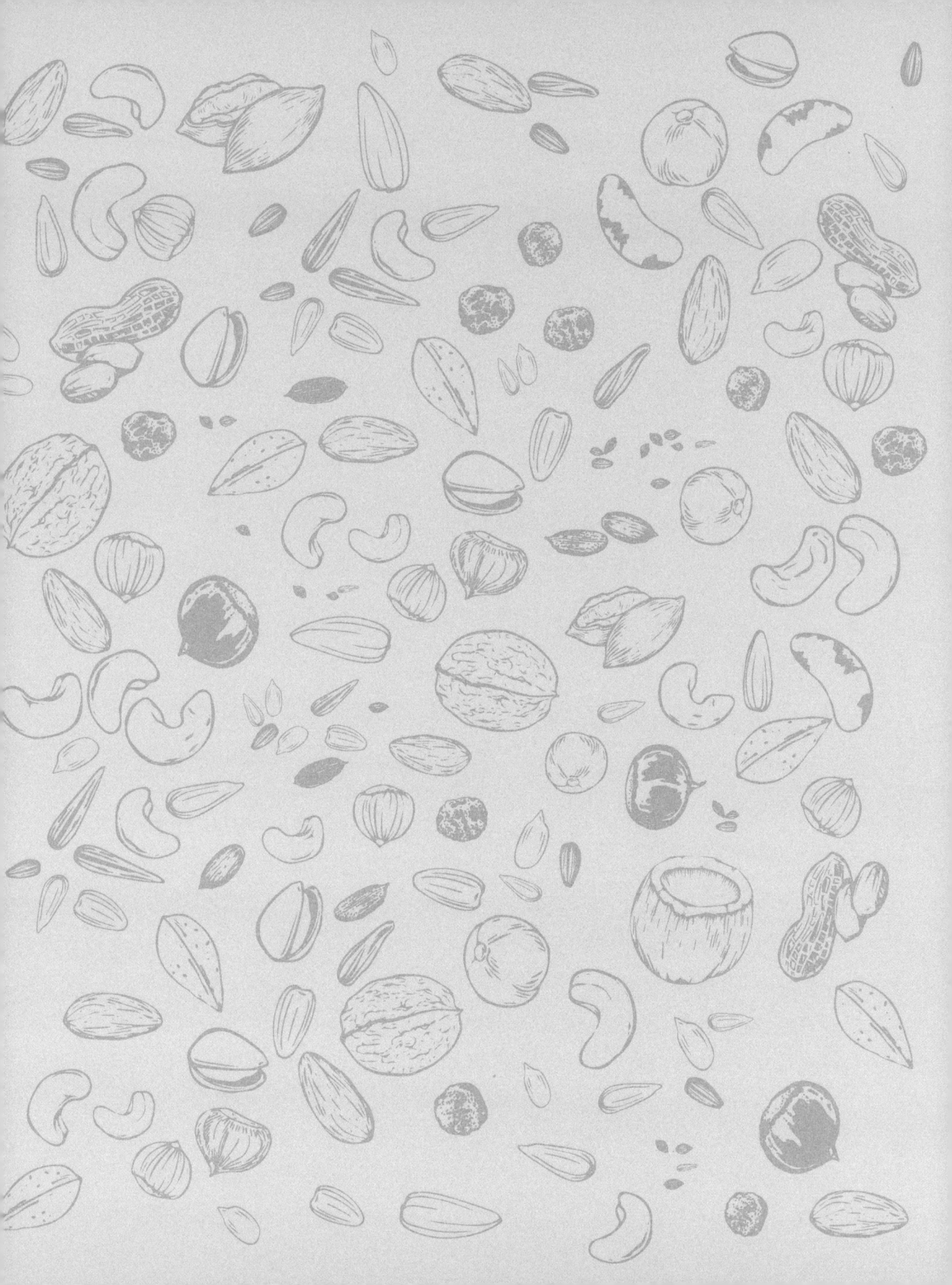